明治大学社会科学研究所叢書

「境界性」その内と外

―― 日本基層社会の「境界性」に関する総合的研究――

大胡 修 ◆ 編著

時 潮 社

はしがき

　本書は、明治大学社会科学研究所の2013年度〜2015年度総合研究助成を受けた研究課題名「日本基層社会の境界性に関する総合的研究」に関する共同研究の成果である。本書に収められている5つの論文は、いずれも境界をキーワードとして共同研究者がフィールドで得た資料をもとに当該社会を分析したものであるが、境界をどのようにとらえているかについては、それぞれに違いがある。それは、本研究に参加した共同研究者が文化人類学、法社会学、家族社会学等、専門領域を異にしていることから敢えて境界について統一見解をださず、それぞれの視点に委ねたことによるものであり、それがまた本書の特徴ともなっている。

　やや古い話題であるが、国境についての面白い記事を読んだ（日本経済新聞2018年1月1日朝刊）。「溶けゆく境界　もう戻れない」という見出しで始まるその記事では、欧州の小国エストニアが国外に住む人に自国民に準じた行政サービスを提供する電子居住者（デジタル移民）制度を始めたことが報じられていた。それはオンライン上、つまりバーチャルな世界でエストニア国民を増やそうとする試みで、エストニアの土地に住まなくてもエストニア国民としてオンライン上で居住できるというものであった。

　グローバリゼーションが進み、今やボーダレス社会になっているとはいえ、エストニアの政策は国境とは何かを考えさせられるものであった。たとえばエストニアの領土が奪われ、人々が世界中に散らばったとしてもデジタル移民がオンライン上で管理されているためにエストニアという国家自体がなくなるわけではないということになる。こうしたデジタル移民の出現は、いずれ国家が領土という呪縛から解放されることをも示しているといえるかもしれない。

　本書では、境界がキーワードとなっている。このような境界をめぐる報道

はさまざまな形で目にするが、「土地のさかい目」を境界とするなら、ここにいう“さかい目”とは、何かと何かを何らかの方法で分けるための基準といってよいかもしれない。たとえば子どもが石ころを集め、それを大きさ、光沢、形などによって分けて大事にしまうなどといったことも、取っておくべき石とそうではない石との境界を大きさ、光沢、形などを基準として分類しているわけであり、そこに境界（分類）が生まれる。

　あるいはまた、境界という言葉から誰もが連想することのひとつに国境があるが、それは土地と土地とのさかい目に人工的につくられたものであり、隣国との間に有刺鉄線や壁を構築することによって、さかい目を目に見える境界として示したものである。身近な例でいえば、日本の村々の入り口や分かれ道、四ツ辻に外界からの悪霊邪鬼が入り込むのを防ぐために、道祖神などが祀られているのをよく目にする。あるいは聖域を穢れから守るための目印として寺社の参道入り口などに注連縄を張り、鳥居を立てたりしている。

　このほかにもウチとソト、男と女、あの世とこの世、自分と他人、地域と地域、組織と組織などのように、二項対立語のどれにも両者を分かつさまざまな境界が認識されている。このように、われわれの周囲には、さまざまに分類された世界があり、それらを境界として認識しているのだが、一方には、それなくして生活できない境界もある。たとえば日々の暮らしに欠かせない時間。われわれは一日を24時間として昼と夜に分け、「昼」は明、「夜」は闇というように、まったく正反対の時間として観念している。しかし、現実には時間は連続していて、「ここまで昼、ここから夜」といったように昼夜のさかい目がはっきりあるわけではない。むしろ昼から夜への移行は曖昧で昼ではないが夜でもないという、夕暮れ時、薄暮などと呼ばれる時間帯がある。このことは一日は24時間、昼と夜といった区分が自然界にあるわけではなく、人間が一定の間隔で区切って時間をつくり出し一日の長さを人為的に区分した結果である。また、人間は自分たちが暮らす世界をこのようにさまざまな形で区分してきたが、その対象は土地や時間だけでなく、家族、集団、住居、方位、地域、色彩、物質や動植物など、あらゆる事柄に及んでいる。つまり

はしがき

私たちの文化は、これらのものごとに対してそれぞれ独自の分類体系をもち、それに基づいてものごとを認識しているといえる。

境界とは何かについては従来から多くの論議がなされ、研究も重ねられてきたが、そのとらえ方は専門領域によって違いもある。しかし、本書の目的は、先述したように、「境界とは何か」を論ずることではなく、共同研究者自身が境界をどのようにとらえ、フィールドワーク（現地調査）を実施した当該社会において、境界がどのような意味をもつかを具体的に検証することにあった。

以下では各論文の概要を記していきたい。なお、本書の執筆に際しては特段の制約を課さず、執筆者に一任したため、原稿の長短、注の付し方等が統一されていないことをお断りしておきたい。

山内論文（第1章「沖縄の基地周辺共同体と文化継承に関する〈境界〉領域の人類学的考察」）は沖縄における米軍基地周辺地域と基地内にある聖地・信仰の〈境界〉的空間を取り扱ったものである。これまでの沖縄の基地問題および基地周辺の地域研究のあり方について、筆者は自身の反省も込めて、ともすれば軍事史・政治史・国際政治論・行政研究や他の文献研究に傾斜しがちであり、地域住民の具体的な生活の変化をとらえきれないまま議論がすすめられてきたこと、また基地接収面積、基地財政・日米安全保障条約に基づく日米地位協定・地域政策のみからの視点では、沖縄の社会構造、とりわけ米国政府占領地から祖国復帰以後の生活構造の変化を把握できないと指摘している。本章では、主として読谷村楚辺地区を取り上げ、戦後70年、基地化に伴い旧集落の強制接収・移転を余儀なくされ、その後の返還を受け容れてきた共同体の実態調査を通じて、基地と周辺住民の自治問題とその再活性化に必要な社会・文化的条件を記述・分析し、軍用地返還後に再編されるコミュニティの葛藤と共生の諸問題をとらえようと試みている。ここに描かれている境界とは、基地建設によって接収された旧地と現住地との間に張りめぐらされたフェンスそのものであるが、また基地内にある聖地の空間的表象としての壁でもあった。本章で論じられたのは、基地によって心ならずも変更を余儀なくされ、あるいは消失した聖地を如何に再生したかにあったが、それ

5

はまた、戦争、基地接収、返還と戦後70年にわたって沖縄の人々の苦しみと、かつて暮らした彼らの原郷である〈生まれジマ〉の再生と回帰への過程を分析した、コミュニティの論理であり、戦争災害を主題とする新たな復興人類学を目指したものであった。

　岡庭論文（第2章「境界に生まれる文化―周防大島における文化の真正性と言説の生成―」）は、文化概念の変遷過程における文化価値を如何に理解するかについて、文化を生活様式全般としてとらえるという視点から、人類学における観光文化に関するこれまでの研究成果を踏まえつつ、山口県周防大島の事例を通して〈伝統〉と〈非伝統〉との境界に創出された地域文化の真正性について、その理論的体系化と考察を試みたものである。しかし、ここで論じられていることは、単なる観光文化論ではなく、筆者は、当該社会において、"伝統的"と呼ばれる文化領域とその周縁にあるさまざまな社会装置のはざま（境界）で生成された"新たな"文化領域（具体的には「ハワイ文化」「博物館文化」「文化財文化」「みやげもの文化」の4つの地域文化）をそれぞれ伝統／非伝統と対置させその真正性を問おうとしている。

　そこではまず、「ハワイ文化」において、当該社会が古くから官約移民を多く送り出し、観光資源の一翼を担うものとして実践されてきたフラ（Hula）を取り上げ、それが当該社会の地域文化としてどのように形成されてきたかの分析が試みられている。他の3つの文化についてもそれぞれの視点から分析がなされているが、それら4つの文化に共通しているのはいずれも本来、当該社会の文脈にはなかった、非伝統的なものであった。しかし、いまではどれもが筆者のいうところの"真正性"なもの、つまり地域文化として当該社会に根づいている。そのことは、たとえ新しく創出されたものであっても、地域社会のなかで「自分たちの文化」と認知されることで真正なものとなることを証明していると筆者は述べている。それはまた、真正なものとそうではないもの（非真正なもの）との間にある境界とは何かという、次なる問題へとつながることを示唆するものであった。

　林論文（第3章「境界／越境と「人の移動」―周防大島の漁協と漁業慣行―」）

は、第2章と同じ周防大島をフィールドとし、東和町漁業協同組合を具体的な事例として、漁業慣行にともなう漁協組織と漁業権、とくに共同漁業権とその区域について境界性の視点から分析している。筆者の視点は、共同漁業権区域とそれと接する別の共同漁業権区域との間に設けられてきた従来の境界だけでなく、漁協の合併によってその境界がさらに双方を包含する広い区域の境界を生み、それはまたさらにより広い区域の発生の契機となるといったように多重な境界を生むことにも向けられ、単に区域と区域を分かつ面的境界だけでない、可変性に富んだものとしてとらえている。そしてまた、境界を人の移動という視点から見れば、たとえばある漁民がある漁業から別の漁業に変わることは、その漁業に新たに参入するという意味での「越境」となるであろうと指摘する。それは境界を「面的な境界」としてとらえるのではない、別の境界もあり得るということへと導くものであり、境界を越える「越境」という視点のあることが指摘されている。それはまた、共同漁業権区域やムラの領域という境界も、入漁という人の移動によって越境され、また合併によって生じた多重な境界がさらに新たな越境を生むことへとつながる。こうした境界の連鎖は、同時に境界が分離だけでなく、結合をももたらすという示唆に富む、新たな境界論へと導いていく。

石川論文（第4章「奄美民俗社会における地域社会維持の境界について—鹿児島県大島郡大和村の事例から—」）は、過疎化、高齢化が進む一方で、高い出生率と安定的な生活が維持されている奄美大島大和村の事例から、地域社会の維持・再生の方策について、伝統的行事の機能、家族的互助共同、行政の役割の観点から考察したものである。本章では「限界集落理論」が取り上げられている。限界集落とは、高齢化、過疎化によって地域社会の生活が維持できなくなるというもので、65歳以上の人口が50パーセントを超えると集落＝地域社会は生活空間としての機能を失い、やがては消滅に向かうという。都市部と地方の二極化が進む今日、とりわけ農山村、離島部の高齢化、過疎化は著しく、ある種の危機意識とともに、この理論は大きく取り上げられた。しかし、その後、多くの実証的研究が進められるにしたがって、地域社会消

滅の要因は人口の高齢化や過疎化だけでは規定できないことがわかってきた。高齢者人口が高くなっても地域社会の生活が十分に維持されている事例がいくつも見出されたのである。そして、地域社会の維持と消滅の境界の多様さを指摘しつつ、「65歳以上が住民の50％を超える」のが限界集落、あるいは「20年間に出産年齢の女性が50％以上減少」といった増田レポートにおける数値をもって一律に地域社会の存亡の基準（境界）を示すことの困難さを指摘する。それを踏まえつつ、本章では奄美大島大和村の事例を取り上げ、当該社会にとって限界集落とはどのような意味をもつのか、限界集落にいたるのか、至らないのかというはざま（境界）で揺れ動く集落について論じている。

　大胡論文（第5章「市町村合併をめぐる境界の問題―山形県金山町・鹿児島県南さつま市坊津町の事例から―」）は、本稿の主題である市町村合併も、なぜ合併するのかという問いに対して、おそらくはこれまで指摘されてきた少子・高齢、人口減少、過疎化という問題がその根源にあるからと、当事者である多くの人が語る。とはいえ、それだけで合併が起こるわけではなく、そのきっかけは財政、教育問題、福祉・医療など住民サービスなどの効率化など、さまざまな現実的な問題に起因している。ただ合併に至るまでには各自治体の長としての思いだけでなく、地域住民の切なる願いがあることも事実である。ただ、その願いにも賛成、反対があり、一様ではない。本章では平成の市町村合併に焦点をあて、合併がならなかった事例（金山町）と、なった事例（鹿児島県南さつま市）を取り上げながら、市町村合併の意味を考え、また、そうした合併問題と境界がどのように関わるかについてふれている。まず筆者は、市町村合併における境界を当事者として合併協議に臨む自治体が、合併によって起こる諸問題から何を守ろうとしたのか、あるいはどこまで妥協できるかについての基準としてとらえる。そのような視点から境界をとらえた場合、市町村合併で何がみえてくるのかを論じている。そこには、合併の当事者となるそれぞれの自治体と地域住民という二者間の関係に生じる利便性と不便さという境界、つまり、それまでの生活圏という枠組み（境界）が拡大するのか消滅するのかといったさまざまな問題が合併という、地域住

民にとってどのようなに意識されていたかについての問題が提起されている。

　以上のように、本書では山形県中山間部（金山町）、山口県島嶼地域（周防大島）、鹿児島県薩摩半島（南さつま市）、同県島嶼地域（奄美大島）、沖縄県本島（読谷村）におけるフィールドワーク（現地調査）を通してさまざまな「境界」の姿が描かれている。そこには従来の境界論とは異なる、境界についての新たな視点が提示されたのではないかと思う。

　国土がなくても、デジタル移民によって国家は存在するというエストニアのニュースに象徴されるように、世界は限りなくボーダレスの社会になりつつある。最近、ボーン・グローバル（世界生まれ）という新たな動きもでている。それは国籍や国境に縛られずに新たな事業を展開していこうとする起業家の出現を指しているが、これら一連の動向は、境界とは何かをあらためて問いかけているように思える。それはまた、あの世とこの世、男と女といった二項対置的な境界とは別の視点から紐解かねばならないことを示唆しているのではなかろうか。本書が境界論をめぐるひとつの新たな出発点となりうるのではないかとする所以である。

［謝辞］

　本書の刊行にあたり、執筆者を代表して感謝の意を申し上げたき方々がおられる。なによりも、明治大学政治経済学部にあって社会学研究室を主導され、つとに社会科学における実証的研究の大切さを説かれ、就中フィールドワークから学ぶことの重要性を教えていただいた蒲生正男先生に心から感謝申し上げ、ご霊前に本書を捧げたい。ここに収められた諸論文は、それぞれがち密なフィールドワークによって得た資料に基づいたものであり、先生の学恩にいささかでも報いたものであるならば、執筆者一同にとって望外の喜びである。

　また、各論文でのフィールドとなった山形県金山町、山口県東和町（周防大島）、鹿児島県南さつま市、同大島郡大和村（奄美大島）、沖縄県読谷村の各市町村役場のみなさまはもとより、現地の方々からいただいたご理解と多

大なるご協力に心より感謝申し上る。さらに、本総合研究への助成と本書出版にあたってさまざまなご支援・ご配慮をいただいた明治大学社会科学研究所および研究知財事務室のみなさまにも厚く御礼申し上げたい。

　最後に、今日の厳しい出版状況のなか、再三の無理なお願いにもかかわらず辛抱強くお付き合いいただき、本書刊行にご尽力いただいた時潮社相良智毅氏、阿部進氏に心より感謝したい。

　2019年2月

編著者　大胡　修

目　次

はしがき …………………………………………………………大胡　修　3

第1章　沖縄の基地周辺共同体と文化継承に関する〈境界〉領域の人類学的

考察…………………………………………………………山内健治　15

1．課題と目的　15

2．強制移転村—読谷村楚辺の事例から　19

　　①旧楚辺の拝所　22

3．基地の中の町—北谷　27

　　(1) 基地の中の聖地—文化の継承　31

　　　①キャンプ瑞慶覧内の聖地　31

　　　②玉代勢集落　34

　　　③伝道集落　34

　　　④北谷のカー合祀所・前城村御風水神　35

　　(2) 基地返還地「伊平」の合祀所およびキャンプ桑江内旧字拝所　37

　　　①伊礼合祀所　38

　　　②桑江後郷友会拝所　39

　　　③旧字桑江御願所・合祀所（キャンプ桑江内）　39

4．爆音訴訟のムラ砂辺—戸主会と聖地の再生　41

　　(1) 旧砂辺地区概要　41

　　(2) 砂辺戸主会と自治会　43

　　(3) 砂辺の聖地　45

　　(4) 戸主会の拝所整備と聖地の正当性　64

結びにかえて　73

第2章　境界に生まれる文化

　　　　——周防大島における文化の真正性と言説の生成—— ………岡庭義行　79

はじめに　79

1．宮本常一の観光論　84

　（1）離島振興と観光の問題　84

　（2）観光振興への提言　85

　（3）整理と考察　89

2．分析的視座　92

　（1）移動と越境の研究史　92

　（2）真正性研究の脱中心化　100

　（3）宮本常一への回帰　102

3．事例研究　104

　（1）周防大島におけるハワイ文化　104

　（2）周防大島における博物館文化　108

　①周防大島文化交流センター（宮本常一記念館）　109

　②久賀歴史民俗資料館　111

　③陸奥記念館　113

　④星野哲郎記念館　114

　（3）周防大島における文化財文化　116

　①文化財保護行政の2つの背景　116

　②周防大島の指定文化財　118

　③周防大島におけるみやげもの文化　126

4．考　察　128

5．展　望　137

第3章　境界／越境と「人の移動」
　　　——周防大島の漁協と漁業慣行——・・・・・・・・・・・・・・・・・・・・・・・・・・・・・林　研三　159

はじめに　159

1．山口県東和町の沿革と概況　160

2．周防大島の漁協と漁業　167

　（1）6漁協と組合員数・水揚高の推移　167

　（2）漁業の種類と事例紹介　171

　〈事例1〉大島町漁協の漁民　172

　〈事例2〉東和町漁協の漁業者　173

目　次

３．東和町漁協の漁業慣行　175

　　（1）141号共同漁業権と行使規則　175

　　（2）漁協と協定書　183

４．漁業権と境界性　188

　　（1）漁業法と漁業権　188

　　（2）境界性と「越境」　194

おわりに　198

第４章　奄美民俗社会における地域社会維持の境界について

　　　──鹿児島県大島郡大和村の事例から──　………………石川雅信　203

はじめに　203

１．離島（奄美群島）における過疎化、高齢化の特徴　205

２．大和村の概況　207

３．行政レベルの人口減少対策　208

　　（1）移住者に対する住宅施策　208

　　（2）子育て・教育支援　209

４．儀礼的空間としての集落　212

５．家族・親族の紐帯　213

６．年中行事・人生儀礼の実修　215

７．青・壮年団活動と新たに創設された行事　220

８．住民主体の新たな動き　224

結びにかえて　226

第５章　市町村合併をめぐる境界性の問題

　　　──山形県金山町・鹿児島県南さつま市坊津町の事例から──…大胡　修　233

はじめに　233

１．平成の市町村合併　241

　　（1）平成以前の市町村合併　241

　　（2）平成の市町村合併　244

　　（3）平成の大合併が遺したもの　246

２．山形県金山町の合併をめぐる問題　247

（1）金山町の現況　247

（2）情報公開と公民館活動　252

（3）最上地域の状況　257

（4）合併の経緯　261

３．鹿児島県南さつま市と坊津町における市町村合併　270

（1）坊津町をめぐる市町村合併の動き　270

（2）幻の二市構想　275

（3）川辺町の離脱　276

（4）金峰町の参加　280

（5）笠沙町の高レベル放射性廃棄物最終処分場誘致構想　282

（6）南さつま市の誕生とその影響　283

４．坊津の合併に対する対応　284

（1）南さつま市の現状と坊津　284

（2）合併をめぐる枕崎市の動き　290

（3）坊津町と市町村合併　291

５．市町村合併と境界　295

おわりに　301

第1章

沖縄の基地周辺共同体と文化継承に関する〈境界〉領域の人類学的考察

山内　健治

1．課題と目的

　本稿の目的には、〈境界〉領域をキーワードに2つの課題を設定している。①沖縄研究における文化人類学視点と行政学・政治学・経済学の〈境界〉領域に関する共同体研究、②人類学・民俗学分野において、十分には研究対象とされてこなかった、米軍基地周辺および基地内に存在する聖地・信仰の〈境界〉的空間の記録である。この課題は、沖縄の日常と非日常の〈境界〉における、基地フェンスの内と外の表象に関わる研究である。この課題の起点は、約20年前の筆者のフィールドワークに端を発する。

　読谷村楚辺のフィールドワークを始めてから2年目の1999年、第23回日本民族学会研究大会で「〈戦の世〉を越えるエスノグラフィー」と題して読谷村の事例を報告した。[1]その発表目的のキーワードは「沖縄を戦争・基地だけで語るなかれ、伝統文化だけで語るなかれ」であった。その趣旨をまとめると、次のとおりである。

　沖縄のいわゆる伝統行事の文化継承・再編に関連して米軍基地化にともなう強制移転集落での文化変容をいかに記録し沖縄の文化・共同体論に位置づけするのか、現在のところ社会学・文化人類学者・民俗学において、なんらの方法論も持ち合わせていない。さらに沖縄文化を対象とする日本研究者は、あえて調査対象地としても避けてきた経緯があるように思う。一つの要因に

は、日本本土の文化研究者が求めてきたのは、静態的な「伝統文化」の記録であり、日本文化の「原郷」を沖縄文化にもとめたことにある。

　一方、沖縄の基地問題および基地周辺の地域研究が、軍事史・政治史・国際政治論・行政研究他の文献研究に傾斜し地域住民の具体的な生活の変化をとらえきれないまま議論がすすめられてきたことへの内省をもとめたい。つまり、沖縄という地域研究は、戦争やその後の基地問題と文化変容の問題をまったく無関係のまま個別的に記述しても文化当時者＝生活者（ウチナンチュー）にとって意味をもたないという筆者自身も含めた来訪者（ヤマトンチュー）側の自省もこめたつもりである。

　また、沖縄の基地接収面積、基地財政・日米安全保障条約に基づく日米地位協定・地域政策のみでは、沖縄の社会構造、とりわけ、米国政府占領地から祖国復帰以後の生活構造の変化を把握できないという観点からの報告であった。

　さらに、2015年より「沖縄戦後70年：基地接収・返還にゆれた共同体の再編に関する実証的研究[2]」と題し研究を立ち上げた。研究目的は以下のとおりである。

　「本研究は、沖縄県の基地周辺もしくは基地返還跡地に関する共同体のあり方について、文化人類学的視点より分析する。基地跡地問題に関しては、これまで行政サイドからの跡地利用計画・都市構想が多く、過去に基地接収を受容してきた住民のその後の自治・文化変容にもとづいた研究・提言は少ない。本研究では戦後70年、基地化に伴い旧集落の強制接収・移転・返還を受容してきた共同体の実態調査を通じて、基地と周辺住民の自治問題とその再活性化に必要な社会・文化的条件を記述・分析し、軍用地返還後に再編されるコミュニティの葛藤と共生の諸問題をとらえる」。この研究目的の背景には、一度、基地が建設されたとき、その影響を受けた地域共同体の苦悩と葛藤は、非常に長期間におよび沖縄の場合、戦後70年はおろか今後も続くことを予想しているからである。

　本共同研究の課題は、文化の視点と政治の視点の双方から、上記課題に調

第 1 章　沖縄の基地周辺共同体と文化継承に関する〈境界〉領域の人類学的考察

査資料より応答するものである。

　文化人類学分野の従前の研究において、沖縄の基地問題と関わってきた具体的な課題を改めて整理すると以下の 5 項目である。

　1．土地・屋敷・墓・位牌の相続・継承と「軍用地」の関係
　2．自治会・郷友会・戸主会の成立・並存 → コミュニティ論
　3．基地フェンスの内と外の世界観 → 聖地と神人・拝み人の関係・継承
　4．旧村落の復元作業と現在の市町村合併問題：公共政策人類学
　5．米軍軍属家族と沖縄人の婚姻問題 →「アメラジアン問題」

1．筆者の沖縄研究は家族・親族論から始めたので、基地に隣接する集落では、土地・墓・位牌の相続・継承と土地財産の関係には関心をもってきた。とりわけ、基地問題では「軍用地」の関係であり、これは当然、沖縄の「門中」や父系制という親族システムが、墓や土地財産等に関わり、さらには、それが軍用地という不動産に関係をもった場合の親族システムの変化である。

2．自治会・郷友会・戸主会の課題とは、基地により接収された地域住民の多くは、元集落には住めないことによる郷友会というネットワークで結ばれている。「郷友会」や「戸主会」は、必ずしもすべての旧字で結成されているわけではないが、旧住民の親睦団体を超えて（たとえば、旧集落の戸主および分家者のみ加入）、時に共有財産を保持するなど、旧村落・元集落地縁にもとづきながら、ある意味で自律的なコーポレート集団を形成している。後述する砂辺地区の戸主会は、2017年 6 月に一般法人化し共有財産の保護を法的にも形式を整えた事例等は、その典型である。一方、返還地で新住民も含む新たに再生した自治会と旧字住民との二重のコミュニティが存在している地域もある。また、近年に返還された地域では、自治会そのものが組織されていない地区もある。これらの課題は、従前の研究にみられた旧村落への「アイデンティティー」や「帰属意識」という枠組を

超えて、土地を奪われことに起因する住民の新たなコミュニティの研究として人類学から再考する必要があると考えている。

3．聖地の問題は、沖縄の聖地は基地の中にも外にあることを再考しなければならない。基地の中にある場合、基地内の聖地を日常的には拝めなくなることが起こる。神役の継承が途絶えたり、拝所の伝承が不明確になってきている。また、その拝所を継承していても、その役職や拝所の正当性をめぐる問題が起きている。

4．近年、市町村合併が進んでいるが、基地用地に接収された地域では、本来の元集落が消滅・分割された経緯がある。また、沖縄戦で公文書他、文字資料の喪失による地籍の確定作業は困難を極めた背景もある。その後、基地返還地での、新住民も含めた都市開発や市町村合併問題のなかで、住民自治組織の再編・行政サービスに多くの課題を残している地区もある。現在、基地周辺の字でも、字誌の歴史編纂が進んでいるが、元集落の復元地図が新旧住民の共生する現在の住民自治の原点として重要な意味をもっている。

5．米国軍属家族と沖縄県出身者との婚姻問題であるが、基地内外に在住する米国軍人や退役軍人他と沖縄県出身者との婚姻関係による課題は、「アメラジアン問題」等として、社会学・人類学から議論されてきた。その中心はアメリカ合衆国民と沖縄出身妻の間に生まれた子どもの教育や社会での差別問題であったが、近年では、基地就労による婚姻関係の多国籍化が進む傾向にあり、また、外国移住者も含め外国人登録者県内在住者も増加しており沖縄の婚姻・家族の変容は、新たな人類学的課題といえる。

　本稿で対象とする調査地は本島読谷村楚辺・北谷町内の基地返還地事例より記述する。なお、楚辺地区に関してはすでに別稿（山内：2003）[3]にまとめたことがあるので、本稿では、本共同研究における調査で得られた新たな資料について補足・記述し、同じく本島中部地区にある北谷町内の事例と比較したい。

第1章　沖縄の基地周辺共同体と文化継承に関する〈境界〉領域の人類学的考察

　北谷町の事例は、①近年返還された整備地区伊平および基地内の旧桑江合祀所の事例、②基地内の聖地事例としてキャンプ端慶覧内に合祀されている旧字の聖地所、③1954年以降に返還されたが、空軍機の爆音被害により旧住民の半数が移転した砂辺地区の聖地である。北谷町は、「基地の中の町―北谷」と町勢要覧内に記載されるほど、今なお町内の約52%を米運施設に接収されたままである。

2．強制移転村―読谷村楚辺の事例から

　読谷村には現在23の字があるが、沖縄戦において米軍の本島第一上陸地点、さらに米軍基地のムラとして旧字のすべてが接収され、各字は元集落位置から移転、移動・帰村を余儀なくされた戦後の歴史をもつ。そのなかで、楚辺は、戦後、一旦元集落に帰村したものの、1954年、米陸軍基地建設により、強制移転させられ、旧字は、現在もトリイステーションに占有され移転地で戦後の住民自治を再建してきたシマである。楚辺では、基地内にある元集落のことをフルスピ（古楚辺）、ミースピ（新楚辺）と呼ぶ。

　図1は読谷村の戦後の22字の移動の様子を図示している（次頁）。

　この楚辺区だけでなく、基地周辺の字公民館で近年、目につくのは、旧集落の復元図・写真である。最近は、航空・衛生写真の入手が容易になったので、それを元に旧集落の復元地図が作成され始めている。

　トリイステーション基地内には米陸軍特殊部隊（通称グリーンベレー）が配備されてきた。新楚辺旧集落が移転した先は、この基地のフェンスに隣接し、旧字公民館は北西へ約2km離れて移動した。戦後、住宅建設隊を組織し、農地を居住地として開拓・整備した新楚辺は、各世帯100㎡ずつ土地を均等分割し、各世帯20㎡ずつ公共道路に供出し新楚辺を再建した結果、新字事務所を中心に1班から4班までの碁盤状の集落景観となっている。その後、その周辺に新たな転入者を含めた住宅外が広がっているが、いわゆる「沖縄の伝統的村落景観」とは異なる。

図1 読谷村戦後の集落移動図（『平和の炎』vol.13、p. 8：2003より転載）

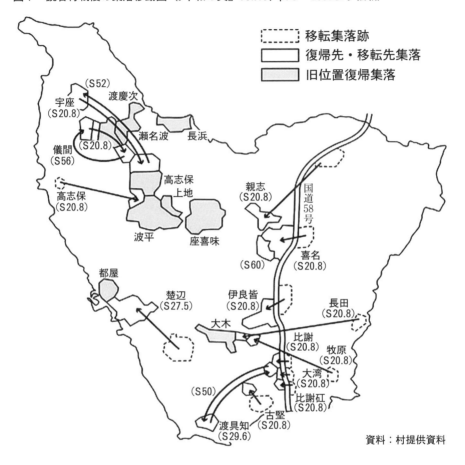

　写真1は、トリイステーションの正面ゲートであり、その背景、海岸沿いまでが基地接収地であり、旧字楚辺でもある。また、写真内には黙認耕作地が広がっている。黙認耕作地には、基地側面にある農耕ゲートより入る。
　この農耕ゲートからは農作業のほか、清明祭等の墓参り、拝所の拝みに入ることが黙認的に住民に許可されている。入り口に農耕許可名簿一覧があり、農耕従事者パス、公民館職員を証明する「Standard pass」他、一時的立ち入り許可パスを受けたもの以外は基地内への立ち入りは許可されない。

第 1 章　沖縄の基地周辺共同体と文化継承に関する〈境界〉領域の人類学的考察

写真 1　沖縄県読谷村楚辺・米国陸軍トリイステーション基地（2017年 8 月撮影）

　本共同研究の調査では、筆者の1998・1999年の調査資料との比較目的において資料を収集した。データの比較において変化の一つに、公民館内への「火の神」の創設があった。楚辺の公民館は、戦後、旧集落の字事務所から、新楚辺集落へ中心部に移動した。さらに2007年には新楚辺公民館が、海岸脇に移転・新設された。これは、読谷村内の瀬名波通施設をトリイステーション内に移転する条件に、防衛施設局予算により建設されたが、移転当時は移転の賛否を問う住民投票が実施された。

　当時、日本一の大きな公民館（予算約 8 億円）として話題を呼んだが、基地強化と住民の福利厚生政策に揺れる基地周辺住民の苦悩、いわゆる「アメとムチ」政策に対する住民自治の選択肢が問われた。

　強制移転村というのは基地内の土地が返還されないわけであるから、旧土地に根ざす基地内の拝所の遥拝が問題となる。沖縄のムラにとって村祭祀の要となる「火の神」が基地内と公民館内の両方に設置されている。

写真2　公民館内に設けられた火の神　　写真3　公民館内に設けられた踊りの神
　　　　（2014年3月撮影）　　　　　　　　　　（2014年3月撮影）

　また、このシマは芸能が盛んなところで、かつては〈アソビグニ〉とも呼ばれていたが、エーサー等で重要な〈アソビ神〉（踊りの神様）も公民館内に祭祀されている。
　もし、伝統的なシマが、イエ屋敷・井戸・湧き水・川・洞窟・杜や信仰対象としての祖先・水・火の神と耕作地が一体となった村落空間を意味することを前提とするならば、基地建設により移転した生活空間（新楚辺）と祭祀対象としてのムラ（旧楚辺）の二重構造が並存する歪んだシマが、強制移転村楚辺の現在である。

①旧楚辺の拝所
　以下は、2014年3月に楚辺区長に同行し、トリイステーション内の拝所巡りをした折の聖地資料について記述しておく。以下、拝所の写真は、このときの筆者撮影のものである。
　多くの拝所の前には、簡便な伝承と英語訳の看板が楚辺自治会により立てられている。
　旧集落内には、七ウタキ（御嶽）とよばれる拝所があり、かつての多様な神行事の信仰対象であった。ただし、楚辺では、村落共同体としての神役は

戦前より継承が途絶えている。

　以下、写真資料（写真4〜写真10、いずれも2014年3月筆者撮影）を掲載したが、その名称・由来については、1997・1998年に旧楚辺出身の古老に聞き取り調査をしたもので、その一部は【山内健治：2003、p.135〜141】にまとめたので参照されたい。また、1999年には、字誌『楚辺誌―民俗編』が出版されている。本稿では、これらの資料を要約抜粋した。

１）〈字火之神〉

　かつての登殿内にあり4坪の瓦葺の拝所であった。そこに字のヒヌカン（火の神）が祭られていた場所である（写真4参照）。

２）〈イーガー〉

　カビンギガーともよばれ、水の恩への拝所であった。写真5は〈カビンギガー〉である。多くの拝所の前には、簡便な伝承と英語訳の看板が楚辺自治会により立てられている。

３）〈暗川〉

　クラガーとよばれる自然洞窟で内部に湧き水があり小規模な泉があった。写真6はクラガーである。伝承としては、「屋嘉のチラー」が飼っていた赤犬が、村の旱魃時に掘りあてたといわれる。水の恩のために拝んでいた。

４）〈ウカー〉

　集落の海側にあった自然壕内の泉。2月ウマチーにはノロや神人が、手足を清めたと伝承されている（写真7参照）。

５）〈メーチンシ〉

　集落南側にあり、ムラを立てた女神の墓の伝承がある（写真8参照）。

写真4　楚辺字火之神

写真5　〈カビンギガー〉　　　　写真6　クラガーの外にある水の神

6）〈クミンドー〉

　集落西側の窪地にありムラ立てした男神の墓。

7）〈ウガンヒラー　東御嶽〉

　集落東側の丘の上にあり、字住民の守り神として祭っていたという。祭祀対象は、石灰岩の塊である。

第1章　沖縄の基地周辺共同体と文化継承に関する〈境界〉領域の人類学的考察

写真7　「ウ河水の神」と刻印された石碑　　写真8　メーチンシ立て看板

写真9①　〈タシーモー　鍛冶屋の神〉　写真9②　タシーモー全景
　　　　の説明看板

8)〈タシーモー〉

　集落北側に面し鍛冶屋の墓として拝まれていた。この拝所は鍛冶屋の神であるが、特定の祭祀対象物はなく、古墓とみられる石垣と群生する樹木そのものが祭祀拝所となっている（写真9参照）。

写真10 基地内の門中墓（米軍に墓地であることを示す十字架を刻印）

　さて、基地内の聖地に関して記述してきたが、以下は墓の問題である。
　写真10は基地内の門中墓である。米軍関係者は墓を荒らすことを予防して、墓標に十字架を刻印してある墓もある。基地内にある門中墓は近年、基地外に移転する傾向にある。理由は基地内にあると葬祭他、親族の集まりや管理に不便であることがあげられる。しかし、基地内にあるような伝統的な大型の門中墓は、祖先観念に加え経済面で、基地外には簡単に新設、移転はできない。結果、門中墓から分岐して、「家墓」を基地の外に創設する傾向もみられる。墓制の変化も基地と関係せざるを得ないのが、基地周辺村落の墓制問題でもある。
　以上、強制移転村である読谷村楚辺地区の元聖地についての事例について記述した。

筆者は、旧字楚辺の拝所・墓地への調査は、3度目になる。基地内の拝所の整備は、年次をへて整備が進んでいる。かつては香炉が置かれているのみの聖地もあったが、今回、巡礼した拝所にはすべて英語・日本語による簡易な拝所説明を記した立て看板が設置されていた。また、一部、祠も新設され拝所のコンクリート整備も進んでいた。

楚辺地区の場合、こうした基地内にある旧字の拝所の整備管理、ムラ行事は楚辺自治区長のもと、楚辺公民館役職・執行部が行っている。楚辺には、旧字民による郷友会はなく、楚辺公民館・自治会が新旧住民の自治の中心である。強制移転以前の〈フルスピ〉古楚辺の出生地メンバーや屋号による特定の団体を構成していないのが、楚辺の特徴でもあり、後に述べる北谷町の郷友会による聖地管理と対比的である。

戦後、旧字民が強制移転地へ集団でまとまって移動し、基地内の聖地は、黙認耕作地内に合祀されることなく存在してきたことも考慮する必要がある。また、新旧住民の共生と聖地と現在のコミュニティ（新住民も含める新楚辺区）の構造の一特徴でもあると考える。

3．基地の中の町—北谷

北谷町は、「基地の中の町—北谷」と町勢要覧内に記載するほど、今なお町内面積の約52.9％を米運施設に接収されたままの地域である。本稿では、旧村落の合祀所のあるキャンプ端慶覧基地内の聖地〈長老山〉の合同祭祀、キャン桑江基地の一部返還地に新整備され始めた「伊平」地区の聖地および基地内にある合祀所、さらに1954年以降に米軍施設から解放され帰村したものの、その後、嘉手納空軍基地からの軍用機離発着による爆音問題に悩まされ帰村戸の約半数以上の移転を余儀なくされた旧砂辺地区戸主会と聖地の現状について記述する。

沖縄本島中部地域は、現在、嘉手納空軍基地・キャンプ瑞慶覧（Camp Foster）、キャンプ桑江（Camp Lester）、陸軍貯油施設等の広大な米軍基地・

施設に占有されたままである。北谷町は、観光案内等では、ビーチ・ショッピングモール、若者向けのリゾートタウンのイメージが強い。これは国道58号線を挟んだ、西海岸（ハンビー・美浜地区）一帯の新興開発地区であり、戦後、長期には、米軍施設として利用されなかった地域、埋立地・整備開発を中心とした北谷町の正の側面である。一方で、今なお、北谷町は「基地の中の北谷」といわれる負の側面も持ち合わせている。北谷町の総面積（13.78㎢）のうち、嘉手納飛行場、キャンプ桑江、キャンプ瑞慶覧、陸軍貯油施設の占める面積は、7.29㎢であり、町面積の52.9％を米軍施設が占有している。[4]ここに、戦後の北谷町と米軍施設問題の歴史がある。

　旧北谷村から戦後の北谷町への移行史の概略史を記述しておこう。北谷町文化財報告書第24集『北谷町の地名』（2006）によれば、1945年当時の地籍字名は次のとおりであった。[5]

北谷・玉代勢（たまよせ）・伝道（でんどう）・桑江（くわえ）・伊礼（いれい）・平安山（へんざん）・浜川（はまかわ）・砂辺（すなべ）・<u>野里（のざと）・野国（のぐに）・屋良（やら）・嘉手納（かでな）</u>

※下線部字は現在嘉手納町

　沖縄戦以前は、現在の北谷町域と嘉手納町とあわせた地域が「北谷村」という行政区であり、23集落によって構成されていた。近世以前に成立していた〈ムラ〉古集落（本字）が8集落あり、近世以降に那覇、首里からの開拓民により形成された〈ヤードイ〉（屋取）の15集落である。
　前者の集落名は、北谷・玉代勢（たまよせ）・伝道（でんどう）・桑江（くわえ）・伊礼（いれい）・平安山（へんざん）・浜川（はまかわ）・砂辺（すなべ）である。
　後者の開拓集落（屋名）は、北谷ヌ前屋取・石平屋取・仲山屋取・屋宜屋取・桑江ヌ前屋取・桑江ヌ中屋取・桑江ヌ後屋取・謝苅屋取・崎門屋取・桃原屋取・平安山ヌ上屋取・喜友名小屋取・砂辺ヌ前屋取・上勢頭屋取・下勢頭屋取であった。

第1章　沖縄の基地周辺共同体と文化継承に関する〈境界〉領域の人類学的考察

　沖縄戦以前、北谷地区一帯は、水源に恵まれた農業地帯であった。特に屋取集落は、開拓民のつくり上げた集落であるから、拝所は開発初期に設置したものが多い。沖縄戦直後は北谷町域の90％以上を米軍に接収され、多くの住民は、北谷町地域内外の地に移住せざるを得なかった。また、戦後の暫時に返還された土地は極めて狭小であり、そこに流入した住民との共生により住民自治は存続してきた。現在の11行政区は、この新旧住民の居住地域により区分されたものである。

　1945年、村全体は米軍の占領地となり、北谷地区は立ち入禁止となる。当時、役場は隣接する越来村（現沖縄市）嘉間良に架設された。その翌年より桃原地区の一部返還を皮切りに嘉手納、謝苅と居住地域が拡大し村民が帰村した。しかし村の中心部が米軍基地に占有され、さらに嘉手納飛行場の拡張により北谷村は南北に分断され、1948年12月4日、分村し嘉手納村が誕生した。戦後の移転・帰村における村政は沖縄戦により地図・登記簿等の消失したため、1946年から1949年にかけて米軍政府により実施された沖縄諮詢会による各村の土地所有権委員会地籍調査を基盤としている。

　1954年以降、砂辺、浜川地域ほかが暫時、返還され、さらに栄口区、桑江区が誕生し、1970年には嘉手納基地の一部が解放され1973年に国道58号線と現在の沖縄市を結ぶ道路が開通した。その後、宮城区が誕生し1980年4月、10行政区により町制度を施行した。1998年には北谷町役場を桑江地区内に新設し、現在は北谷町11行政区として町政が施行されている。

　戦前、戦後の字の合併、基地接収による分離統合、行政区分の統廃合は、北谷町の地域振興・計画に大きな阻害要因になってきた。北谷町は沖縄戦で米軍上陸地点となった後も米軍の占有地が多く、一部、返還地においても地形や集落景観が大きく変わってしまっている。北谷町行政区は、数次に分けて改変されたが、図2（次頁）は2017年現在の北谷町政区分地図である。

図2　平成28年時、北谷町行政区分地図（北谷町役場資料）

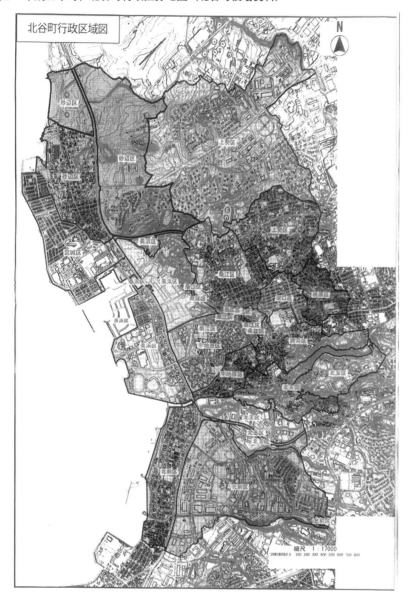

2015年時点での各行政区内にある自治会の人口数は以下の通りである。

上勢（4,184人）、桑江（3,318人）、謝苅（2,324人）、北前（2,668人）、宮城（4,252人）、桃原（1,965人）、栄口（2,777人）、北玉（1,103人）、宇治原（1,224人）、砂辺（2,833人）、美浜（1,886人）

（1）基地の中の聖地—文化の継承

　私は、読谷に調査に行く途中、国道58号線沿いに見えてくる北谷町役場周辺の米軍基地フェンス越しに、この中にどれだけの拝所や御嶽等の聖地が埋もれているのかいつも気になっていた。

　基地周辺の拝所や火の神などを撮影していたが、調査にはいくつかの困難がある。まず、第一は、基地の中の聖地を調査する機会は、個人的には非常に限られていること。第二は、北谷町の聖地の多くは、基地建設により、移動・合祀されており、その伝承者が、旧字・現自治会行政区内に居住していない事例が少なくない。そのため、聞き取り調査が極めて限られている。地域によっては、自治会が存在せず、郷友会のみの場合もあり、インフォーマントとアポイントが取りにくく、拝所の場所すら不明である状態であった。

　そうした調査上の障害を感じていたころ、北谷町教育委員会により1993年から1994年に実施された民俗文化財調査報告『北谷町の拝所』（1995）が公刊された。これに基づき、キャンプ桑江他の一部返還地での調査がある程度可能となった。また、2016年の旧暦9月15日、キャンプ瑞慶覧内で執り行われた北谷長老祭に町役場関係者とともに参加することができた。この日に限り、キャンプ端慶覧内に合祀されている拝所の撮影が許可されている。このときの調査資料もあわせて基地内にある聖地の問題を考えてみたい。

①キャンプ瑞慶覧内の聖地

　2016年9月に、キャンプ瑞慶覧内で執り行われた北谷長老祭について、参加時の調査資料を中心に以下に記述する。

1）〈北谷長老祭〉

　毎年旧歴 9 月15日に北谷町役場では町長以下、各区長はじめ仏教関係者他
によりキャンプ瑞慶覧内にある北谷長老祭を実施している。2017年は10月 7
日であった。北谷長老および祭の言われは、当日に配布された式次第資料か
ら抜粋すると以下のようなものである。

　「北谷長老は沖縄に臨済宗妙心寺派を初めてもたらした僧侶。法号は南陽
紹弘法禅師という。北谷間切玉寄（玉代勢）村出身で、19歳で日本に渡り修
行し首里の建善寺の住職となる。その後、玉代勢村に隠居後、1652年（順治
9 年）11月 5 日に没し、長老山（現キャンプ瑞慶覧内）に埋葬された。その後、
住民たちが墓参すると病が癒えたり、害虫駆除など霊験が現れるといわれ、
北谷・玉代勢・伝道では旧三月三日に豊年を祈願するようになった。長老祭
は1922年（大正11年）より、旧暦 9 月15日に村祭りとして行われてきた」。

　2016年10月 7 日の長老祭は、概ね次のような内容であった。

　町役場職員・各区長他、一般参拝者を乗せたバスが 2 台、午後 1 時すぎに
北谷町役場を出発し、キャンプ瑞慶覧メインゲートで立ち入り名簿のチェッ
クを受けた後、長老山聖地に到着した。キャンプ瑞慶覧（Camp Foster）の
第 1 ゲートより約100mに位置する小高い山である。午後 2 時より長老祭が
挙行された。式典の主な内容は、臨済宗住職の読経に始まり、北谷町長の祭
文奉納に続き代表焼香が行われた。焼香順序は、門徒代表、旧三ヶ字（北谷・
伝道・玉代勢）郷友会代表者、北谷町教育委員長、町老人クラブ連合会長、
町青年連合会長、自治会長代表（桃原区時自治会長）と続き、最後に一般参
列者と続いた。式典は約 1 時間で終了し、参列者は約100人程度であった。
北谷町の各区長が参加する行事であり、基地により移転した、あるいは基地
内に存在していた旧字を統合するシンボル的な祭となっていた。行事終了後、
バスに乗るまで時間があったので、長老墓に隣接し合祀された拝所を撮影し
た。短時間ながらも各郷友会長にインタビューした。

第1章　沖縄の基地周辺共同体と文化継承に関する〈境界〉領域の人類学的考察

写真11　キャンプ瑞慶覧（＝Camp Foster）内にある長老山

2）〈北谷長老山〉内の合祀聖地

　北谷長老山は旧玉代勢原14番地に位置している。長老山の墓碑に向かい左側面に旧字玉代勢・伝道・北谷集落にあった拝所が地区ごとに、この山に移転合祀されている。玉代勢・伝道の合祀舎屋はコンクリート製で郷友会によって建立され管理されている（側面には昭和58年8月改修と刻印されていた）。旧字北谷カーの合祀場は、その隣りにあり祠はない。

　この合祀所の前には、米軍による「SACRED PLACE OFFLIMITS」（聖地・立ち入り禁止）の立て看板が建てられ、拝所の祠はコンクリート製で鉄柵に施鍵がされている。

　以下には、各旧字の合祀所内にある拝所対象を以下にまとめる。なお、伝承由来については『北谷町の拝所』（1995：pp.81-93）を参照した。

②玉代勢集落

1）〈アランモー（新根毛)〉・土帝君

　戦前、玉代勢集落南西側、長老山東側に小高い杜があり〈アランモー〉と呼んでいた。その場所に〈トゥーティークー〉（土帝君）が祀られたという。『北谷町史』には、旧9月9日にはタントゥイ（種子取）にトゥーティークー拝みを行ったと記載されている。現在、〈新根毛・土帝君〉の刻まれた石碑が安置されている。

2）チブ川・桶川

　いずれも旧集落を流れていた〈カー〉の神である。〈チブ川〉は産湯や生まれた子供のひたいにつける水撫で儀礼に使われた。桶川は〈タメーシヒンジャー〉と呼ばれ集落の中心にあった。玉代勢のムラ建ての際に神が使用したカーという伝承がある。同報告書（p.87）では、いずれも、北谷ノロ殿内の継承家人が正月3日と8月11日のウーカビに拝んでいると記述されている。

③伝道集落

1）「山洞拝所　御風水神」

　旧伝道集落の中心部に位置した洞窟を〈ヤマガマー〉（山洞）と称した。戦前は厨子甕が4基安置されていた。現在、なぜ「山洞・御風水神」と刻印されているのか詳細は不明である。2月のニングッチャーの際に拝みが行われているという。

2）〈村川・チン川〉

　ヤマガマー（洞窟）の前方に位置していた井戸を村川、あるいはチンガーと呼んだ。戦前、このカーはンブガーとして使用された。現在、ヤマガマーと同様に2月のニングッチャーに拝みを行う。

第1章　沖縄の基地周辺共同体と文化継承に関する〈境界〉領域の人類学的考察

3）〈女井〉

　戦前の伝道集落、屋号ウフヤーの西側に位置した井戸を女井〈イナグガー〉と称した。伝承によると、この女井は、北谷グスクのウナンジャラ（按司夫人）が洗髪や水浴に使用した井戸だったという。この女井へは、伝道のウフヤー門中から、正月3日のハチウビー、2月のニングッチャーの際に拝みを行う。また北谷ノロ殿内からは、正月3日のハチウビー、8月11日のカーウビーの際に拝まれる。

④北谷のカー合祀所・前城村御風水神

　この合祀所には、かつての北谷集落に点在した、カンタヌ井戸・ウスク井・スミムン井・根神井の4つのカーと、女井（伝道集落）が祀られている。現在、これらの井戸・カーへは、正月3日のハチウビー、8月11日のカーウビーの際、北谷ノロ殿地の家人による拝みが行われている。各カーの伝承を列記すると以下のとおりである（同報告書、pp.95-96参照）。

1）〈カンタヌ井〉

　戦前の北谷集落東側の東表原にカンタヌカーと呼ばれるカーがあった。北谷村の始祖（ハダカ世）が使用したと伝えられる。

2）〈ウスク井〉

　旧北谷集落のヌーメハルに位置し、創始者たちが使ったと伝えられる。このカーの手前にあった田圃をウスクガーと称するという伝承もある。

3）〈スミムンガー〉

　かつての北谷集落、屋号川ヌは橋の近くに、このスミムガーはあった。この井戸は、村の女性神役や川ヌ端の家人らが、糸の泥染めに使用していたことからスミムンガーと呼ばれるようになった。

35

4）〈根神井〉

　根神井は、戦前の北谷集落、屋号大城安里と前城津嘉山の屋敷境界付近、西側に所在した。この井戸は北谷ノロをはじめ、ムラの女性神役の斎戒沐浴に使用されたと伝えられている。

5）〈女井〉

　女井はヌルシンガー（ノロ神のカー）とも呼ばれる。このカーは、かつての戸ヌルシンガー旧伝道集落の西に所在したが、現在は北谷合祀所に祀られている。

6）前城村御風水神

　現在、北谷カーの合祀所の西隣に位置して祀られているが詳細は不明である。

　以上、キャンプ瑞慶覧内の長老山に存在している旧玉代勢集落合祀所、旧伝道集落合祀所、旧字北谷カーの合祀所の3施設について記述した。

　各合祀拝所の管理は、旧三字の郷友会が行なっているが、いずれも強制移転を余儀なくされた旧住民のネットワークである。したがって、ある郷友会員によれば現自治会組織による行事執行の対象ではなく、旧字の聖地の記憶の合祀場としての意味が年々強くなっているという。場所にまつわり祭祀されてきた信仰対象、つまり旧村落の井戸、水の神、土地の神、風水の神々は、元の位置にあるのではなく、唯一、基地内で拝める地に移転されたのである。かつての村落祭祀とは無縁のものとなりつつあるのもうなずける。

　調査中も、いくつかの祭祀対象には焼香の痕跡が見られたが、旧村落住民によるものかは不明であったし、半ば放置されたような拝所も見受けられた。合祀舎屋内には、石碑の刻印が消え何の祭祀対象か判別不明であるものもある。その多くは、参列者に尋ねても不明であった。拝所というよりも、鉄柵内に放置されたかつての信仰遺物にも思えた。

　こうした、基地内に放置された祭祀対象と信仰の継承を考えるとき、基地

第1章　沖縄の基地周辺共同体と文化継承に関する〈境界〉領域の人類学的考察

内への旧字住民・一般住民の立ち入りの困難さを考慮せざるを得ない。まさに、ここに「基地の中の聖地」の問題がある。

　基地内への正式な聖地拝礼は、町・字単位の公式的行事、あるいは郷友会の届出行事として米軍関係部署への届け出により立ち入る以外、手段がないからである。その他では、黙認耕作地への農業者許可者と同行するパスを持つか、米軍軍属家族のエスコートとして許可されるパスポートにより立ち入るほか、手段がない。目的を、個人的な拝所巡礼とするならば許可は下りにくい。つまりは、個人的な祭祀は黙認的に遂行するしか方法がないのが現状なのである。結果、かつてあった家・個人レベルの信仰行事はなかなか遂行できない。キャンプ瑞慶覧基地内にあるような基地内の信仰対象、複数の合祀施設のもつ意味の信仰対象と祭祀の変容、旧住民との関係性の維持は今後の課題である。

(2) 基地返還地「伊平」の合祀所およびキャンプ桑江内旧字拝所

　以下では、キャンプ桑江地区周辺の拝所について記述する。
　写真12は2003年に返還された整備地区伊平の様子である。正面奥が北谷町役場であり、向かって右手が現在、住宅地として開発されつつある整備地区である。左手のフェンス内は、キャンプ桑江基地であり、白い屋根は基地の浄水施設である。その施設裏手に、旧桑江集落の合祀所が位置している。

写真12　　　　　　　　　　　　　　　写真13　字伊礼郷友会館

写真14　伊礼合祀拝所　　　　写真15　桑江後合祀拝所

　この地域一帯は、現在北谷町の整備地区「伊平」と呼ばれる。この地域は、旧字名は北から「平安山」「伊礼」「桑江後屋取」であった。長年、米軍施設に占有された結果、旧字住民は移転し旧字は消失した。返還された行政地区名として新たに「伊平」地区と称されている。一番先に返還された旧伊礼地区は1982年3月の解放後、1984年、元伊礼地区内に郷友会会館と伊礼合祀所を建立している。

①伊礼合祀所
　伊礼合祀拝所には、4種類の信仰対象が祀られている。以下、『北谷の拝所』（前出）より抜粋する。
　　4つのカー・火の神・土帝君・殿
　「殿は、かつての伊礼集落北側に位置していた。現在は、蔵森（クラシモー・1982年5月に返還され1984年3月に工事を終えた）の一角に久米島石を利用して「殿（との）」と陰刻された石碑を建立して祀る。『琉球国由来記』によれば「伊礼の之殿では四ウマチー（2月・3月・5月・6月のウマチー）の際に、伊礼の村人が供へ、平安山ノロが祭祀を行なったとある」（同p.59）。カーの合祀所説明は次のとおりである。
　「かつての伊礼集落には、後の井戸・蔵森井戸・蔵森南井戸・上間兼久の井戸の4つのカーが在った。その中でも、屋号古謝の北側の後の井戸は、戦

前までンブガー（産湯を取る井戸）として使用されたという。しかし、戦後の米軍による土地接収にともない、ンブガーをはじめ、伊礼集落の4つの井戸はその姿を失った。これらのカーへは、2月のニングワチャー（豊作祈願）、9月9日の菊酒（秋の健康祈願）などの拝みがおこなわれる。」

②桑江後郷友会拝所

「桑江後」地域の返還は2003年3月であり、付近には空き地が多い。拝所内には「奉納　諸大名神」とのみ刻印された石碑と線香たてが1つある。横には「桑江後郷友会拝所　2015年11月建立」と記された石碑がある。

③旧字桑江御願所・合祀所（キャンプ桑江内）

2003年に返還された伊平地区の100m先のキャンプ桑江基地内には旧字桑江御所があり、多数の信仰対象が合祀されている。合祀所の隣りには、「昭和16年吉日」とある石碑があり、この御願所と日支事変の関係が刻印されている。この合祀所の一部の神は元々この地・場所にあったものがあり、その伝承記録である。現在の拝殿の改築は、「昭和62年吉日」と桑江青年部実行委員会7名の名前が記された石版が別途ある。

『北谷町の拝所』（p.67-p.68）に記述された合祀対象の伝承・由来を以下にまとめた。

1）〈ニーヌファー〉

元々、この地にあった神で、旧桑江住民によれば、日中戦争の頃、竹山御嶽の神を遷して祀ったという。また、戦前は、ムラのヤクミ（役目）と神人により、1年間の神行事を告げるハチウガミ（初拝み）が行われていた。現在は郷友会役員数名による拝みが行われている。

2）〈竹山御嶽〉

旧桑江内に位置したガマを竹山御嶽と称した伝承がある。

３）〈トン・土帝君〉

戦前までは、ニングワチャー（2月1日から3日）の行事で豊作を願った。現在は、郷友会役員数名による拝みのみである。

４）〈カンカーの神〉

戦前の桑江集落、屋号山ヒジの北側にある池の近くに祀られていた神である。カンカーと称した悪霊侵入防除儀礼を行った。同じく現在は郷友会役員数名の拝みのみである。

５）〈豊年祭・サーターモー〉

現在の桑江基地内の米軍病院の裏にサーターヤーがあったため、その地域をサーターモと呼んでいた。そこでは、豊年神・遊神が祀られ、旧8月15日「十五夜の遊び」には、豊年感謝の歌・踊りが奉納されていた。現在は郷友会役員により祈願されている。

６）〈びじゅる〉

旧北谷トンネルに位置していた聖地といわれるが伝承・由来は不明。

７）〈ウブ川〉

子供の誕生に際し、ンブジミ（産湯）をとる産川（ンブガー）は戦前の桑江集落南側に位置していた。

８）〈大荒神川〉〈村火神〉

現在のところ詳細は不明である。

以上、整備地区「伊平」の拝所および「旧字桑江御願所」について記述した。

近年の返還地である「伊平」整備地区には、現在、自治会が構成されてはいないし地区公民館も存在していない。この地域に土地を購入した世帯の多くは新転入者であり、旧桑江・伊礼には地縁もなく旧字民との関係性も特にはない。今後、この地域の人口増加に伴い、独自の自治会が結成されるかは不明であるが、旧字民の祭祀対象、郷友会の祭祀行事と新住民とコミュニティとしての一体化は、この地区における今後の課題である。

第1章　沖縄の基地周辺共同体と文化継承に関する〈境界〉領域の人類学的考察

4．爆音訴訟のムラ砂辺―戸主会と聖地の再生

（1）旧砂辺地区概要

　旧砂辺地区の一部は、現在も米国空軍嘉手納基地および陸軍補給施設に接収されている。現在の行政区砂辺は旧砂辺を中心に旧字浜川・宮城地区の一部を合併して構成されている。旧字砂辺地区の居住地区は、1954年以降、米軍用地から返還されたものの嘉手納基地の離着陸侵入コース下に位置し、爆音問題で旧字外に多くの世帯が移転せざるをえない状況下に置かれてきた。こうした基地周辺の字のコミュニティのあり様と聖地・神行事の伝承について記述してゆきたい。

　旧砂辺の全地区は1945年に米軍占領下に置かれ、ヤンバル他地域に避難していたが、1946年11月に北谷村民の桃原地区へ移動が許可され、桃原地区へ一部転入した。その後、1954年4月1日に旧砂辺地区の一部が開放され、旧集落への帰村が開始された。その後、1955年から1960年頃までに旧砂辺地区の土地は暫時開放され旧字砂辺の旧住宅地は、ほぼ返還されている。

　戦後、旧砂辺の人口の最も多かった年は、1966年で、1,052名であった。しかしながら、旧砂辺地区の大半は1975年初頭、騒音区域指定（2種・3種騒音地域）[6]を受けるほど、嘉手納基地に発着する軍用機の騒音に悩まされてきた。1974年「防衛施設周辺の生活環境の整備等に関する法律」が制定され、国は、2・3種区域指定区域住民は、移転を希望する場合、土地の買い入れと建物等の移転補償をすることになる。この結果、旧集落住民の多くが、地区外に移転している。2000年の旧砂辺地区内の居住者は2種指定内で333名・143世帯であり、移転者は2種指定内（87世帯）、3種指定内（99世帯）である。1966年に比して旧砂辺住民の半数以上が他地域に移転をしたことになる。

　第1回爆音訴訟は、1982年2月に2011名の住民により提訴されている。これに続く新爆音訴訟は、嘉手納基地周辺の住民を含め、現在も係争中である。

41

写真17　旧砂辺地区立退き世帯・騒音指定区分地図（4代戸主会長與儀正仁氏作成・最終2000年1月加筆）

（2）砂辺戸主会と自治会

　上記の戦後史の状況のなかで旧砂辺集落自治が、どのような経緯のなかにあったのかを記述しておく。

　旧戸主会調べでは、沖縄戦直前、砂辺集落には戸数105戸、約499人が住んでいた。砂辺地区は、戦後、米軍補給施設ができたため、旧砂辺・砂辺ヌ前屋取の住民の多くは、北谷桃原地区に居住していた。1954年、字砂辺の村内原・大道原・加史原（小字名）が開放されたので、旧住民の帰村が開始された。翌年、部落総会を〈根所〉で開催し集落再建が協議された。1960年の新生砂辺地区の世帯数は164（741人）であったが、1974年には合併字世帯および新移住者を含めた500世帯となっていた。そのうち旧砂辺住民は175世帯であった。新砂辺区内に町営団地が建設されたこともあり、1974年に「旧字砂辺戸主会」を結成した。会員資格は「もともと砂辺集落に住んでいた戸主および分家の戸主」である。目的は、「旧砂辺集落の祖先によって蓄積された共有財産を民主的に管理運営し、会員の親睦と相互扶助、合わせて戸主会の発展を図る」とある。これにより、旧村落で行っていた祭祀行事は戸主会により引き継がれた。

　なお、1974年の戸主会設立時には、米軍基地に部落共有地を賃貸している「軍用地料」が支払われ、行事や事業に充てられた。この時点での旧字共有地は土地44,596.97㎡、建物（神屋ほか）72.10㎡である。主な事業目的は、会員の親睦、祭祀に関すること、共有財産の管理、芸能保存事業としている。なお、現在は、砂辺区自治会の老人クラブ、婦人会、青年会や各門中団への育成・助成も行っている。1986年から、顧問・会長・会計・書記の4役体制が整い定期総会が毎年開催されることとなった。

　また、砂辺地域の拝所整備予算が組まれ各拝所・聖地の整備が開始される。この年、砂辺の草分け屋であり〈根所〉（草分け屋）の「御神屋」が新築・整備が実施された。2014年5月現在、旧砂辺戸主会加入戸数は、284戸である。戸主会事務所は、與儀正仁氏（第4代戸主会会長）宅別棟に設置されている。砂辺自治会の行政センターとしては、砂辺公民館が旧集落の中心に位置する。

写真18　防衛庁施設局（当時）買取により空地となった屋敷（防衛施設用地の立て看板が設置されている）

　行政区としての砂辺自治会そのものは、旧浜川地区・一部宮城地区を含み合併して編成されており、砂辺1班—7班までの構成である。これら新行政砂辺区内には、海岸沿いに開発された住宅・商業施設を含んでおり、アメリカ軍属用の住宅施設も多い。

　現在の北谷町行政区砂辺の住民台帳による世帯・人口数は1,714世帯・2,764人、外国人世帯数は、71世帯である。砂辺行政区に居住する米国軍人・軍属家族の多くは住民登録をする必要はなく、外国人居住者の実数は、不明であるがかなりの数に上る。

　海外沿いに開発整備された米国民を対象にした外人住宅地街を称して「アメリカ合衆国砂辺村」と揶揄されることもある。住民登録数は別として、米軍軍属家族の砂辺自治会加入は、砂辺区公民館への聞き取りでは、現在、5世帯程度とのことであり、軍属関係者と沖縄人との婚姻世帯が主である。外人住宅街に隣接する浜川小学校が砂辺行政区内にあり、そこに通学する児童

第1章　沖縄の基地周辺共同体と文化継承に関する〈境界〉領域の人類学的考察

の関係もあり自治会に加入しているとのことである。

　この地区に駐車する車両はほとんど「Yナンバー」（米軍・軍属用ナンバープレート）であり、その子弟の学校は基地内にあるアメリカンスクールのため、早朝は、スクールバスが頻繁に往来する。

　なぜ、基地内の家族住宅ではなく、基地の外に居住するのか、率直な疑問を基地内に勤務する米国出身軍属Bにインタビューしてみた。B氏の推測の範囲をでないが、「軍人家族が、基地の外に居住する場合、ほぼ家賃の100%は『思いやり予算』でカバーされ、光熱費も助成を受ける。また、基地内の多様な規則・ゲートの門限他、人間関係も含め基地外の方が自由であるから外人住宅への希望は多い。また、砂辺地区の外人住宅街はビーチも近く人気がある」とのことであった。

（3）砂辺の聖地

　砂辺地区を初めて訪れたころ、その、戦後の歴史から、拝所や聖地は消失しムラ行事も縮小しているだろうと予想していたが、多くの拝所が、旧字砂辺戸主会により整備され、多くの年中行事も復活していた。米軍用地占領時代には、破壊されあるいは埋められた井戸・湧き泉他、多くの拝所も再整備され、根所（草わけ屋）では、神行事も継続していた。

　以下では、旧字砂辺の聖地に関して記述する。

　2017年度の旧字砂辺戸主会で実施しているムラの年中行事は、表1（次頁）のとおりである。

　戦前からの年中行事の多くを復活させ、戸主会執行部・会員・有志を中心に実施されている。2017年度でみれば戸主会の役員が中心となる行事は、1月2日（初ウガミ）に始まり、旧7月7日〈旗スガシ〉まで7行事ある。また、表1の下段にある「伊平屋御願み」、「今帰仁上がり」、「久高島御願み」他、毎年、戸主会役職者と旧字民有志により、砂辺とゆかりのある聖地巡礼の行事が組まれている。遠方の場合、泊まりがけで参拝することもある。こ

45

表1　平成29年度旧字砂辺戸主会年中行事表（戸主会資料）

	旧　暦	新　暦	曜日	行事名	場所	拝み時間	供え物
	正月旧1日・15			ウチャトゥー拝み	根所・神屋		ビンシー・酒・お茶
1	1月1日	1月29日	土	旧正月拝み	根所・神屋		果物・ビンシー
②	1月2日	1月29日	日	初拝み	根所・神屋	午後3時00分	料理一式・ウチャヌク・ビンシー
③	1月7日	2月3日	金	ナンカヌシーク・トゥティー	根所・神屋	午後6時30分	菜の花・芋・酒・ビンシー
4	1月20日	2月16日	木	二十日正月	根所・神屋	午後1時00分	料理一式・ビンシー
5	2月22日	3月19日	日	彼岸	根所・神屋		料理一式・ビンシー
6	2月14日	3月11日	土	ウュミ拝み	根所・神屋		料理一式・ビンシー
7	2月15日	3月12日	日	2月ウマチー	根所・神屋		料理一式・ビンシー
⑧	3月13日	4月8日	日	村清明祭	砂辺・浜川・読谷		重箱一式・ビンシー
9	3月14日	4月10日	月	ウュミ拝み	根所・神屋		料理一式・ビンシー
10	3月15日	4月11日	火	3月ウマチー	根所・神屋		
11	4月7日	5月2日	火	アブシバレー	根所・神屋		料理一式・ビンシー
12	4月9日	5月4日	木	ポーポー	根所・神屋		ビンシー・ポーポー
⑬	5月4日	5月29日			五月チャー・敬老会場所未定		料理一式・ビンシー
⑭	5月5日	5月30日	火	カー拝み5ヶ所	砂辺村内	午後3時00分	料理一式・ビンシー
15	5月14日	6月8日	木	ウュミ拝み	根所・神屋		料理一式・ビンシー
16	5月15日	6月9日	金	5月ウマチー	根所・神屋		料理一式・ビンシー
17	6月14日	8月5日	土	綱引き	中道（なかみち）	午後6時30分	ビンシー・酒
18	6月15日	8月6日	日	6月ウマチー	根所・神屋		料理一式・ビンシー
19	6月25日	8月16日	水	うわいウマチー	根所・神屋		料理一式・ビンシー
⑳	7月7日	8月28日	月	七夕旗すがし	根所・神屋	午後1時00分	ビンシー・酒
21	7月13日	9月3日	日	旧盆（ウンケー）	根所・神屋		料理一式
22	7月15日	9月5日	火	旧盆（ウークイ）	根所・神屋		重箱
23	7月17日	9月7日	木	獅子拝み	獅子屋	午後6時30分	
24	8月9日	9月28日	木	カンカーウュミ拝み（男性）	砂辺部落内4ヶ所	午後6時30分	牛肉の中身
25	8月10日	9月29日	金	カシチ拝み	根所・神屋		料理一式
26	8月15日	10月4日	水	十五夜	戸主会集会所	午後6時30分	ビンシー・酒
27	9月9日	10月28日	土	菊酒	根所・神屋		ビンシー・酒
28	9月15日	11月3日	金	伊平屋お通し	砂辺伊平屋神		豆腐一式
29	9月21日	11月9日	木	お寺参り（寺〆）	（寺）		重箱一式
30	11月5日	12月22日	金	冬至（トゥンジー）	根所・神屋		
31	月 日	月 日	土	ムーチー	根所・神屋		
32	月 日	月 日	火	御願解き	根所・神屋		

旧字砂辺ウガンと順拝所（5年廻り）

○ 平成21年度 今帰仁クボウ御嶽・国頭辺戸安須森御嶽	○ 平成26年度 今帰仁クボウ御嶽・国頭辺戸安須森御嶽
○ 平成22年度 今帰仁仁上り	○ 平成27年度 今帰仁仁上り
○ 平成23年度 伊平屋御願み	○ 平成28年度 伊平屋御願み
○ 平成24年度 東御廻り	○ 平成29年度 東御廻り
○ 平成25年度 久高島御願み	○ 平成30年度 久高島御願み

第1章　沖縄の基地周辺共同体と文化継承に関する〈境界〉領域の人類学的考察

うした聖地巡礼の行事は一般的には門中単位で行うのが普通だが砂辺ではムラ単位（戸主会）で実施している。

　砂辺内の神行事関係の聖地拝みは、現在、戸主会執行部と後述する根所家人を中心に実施されている。また、旧字砂辺戸主会のムラ行事の中心は、根所およびその敷地内にある〈ウカミヤー〉（御神屋）を中心に実施される。

　筆者は、2016年から2017年にかけて與儀正仁氏（第4代戸主会長）、照屋正治氏（北谷町会議員）他、字誌編纂委員の協力を得て、聖地・拝所の位置確認・撮影を実施した。また、草分け屋（根所）の現継承者である知念昌一氏他、自治会関係者にも聞き取り調査を行った。しかしながら、1954年出生以降の年代、つまり、戦後、移転先の旧字砂辺以外の出生者世代には旧砂辺の拝所・聖地の由来が十分に伝承されていない現状もあった。2016年10月、旧字砂辺戸主会が主体となった字誌編纂事業の成果として『砂辺字誌』（2017年）がまとめられた。以下の聖地に関する記述の多くは、筆者の調査資料に加え『砂辺字誌』の「第4章　聖地と年中行事」項（pp.137-154）を引用・参照しまとめたものである。また、各拝所に建立されている石碑に刻印された由来記述も参照した。必要に応じて、1993年・1994年度に北谷町教育委員会で実施された民俗文化財調査報告書『北谷の拝所』（1995）の記述を参照した。

　筆者の課題は、米軍基地用地の返還地域で行われた聖地・拝所の復興の経緯・プロセスである。具体的には、1954年、避難先・移転先より帰村した旧字砂辺住民が、荒廃した旧字の拝所を整備し年中行事を復活させたプロセスであり、現在（2017年）、何が、正当化され字民に共有化された表象・伝承であるのかに関する資料である。

　まず、現在、旧砂辺にある聖地に関して一覧にまとめてみたものが、表2（次頁）である。また、その位置を記した地図が、図3である。

　図3は戸主会保存資料の「旧字砂辺部落拝所案内図」をもとに筆者が一部、地名、公民館位置（図中＝公）他、加筆したものである。この地図を元に、聖地・拝所の調査を実施した。地図の北側に記入した米陸軍基地は燃料貯蔵施設であるが、旧砂辺の墓もフェンス越しに見え、黙認耕作地ともなってい

表2　旧砂辺区聖地一覧

no	聖地名	石碑刻印名称	主な祭祀年中行事行
1	ウカミヤー	御神屋根所	村落祭祀行事全般
2	ニガン	拝所　ニガン	神屋行事
3	トゥン	拝所砂辺之殿	ムラ清明祭（旧3月中）
4	ヌール墓	砂辺御嶽　拝所　ヌール之墓	ムラ清明祭
5	ウチャタイウメーヌの墓	ウチャタイウメー之墓	ムラ清明祭
6	ウガン	砂辺　御嶽拝所　照神	ムラ清明祭
7	大里ムチウリの墓	大里ムチウリ之墓	
8	ムラグサイの墓	村グサイの墓	
9	ヌールガー	拝所　砂辺御嶽　ヌールガー	カー拝み（旧5月5日）
10	アガリジョーモーヌシ	無し	カンカー祭
11	シーシヤ	拝所　獅子屋	シーシウガミ（旧7月17日）・十五夜アシビ（旧7月15日）
12	ウドゥーイガミ	踊神之墓	ムラ清明祭
13	アジ墓	天孫子　按司之墓	ムラ清明祭
14	クマヤーガマ	クマヤーガマ	
15	トウナントウの墓1	拝所　唐港　ムラグサイヌ墓	ムラ清明祭
16	トウナントウの墓2	無縁仏之墓	ムラ清明祭
17	ティラ	拝所　砂辺之寺	初ウガミ（正月2日）・御願解き（12月24日）
18	クマガーヤマ納骨拝殿	クマヤーガマ納骨拝殿	ムラ清明祭
19	ウブガー	砂辺ウブガー水神	初ウガミ（正月2日）・御願解き（12月24日）カー拝み（旧5月5日）
20	トゥティークー	拝所トゥーティークの神	ナンカーヌシーク（旧1月7日）
21	トーガー	拝所　唐井之水神	カーウガミ（旧5月5日）
22	無縁仏之墓	無縁仏之墓	
23	ンマイームイのイビ①	拝所　砂辺之龍宮神	
24	旧龍宮神の拝所跡		
25	カーバタガー	カーバタ井之水神	カーウガミ（旧5月5日）
26	インガー	拝所　犬川之井水神	カーウガミ（旧5月5日）
27	ジトゥーヒヌカン	拝所　地頭火の神	
28	イヒヤウトゥーシン	拝所　伊平屋ウトウシ神	伊平屋オトウシ日（旧9月15日）
29	ウフシヌシー	拝所伊平屋森石良具御イビ	ムラ清明祭

第1章　沖縄の基地周辺共同体と文化継承に関する〈境界〉領域の人類学的考察

図3　砂辺の拝所位置

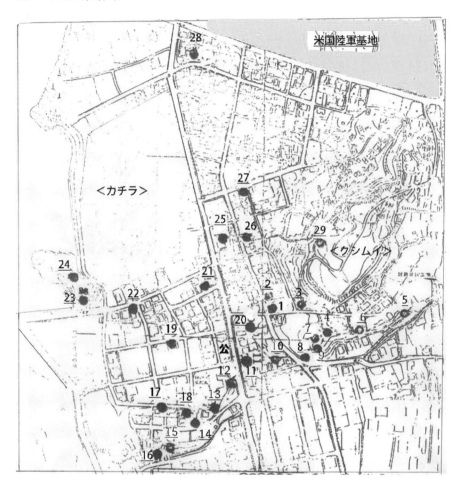

る。図中の〈カチラ〉という地名は、戦前は湿地・原野であったが、戦後は埋め立てられ多様な施設が建築されたが、現在は外人住宅を含み団地として整備されている。

　〈クシムイ〉という地域は、旧砂辺集落でもっとも高い丘地をさす地名である。かつて今帰仁や伊平屋へのお通し拝みが行われたという伝承がある。丘の上には現在も「伊平屋森石良具御イビ」の拝所（表中29）がある。その

丘の裾野、南側には御嶽があり旧字の重要な聖地が集まっている（表中6・7・8・9）。またこの御嶽の北西に草分け屋があり、村行事の中心拝所〈カミヤー〉（御神屋）が位置している（表中1）。

　なお、図3中の整理番号と表2の拝所名称一覧の番号は同一番号を付して対応している。

【砂辺の聖地説明】

　各聖地・拝所の伝承・由来をその聖地の整備の経過・ムラ行事内の位置づけの変遷・変化を中心に以下にまとめてみた。

1）〈ウカミヤー〉と根所

　〈ウカミヤー〉と呼ばれ〈御神屋〉の漢字が当てられている。砂辺の草分け屋〈根所〉の家（知花家）敷地隣に位置する。戦前は、草分け屋筋（根所）の屋敷（知念家）内の神棚にあったが、居住地解放後、〈ウカミヤー〉（御神屋）を根所の敷地内に別棟に移し、その後、戸主会の予算で1993年5月に新築された。この神屋の別棟建設は、当時の戸主会長の要請もあり現在の神屋新築落成式（1993年）は旧字戸主会のもと行われた。現在も旧字村落行事の多くは、旧字戸主会と根所の家人を中心に、根所の御神屋の神の参拝仏から始まる。写真19はカミヤーの入り口であり根所の屋敷内である。

　写真20はカミヤー内部。写真は2017年の旧盆時に根所の現戸主（知念・氏）の神棚への拝礼の様子である。神棚の祭祀対象は向かって左側より〈ムラデーカミ火ヌ神〉（村火神）、中央に〈カミウガンス〉（神元祖先）があり6個の香炉が置かれている。右端2個の香炉は〈ウサンチュー〉（ハダカユー）時代祖先であり〈ウミキ〉（男）・〈ウミナイ〉（女）の意味がある。その隣りが〈ナカヌユー〉（中の世）で同じく男女の祖先である。その隣が門中の香炉であり、左端が〈カミンチュー〉（神人）であり〈アティナシグァー〉と〈ンマリングァー〉の香炉と伝承されている。神棚の右端には〈手千観音画像〉が祀られ香炉が1つある。

写真19　「御神屋根所」の石碑　　　　写真20　御神屋神棚を拝む根所家人

　砂辺の草分け屋・旧家であり、〈ニードゥクル〉（根所）と称する屋敷は、代々の知念家戸主によりつがれ、戦前より村行事の中心的役割を担ってきた。家の一番座には祖先を祀る神棚があり祭祀行事に必要な祭祀道具を保管してきた。1974年に同敷地内に別棟の「御神屋」を建築し神棚も移転した。
　現戸主の祖母は1887（明治20）年生まれで根所家の神役を務めていた。戦前の話で、平安ノロが砂辺のノロ拝所で拝む時は必ず出ていた。その後、戦後、現戸主の母が継いでいた。母の死亡後は、関西に婚出していた自己の叔母が神役をついでカミヤーの神を守り祭祀をしていたが、2014年に亡くなった。知念家の現戸主に配偶者・女性姉妹がいないので、現在、知念家の神役は不在となっている。

2）〈ニガン〉
　根所敷地の北隣に、〈ニガン〉とする拝所がある。拝所内には、火の神が祀られている。
　根所では、神仏を備える供え物の煮炊きをしたシム（台所）のあった場所と伝承されている。戦前は、根所（知念家）の屋敷内にあったとする説、現在ある根所北隣の敷地に移転し独立したという説と、元々、現在の場所にあ

写真21①　神屋に隣接する「拝所ニガン」　写真21②　拝所ニガン内の神棚

ったという説がある。
　1987年5月、戸主会により、「拝所　ニガン」の碑が建立され、堂内には、火の神の横に2つの香炉が置かれている。根所の家人により、「ウカミヤー」同じ、「ウチャトー」儀礼と年中祭祀が行われている。

3）〈トゥン〉
　クシムイの山裾にあり根所の東側に位置する。北谷町教育委員会調査によるこの拝所の記録とて『北谷町の拝所』(1995)では「ヌール火ヌ神」と記されている。同書ではこの拝所は「砂辺之殿」ではないかと推察されている。戦前の5月ウマチー（稲穂際）には、平安山ノロがこの場所を訪れ、祭祀を行っていたという伝承が記録されている。
　2017年に刊行された『字砂辺誌』の記述では「戦前のトゥンのイビはクシムイの山すその岩場を利用して築かれ、ウフシーヌ拝所の方向に拝む」ように配置されていた。現在のお堂は北向きである。旧砂辺戸主会の整備に伴い1994年12月吉日に「拝所　砂辺之殿」の碑が建立された。中には、〈トゥン〉と刻まれた石碑と香炉がある。
　この拝所への拝みの変遷を『字砂辺誌』より要約すると次のとおりである。現在はウマチー祭祀で、このトゥンでの拝みはなく、根所のウカミヤーとニ

ガンのみで行われている。トゥンの拝みは、1991年までは旧9月9日の菊酒
のとき、菊酒が供えられていた。また、1990年から2003年までは旧1月2日
の拝みと、旧12月24日のフトゥチ拝みでも、ウチャヌク・酒・花米・線香な
どを供えて拝んでいた。

　2013年からは、ヌールの拝んでいた拝所を拝まなければならないとして、
旧2月のムラシーミーで、チュクンの重箱・ミサマ、酒、水、茶、花米、線
香を供えて拝むようになった。

4）〈ヌール墓〉（加志原）

　ウガンの杜の奥に位置する古墓。この墓は、古く高貴な墓として、戦後、
二代目戸主会長であるK・T氏を中心に開けられて調査され、その後、戸主
会により墓前・墓道が整備され1988年5月吉日に「砂辺御嶽　拝所ヌール之
墓入り口」「砂辺　ヌール之墓」の碑が建立された。命名はK・T氏による。
整備に伴い、旧字戸主会の村清明で拝まれている。そのほか、戦前から津嘉
山伝道門中で拝まれてきた。ただし、同門中の松田氏によれば、戦前はただ
「ハカ」と呼んでいた。〈根所〉では〈チュウザンバカ〉と伝わっている。
『北谷の拝所』にも「この墓はかつてノロ職にあった神人が葬られていた場
所の伝承がある。ヌール墓には、旧字戸主会により、大小二つの石碑が建立
されている。3月のシーミーの際に、根所家人と戸主会の代表が参拝する。」
（p.22）と記述されている。

5）〈ウチャタイウメーヌ〉（加志原）

　ウチャタイの語義は不明であるが場所名を示す。戦前より怖い場所でただ
「ハカ」と呼んでいた。高貴な人の墓であるとしてK・T氏を中心に墓が開
けられ調査された。1983年に旧字戸主会により墓周辺が整備された。1988年
5月吉日、K・T氏の命名の元、「拝所　ウチャタイウメーヌ之墓入口」「ウ
チャタイウメーヌ之墓」の碑が戸主会により建立された。墓の整備を機に村
清明で拝むようになったが、2012年と2013年には、戦前にはムラで拝むこと

のなかった個人の墓として戸主会の拝みから外された。その後、2013年に復活している。現在でも「ウチャタイの前の墓」「ウチャタイの爺さんの墓」の２通りの解釈がある。

６）〈ウガン〉御嶽（砂辺加志原）
　旧砂辺集落南東側に位置する杜一帯を〈ウガン〉と称する。杜の頂上にお堂があり、村の守護神を祀る香炉が安置されている。この地域一帯は、セジ高いところとして崇められ勝手に立ち入ったり草木の伐採は「ヤマサーリン（神の障りがある）」といわれてきた。〈根所〉の関係者・知念敏子氏（戸主の叔母であり、根所の神役・1930年生まれ・2016年亡くなった根所最後の神役）によれば、戦前は杜の中に祠が一つあり、「ウフスーヌハカ（大王の墓）」と呼んでいたが、現在は敷き均されて痕跡はない。現在、その場所とやや離れたところに赤瓦葺のお堂が建設され香炉が置かれている。このお堂の整備は旧字戸会により進められ、1988年５月吉日に「砂辺御嶽　拝所　照神」の碑が建立された。命名者は、前出のＫ・Ｔ氏（二代戸主会長）である。現在、この漢字名称から住民には、「テラシン」「テルシン」「ティラガミ」他、いろい

写真22　御嶽入り口

第 1 章　沖縄の基地周辺共同体と文化継承に関する〈境界〉領域の人類学的考察

ろに呼ばれている。お堂の建立後は、砂辺戸主会のムラシーミー（村清明）
で拝まれるようになった。1991年までは菊酒（旧暦 9 月 9 日）に菊酒が供え
られていた。1990年頃から2003年までは、ハチウガミ（初拝み）（旧暦 1 月・
2 日）、フトゥチ拝み（旧暦12月24日）でも酒・花米・線香を供えて拝んでい
た。『北谷町の拝所』では、「正月 2 日にニードゥクルの家人や、旧字砂辺戸
主会から正月のタティウガン（立て御願）を行い、長寿・子孫繁栄・字民の
無病息災などの祈願が行われる」（同p.21）と記載されている。

7 ）〈大里ムチウリ之墓〉

　御嶽の小道脇に位置する。K・T氏の命名で1988年 5 月に「大里ムチウリ
之墓」の石碑と香炉が旧字砂辺戸主会により建立された。以後、ムラ清明祭
で拝まれていたが、戦前にはなく、ムラ拝みの対象ではないとされ、2007年
頃、旧字戸主会の拝みから外れた。

8 ）〈村グサイの墓〉

　同じく御嶽の小道脇に位置している。同じく、K・T氏の命名で、1988年
5 月に「村グサイ之墓」の石碑と香炉が旧字砂辺戸主会により建立された。
以後、ムラ清明祭で拝まれていたが、ムラ拝みの対象ではないとされ、2007
年頃、旧字戸主会の拝みから外せた。『北谷町の拝所』（1995）にこの聖地
の記載はない。

　御嶽に入る小道の手前に〈ヌールガー〉（ノロの井戸）が位置する。

　ウマチ祭祀のために平安山ノロがこの井戸で清め〈トゥン〉に上がったと
伝承されている。旧名称については明確ではなく〈タキガー〉・〈タキグサイ
ウカー〉とも言わた。

9 ）〈ウタキガー（ヌールガー）〉

　〈ウタキガー〉と呼んできた。1986年から戸主会により整備が開始され1987
年 5 月、「拝所　砂辺御嶽　ヌールガー」の碑が建立された。命名はK・T氏

写真23①　ヌールガー入り口　　　　写真23②　ヌールガー

による。その後〈ヌールガー〉と呼ばれるようになった。1991年頃まで、（菊酒）旧9月9日に拝んでいた。1990年から2003年まで旧1月2日の初拝み・旧12月24日〈フトゥチ〉でも拝まれていた。平成9年頃から現在、旧5月5日のカーウガミで拝まれている。また、《津嘉山伝道》門中が旧1月2日のカーウガミで拝んでいる。

『北谷町の拝所』にも〈タキガー〉からの〈ヌールガー〉への名称の変化が記述されている。また、現在の拝みは、旧正月のハチウガミに戸主会とニードゥクル家人と記述されている（同p.32）。

10)〈アガリジョーモーヌシ〉

《東門》の南に位置した同名の広場にあった岩。カンカー祭祀で使う牛を屠殺する場所だった。現在は、カンカー祭祀で、最初に牛の内臓の煮物、酒、花米、線香を供えて拝んでいる。

11)〈シーシヤ〉

獅子を保管するお堂。獅子そのものは戦後作成されたものである。年2回、〈シーシウガミ〉（旧7月17日）と〈十五夜アシビ〉（旧8月15日）で出される。

56

第1章　沖縄の基地周辺共同体と文化継承に関する〈境界〉領域の人類学的考察

写真24①　踊神之墓碑　　　　　写真24②　踊神之墓祭祀対象（納骨石棺）

現在のお堂は、1987年5月吉日に旧字戸主会により再建され「拝所　獅子屋」の碑が建立されている。

12)〈ウドゥーイガミ〉〈踊神ヌ墓〉

　戦前はなかった。1981年に砂辺公民館建設の際、出土した人骨を祀ってある。理由は、戦前のアシビナーの敷地から出土したことから、K・T氏の命名の元、旧字戸主会により1988年5月吉日に「踊神之墓」石碑が建立された。その後、村シーミーで拝まれるようになったが、2013年に個人の墓であるとして旧戸主会の拝みから外された。その後、2014年に拝んだほうが良いとされ復活している。

13)〈アジ墓〉

　アジシーとも言う。クマヤーガマの近くにある。戦前から村清明の対象で現在も旧字戸主会により拝まれていた。戦前は岩陰に厨子甕が一基置かれていただけであった。戦後、K・T氏を中心として整備され「按司夫婦」の墓とされた。1988年5月、旧字戸主会により「天孫子　按司之墓」の碑が建立さ

写真25① 「拝所クマヤーガマ」　　　　　写真25② クマヤーガマ内部

近年建立された「子宮神」(リュウグウ神)の石碑

れた。門中レベルでは、遠方の南風原町津嘉山門中がシーミーで拝みに来る。

14)〈クマヤーガマ〉(納骨拝殿)

　集落の南西に位置する鍾乳洞。米軍の占領、基地化に伴い埋没していた。また、その後、建設された外人住宅からの汚水により汚染されていた。この洞窟は、戦前より霊域とされていたが、戦時中、避難壕として使用され多くの住民の命を救った場所であった。元住民からガマの整備の声が上がり、1986年、汚泥をかき出す採掘の際に多数の先史時代の人骨が発見された。1986年8月に北谷町教育委員会(一部国庫補助)により発掘調査が行われた。洞窟の整備後、1995年5月吉日にガマ入り口に拝殿が建設され、「クマヤーガマ納骨拝殿」の碑が旧字戸主会により建立された。拝殿の建築後は、旧砂辺戸主会の村清明で拝まれている。また、津嘉山伝道門中のシーミーでも拝まれている。

　なお、筆者の調査では、竜宮神がガマ内部に設置されていた。

15)〈トーンナトゥ〉の古墓1 （村グサイヌ墓）

　トーンナトゥ（唐港）と称する場所にある古い墓。戦前は厨子甕がむき出しの怖い場所だった。戦後、近隣に建設された外人住宅の汚水が流れこみ不衛生な場所となっていた。旧字戸主会により、近隣環境と墓の整備のため、K・T氏を中心に墓が開けられ調査を実施した。

　1988年5月吉日「村グサイ之墓」の碑が、K・T氏の命名で戸主会により建立された。現在、旧字戸主会の村清明祭で拝まれるとともに、津嘉山伝道門中と宮平門中で門中シーミーで拝まれる。戦前は「トーンナトゥ」の「ハカ」と呼んでいた。

16)〈トーンナトゥ〉の古墓2 （無縁仏ヌ墓）

　〈トーンナトゥ〉の古墓1の隣りにある。旧字戸主会により古墓1と同時に整備された。1988年5月吉日「無縁仏之墓」の碑が同じくK・T氏命名により建立される。現在、旧字戸主会の村清明祭で拝まれる。

17)〈ティラ〉

　砂辺公民館西側に位置する自然洞窟である。1944年10月10日の空襲以後、クマヤーガマと連結して避難壕として使われた。現在、旧暦9月のティラウガミで、白紙・酒・花米・線香等が供えられている。現在、お堂の中には霊石が置かれ、1973年旧12月12日に奉納された香炉が置かれている。2003年5月12日吉日「拝所　砂辺之寺」の石碑が旧字戸主会により建立された（字誌p.143）。『北谷の拝所』（1995）に記述はない。

18)〈クマヤーガマ納骨拝殿〉

　納骨拝殿の説明は、前記「15) クマヤーガマ」に記述した。

19)〈ウブガー〉

　砂辺公民館の北側にある。新生児に浴びせる産水（うぶみじ）や正月の若水を汲んだ湧

泉。戦前より飲料水には使わない拝所であった。米軍占領中は埋められていたが、旧砂辺戸主会により掘り起こされ整備された。現在、香炉前に、「砂辺ウブガー水神」（1987年5月）の碑が建立されている。戦前からムラ拝みの対象であった。1991年ごろまでは、旧9月9日（菊酒）のとき、1990年頃から2003年までは旧1月2日の初拝みと、旧12月24日のフトゥチ拝みで、1997年頃からは、旧5月5日のカーウガミで拝まれる。〈津嘉山伝道〉が旧1月2日のカーウガミで拝んでいる。

20)〈トゥティークー〉（村内原）

　戦前は、〈東門〉の屋敷北側に隣接していた道路脇に小さなイビがあった。イビには霊石が置かれていた。特別な名称はなく、「ウガンジュ」と呼ばれていた。旧1月7日のナンカヌシークー祭祀には、サツマイ、菜の花、線香等を供え拝んでいた。サツマイモを供えることから農業の神様であるとして、1987年5月「拝所　トゥティクゥの神」の碑が旧字戸主会により建立された。命名はK・T氏により、現在は、トゥティクゥーと呼ばれている。

21)〈トーガー〉

　トーンナトゥ（唐港）と称する場所にある古い墓。戦前は厨子甕がむき出しの怖い場所だった。戦後、近隣に建設された外人住宅の汚水が流れこみ不衛生な場所となっていた。旧字戸主会により、近隣環境と墓の整備のため、K・T氏を中心に墓が開けられ調査を実施した。

　1988年5月吉日「村グサイ之墓」の碑がK・T氏の命名で戸主会により建立された。現在、旧字戸主会の村清明祭で拝まれるとともに、津嘉山伝道門中と宮平門中で門中シーミーで拝まれる。戦前は「トーンナトゥ」の「ハカ」と呼んでいた。

22)〈無縁仏ヌ墓〉

　〈トーガー〉の隣りにある。旧字戸主会により同時に整備された。1988年

第 1 章　沖縄の基地周辺共同体と文化継承に関する〈境界〉領域の人類学的考察

写真26

5月吉日「無縁仏之墓」の碑が同じくK・T氏命名により建立される。現在、旧字戸主会の村清明祭で拝まれる。

23)〈ンマムーイのイビ1〉リユウグウシン
　このイビは戦前からあったかないか戸主会でも不明である。戦前からあったとする人は、ンマイームイの下にあった小さなガマにイビがあり、旧8月15日のアシビの際に拝まれたという。この場所は、現在の砂辺馬場公園の東側にある。戦後、K・T氏が戸主会長をしていた頃、その上にイビが再建された。しかし、宮平昌信氏が会長のときに、本来の場所ではないとされ、ガマのあった現在地に移転した。1997年11月吉日に旧字戸主会により「拝所砂辺之龍宮神」の石碑が建立された。命名はK・T氏であった。

24)〈龍宮神跡〉
　以前、龍宮神の設置された場所。伝承内容は、前記「23) のンマイームイ」と同じである。

25）〈カーバタガー〉

　戦前からある小さな井戸。砂辺内Ａ・Ｍ氏屋敷内にある。であったが、戦前は、ムラ拝みの対象ではなかったが、1997年頃より旧字砂辺戸主会により旧5月5日のカーウガミで拝まれようになった。2000年5月吉日「拝所カーバタ井之水神」の石碑が旧字戸主会により建立された。『北谷町の拝所』では、かつて若水汲みがなされていたとされ、また、拝みは旧字砂辺戸主会の旧正月のハチウガミのみと記述されている（p.35）。

26）〈インガー〉

　昔、日照りのときにずぶ濡れで帰ったイン（犬）のあとを追い発見された井戸の由来がある。インガーは、戦前からムラ拝みの対象であった。元の井戸は米軍用地解放後も道路で埋め立てられていた。旧砂辺住民により拝まなければいけないという意見が強く、道路脇東側をずらして採掘された。1989年5月吉日「拝所　犬川之井水上」の碑が旧砂辺戸主会により建立された。1991年頃までは、旧9月9日（菊酒）のとき、1990年頃から2003年までは旧1月2日の初拝みと旧12月24日のフトゥチ拝みでも拝まれた。1997年頃からは、旧5月5日のカーウガミで拝まれている。《津嘉山伝道》が旧1月2日に、《宮平門中》が3月14日と5月5日のカーウガミで拝んでいる。『北谷町の拝所』には「近年になって戸主会が拝むようになったという」と記載されている（p.34）。

27）〈ジトゥーヒヌカン〉

　戦前は〈松田小伊礼〉の畑の中にあった。戦後は、お堂は壊れ石柱と土壁だけがイビを囲んでいた。現在の拝所も、土地区画整備事業後も、戦前と同じ場所といわれる。1987年5月「拝所　地頭火の神」の石碑が旧字戸主会により建立された。現在のお堂は2005年4月6日に地鎮祭が行われ、6月25日に入魂式が行われた。1991年ごろまでは、旧9月9日の菊酒の時に菊酒が供

第1章　沖縄の基地周辺共同体と文化継承に関する〈境界〉領域の人類学的考察

写真27 「拝所　伊平屋森　石具御イビ」

えられていた。1990年頃から2003年までは、旧1月2日の「初拝み」と旧12月24日の「フトゥチ拝み」でも酒・花米・線香等が供えられていた。現在、旧字戸主会としての拝みはない。

28)〈イヒヤウトゥーシ〉(村内原)

　戦前は、「イハガミ」「イハガミヌトゥーシ」と呼ばれ、小さな広場に岩があり、その岩を背にしたイビ（拝所）があった。現在は、コンクリート製のお堂に香炉が1つある。1987年、戸主会により「拝所　伊平屋ウトゥシ神」の石碑が建立された。命名は喜屋武氏であった。戦前はカンカー祭祀のときの牛骨を挟んだ縄を置く場所でもあった。現在は、伊平屋ウトゥーシ祭祀のみで、根所の家人により拝まれている。1991年頃までは、旧9月9日（菊酒）、旧1月2日の初ウガミと、旧12月24日のフトゥチ拝みを戸主会で行っていた。戦前の本来の司祭者は、ウミキー・ウナイと呼ばれるムラの神人であったといわれている。

29)〈ウフシヌシー〉（砂辺　村内原）

　〈クシムイ〉（集落の東側に位置、根所の後方の小高い丘）の頂上部上に位置する。〈ウフシー〉（大岩）と呼ばれている岩が祭祀対象である。『砂辺字誌』では、この拝所の由来は『琉球国由来記』（1713）各処祭祀・北谷間切の項目に「神明、イシノ御イベ」「伊平屋森　砂辺村」と記され、また、尚王十九年に編集された『琉球国旧記』嶽・森・威部の北谷群の項に、「伊平屋森　神名曰石良呉威部」としてその由来が記述されている。

　現在、自然石の南側・西側は旧字砂辺戸主会によりコンクリート敷で整備されている。ウフシヌシーには香炉が2個置かれているが、1つが、旧字戸主会の拝む香炉となっている。拝所の整備の整備に伴い、1988年5月に「拝所　伊平屋森　石具御イビ」と刻まれた石碑が建立された。現在、ムラとしての拝みは、旧字戸主会によりムラシーミー（村清明・旧3月13日）のみである。1990年頃から、2003年までは、旧1月2日の初拝みと旧12月24日のフトウチ拝みを旧字戸主会で行っていた。また、津嘉山伝道門中が門中シーミーで拝んでいる。『北谷町の拝所』の記述では、このクシムイのウフシーでは、かつての今帰仁や伊平屋へのお通し拝みが行われたというが詳細不明と記されている（同 p.31）。

（4）戸主会の拝所整備と聖地の正当性

　1954年以降、旧字砂辺の多くは米軍用地から返還されたものの嘉手納基地の離着陸侵入コース下に位置し、爆音問題で旧字外に多くの世帯が移転せざるをえない状況下に置かれてきた基地周辺の聖地・神行事の伝承について、上記にまとめてみた。

　これまで記述してきた砂辺の聖地に関して補足しながら若干の考察を加えておきたい。

　まず、この地域の第一の特色は戦後に創立された旧字砂辺戸主会による拝所の再整備と保存である。その他の基地接収後の返還集落に比べ予想外に多

くの拝所が、旧字砂辺戸主会により整備され、多くの年中行事も復活してきた。米軍用地接収時代に破壊され、あるいは埋められた井戸・湧き泉他、多くの拝所も再整備され、根所（草わけ屋）では、伝統的神行事も継続してきた。その過程と要因には、まず、旧字住民の共有財産を基盤とした祭祀保存活動と帰属意識がある。昭和40年代にかけて一部合併字住民や新住民の転入世帯数が増加した。1974年時には行政区砂辺の約500世帯数のうち、旧砂辺住民は175世帯であった。結果、1974年に「旧字砂辺戸主会」を結成している。その事業目的は次のとおりである。

（1）会員相互の親睦
（2）祭祀に関すること
（3）拝所等の新増築及び修理に関すること
（4）育英事業及び教育振興事業に関すること
（5）字財産の管理に関すること
（6）慶弔見舞金に関すこと

　この事業目的のうち、字財産して登録されて内容は墓地・原野・道路などの土地44,596.97平方メートルのほか、建物として神屋などの拝所が72.10平方メートルを占めている。会計・予算上も、2015年度の収支決算の内訳をみてみると拝所・整備予算が多い。戸主会への主な収入は基地接収地の軍用地料（2,000万円）と民間地への字地貸し出し賃料（200万円）である。支出項目で多いのは、拝所維持管理費（173万円）、神屋維持管理費用（80万円）、祭事費（120万円）となっている。2017年4月に同戸主会は、それまで、代表3名により共有財を登記してきたが、「一般法人砂辺戸主会」としてより恒常的な法的団体として再生した。
　この戸主会に加入する資格は、以前より、旧字の戸主および、その分家戸主としている。仮に地籍書類等がなく海外移民者が戻ってきた場合の加入資格について現戸主会長にインタビューしてみたが、戸主会には、旧屋号名も

保存され、その屋号は旧字民には記憶されているので混乱はないとのことであった。

　つまり、戦前に旧字地に屋号をもって居住していた戸主とその分家の子孫が加入資格をもつ集団ということになる。この戸主会の主たる目的は旧村落の聖地・行事の保存にあるが、現在、居住する砂辺地区の住民、すなわち砂辺自治会と排他的・対立的な団体ではなく、むしろ自治会活動の主たる助成団体として活動している。戸主会予算のなかで、もっとも支出が大きいのは、住民への慶弔費（600万円）であり、ついで老人クラブ・婦人会・青年会・自治会・しなび会・公民館祭り費（合計160万円）敬老会費（118万円）への助成である。

　さて、この戸主会が、基地接収により荒廃した拝所の整備は、前述のとおり、1980年代半ばより本格化している。新住民も含めた現居住者の自治会と旧字住民を中心とした「旧砂辺戸主会」の二重性を〈シマ〉空間の整備という文化再生のなかに一体化させてきた新たなコミュニティとして注視していきたい。

　第2の特徴は聖地復興にみる「正当化」のプロセスである。筆者は、戦後、砂辺地区で建立された舎奥・祭祀対象物、香炉・掘り起こされた井戸、古墓、由来を刻印した石碑資料、文献資料や聞き取り、資料とともに、現在の「砂辺の聖地」をみてきた。

　こうした基地返還地でみられる拝所の特質を、今後、精査するためには「聖地の正当性」に関する課題が内在していると考えている。それは文化当事者の「信仰対象としての揺らぎ」であり、村落祭祀対象への「知識の拮抗」でもある。ここにいう「知識の拮抗」という理論的枠組みは渡邊欣雄（1990）『民俗知識論の課題』第1章「民俗的知識の動態的研究」（pp.12-64）に依拠している。ここに、紙面の関係上、渡邊欣雄により解析された民俗社会における知識性質とコミュニティにおける正当化のレベルを、簡潔に紹介すると次のとおりである。

　渡邊は、まず、伝統的社会における知識の客観的秩序の正当化を知識量の

第1章　沖縄の基地周辺共同体と文化継承に関する〈境界〉領域の人類学的考察

成層性から「全知」「部知」「無知」に分類する。そして、その知識成層の知識差の評価は村落内による宗教的役能者、ムラ役職他の有力者の知識をはじめ特定の個人の位置・役割・権威に基づく拮抗性の存在とその動態性を論じた。さらに、コミュニティ内部に共有される正当性の知識性質として4つの性質を分類する。

1 「慣例的知識」＝「自明の知識性質で、昔からやってきたことしか説明できない知識。例としては「昔からこのムラでは火の神は女が祀るもの」等である。

2 「実用的知識」＝具体的行為に直接結びついた共有された経験的知識の断片の組み合わせによって生じる、実用的な正当化のレベルである。具体的行為の説明装置として経験知の弁法的説明化である。例としては「火の神は女が祀るもの。火の神は台所にあり、台所は、女のもの」等である。

3 「体系的知識」＝実用的知識を超えて純粋理論化された知識レベルであり、成員に包括的な準拠の枠組みを与える知識。例としては「門中」の説明原理は父系制に基づく親族体系原理は、土地財産分与・位牌継承・墓制度・祖先祭祀・信仰対象・門中行事・清明祭・互助共同等、全成員に公共化・共有化された体系的な知識性質を保持している。

4 「象徴的知識」＝全ての客観的秩序を統合して象徴からなる一つの全体性へと統合する知識であり経験的・現実的知識説明とは異なる。例としては、ノロほか草分け屋の神人・神役・祭祀集団のムラ起源他の包括的説明原理は、その象徴性そのものに正当性がある。

　本稿では、全ての事例をこの「民俗知識」の視点から精査する余裕はないが、今後の分析作業の指針として、若干ながら砂辺地区の戦後の聖地の整備に見られた「知識性質」を振り返ってみよう。今後、基地返還地での聖地の課題について多くの示唆があるものと予想している。

　戦後の米軍基地から返還された土地・聖地の復興は、ある意味で白紙の

〈シマ〉空間の再生であった。沖縄の他の返還地域と同様、旧字の村落景観は代わり、その後の都市整備計画は、旧住民の〈シマ〉とは異なる形で開発が進んだ。そうしたなか、旧字の聖地の復元過程は、残された丘・井戸・樹木他の自然対象のモノ他、聖地の由来については旧住民の記憶に依拠するしかない。砂辺地区の場合、1980年代半ばに開始された戸主会による拝所の整備は、一つのエポックになりえた。当時の戸主会会長の命名による拝所の整備・石碑が多く建立された。しかしながら、その後、祭祀対象が個人・門中・村落祭祀レベルなのか旧字住民の記憶と伝承のなかでも議論されつつ、その後の戸主会の意見にもより、村落祭祀行事から外されたもの、あるいは復活した聖地も少なくない。もともと、戦前は聖地・拝所は神行事執行の数人の神役と部落会役員と有力門中により管理され、村落祭祀には部落住民の多くが参加していた。名称・由来伝承は古老達の口頭によるものであり、拝所の名称・意味に異論などなかったという。

　戦後の砂辺の拝所整備・復興は、戸主会の発足とその拝所整備事業による所が大きい。その1985年初頭には当時の戸主会のなかでも議論をよんだが、村祭祀対象として確定し石碑に刻印された名称がついた。1987年度から1988年に整備された初期整備の拝所は、旧字の重要聖地からであったから当然、その聖地に関する旧住民の信仰対象としてのコンセンサスを得たものが多かったと予想される。しかし、その村落祭祀行事と拝所の正統性は、その後、世代交代した戸主会長により揺らぎムラ清明祭からも除外されたものもある。

　聖地の格づけともいえるムラ清明他の村行事の巡礼対象の位置づけ等の変化、すなわち「信仰対象としての揺らぎ」について、いくつかの事例より補足してみよう。

　まず、「揺るぎない聖地」の一つとして米軍施設により破壊されなかった〈クムシー〉（旧集落内で最も高い丘）にある〈ウフシー〉（大岩）の拝所がある。戦前の地形・自然物に関する記憶と旧住民の伝承から神聖化・正統化されてきた頂上部に残された自然石を御神体として祀っている。また、この山の裾野にある〈トゥン〉は戦前、平安山ノロがウマチ祭祀をした場所の由来

第1章　沖縄の基地周辺共同体と文化継承に関する〈境界〉領域の人類学的考察

があるが、1994年に戸主会により「拝所砂之辺殿」の碑が建立され、根所だけで拝まれていたものが、2013年よりヌールの拝んでいた拝所を拝まなければならないとして旧2月の村清明でも拝むようになった。ノロ伝承の象徴性にもとづく近年の聖地の格上げである。

　戸主会の村行事の参拝の起点となる〈ウカミヤー〉「御神屋」周辺の拝所も通時的に神聖化された公的正統性を担うものである。1974年に戸主会で根所の敷地内に別棟建設された「御神屋」は、立地する根所そのものの場の意味と草分け家のもつ系統・血筋そのものに正当性があり、隣接する〈ニガン〉（火の神）も同様である。

　根所に近接する御嶽一帯の拝所も、その場のもつ正当性から村祭祀の対象として継続してきたものが多い。御嶽入り口にある〈ウタギガー〉（ノロの井戸）、御嶽の丘の頂上にある〈ウガン〉所は戦前から祠があり村落祭祀の中心である。しかし、改築された1988年5月に「砂辺御嶽　拝所　照神」の碑が第2第戸主会長命名により漢字が当てられ建立され、「テラシン」「テラガミ」と呼ぶようようになったという。根所神役や古老によれば、以前は〈ウフスヌー墓〉（大王の墓）と呼んでいたという異論もある。さらに御嶽内の聖地にも信仰対象としての揺らぎがみられる。〈大里ムチウリ之墓〉、〈村グサイ之墓〉と呼ばれる古墓は、1988年5月に戸主会により整備され石碑と香炉が建立され村清明でも拝まれた。しかし2008年頃より、戦前から墓はなかったとされ村清明で拝まなくなり戸主会行事からも外された。信仰対象の正統性への再解釈であり、村落祭祀から格下げの典型例であろう。

　井戸・湧き水・川・古墓の聖地に関しては、正統性に関する「揺らぎ」が多くみられ、祭祀対象としての格づけの変更がみられる。

　〈カーバタガー〉という井戸は、戦前は、ムラガミの対象ではなかったが、戦前の姿が残っていたので、2000年に「拝所　カーバタ井之水神」の碑が建立され戸主会のカーウガミ（旧5月5日）に拝むようになった。〈トーガー〉は米軍により埋められていた井戸であるが、ある人の眼病をきっかけにユタの託宣で掘り起こされ、その後、1997年頃よりカーウガミで拝まれるように

なり2002年には戸主会により「拝所　唐井之水神」の碑が建立されている。正当性の根拠に前者は井戸の保存性、後者にはユタの託宣が関与した事例であろう。〈カーナリンドーガー〉は、戦前、農作業の帰りに芋や手足を洗っていた井戸であったが、1997年ごろより水の神として〈カーウガミ〉で拝まれるようになり、2000年「拝所　加那伝通水之神」の碑が戸主会により建立された。しかし、2012年からは、戦前はムラ拝みの対象ではないとされ、戸主会の拝みから外された。この井戸は住民の信仰対象としての揺らぎによる降格事例であろう。

　古墓のなかにはその由来も不明のなか、村行事に組み入れられたり外れたりしたものがある。〈ウチャタイウメーヌ〉と呼ばれる古墓は戦前、拝所というより怖い無名の墓地だった。2代戸主会長により墓が発掘され、1988年「拝所　ウチャタイウメー之墓」の石碑が建立された。以後、村清明で拝まれたが、2012・2013年にかけては、戦前はムラで拝むことはなく、個人の墓であるとして村清明から外れた。2014年からは、戸主会の拝みが、再度復活している。

　さらに戦前の由来とは別途、戦後、創設された思われる拝所もある〈クマヤーガマ〉は鍾乳洞である。戦時中、旧住民が避難し全員が助かった避難壕であった。米軍の基地化により埋没していたが、避難していた元住民から整備意見があがった。1986年、整備・発掘の過程で推定2,500年〜3,000年前の人骨も出土した。1995年5月には戸主会により「クマヤーガマ納骨拝殿」の石碑が建立され、洞窟内も整備された。以後、霊域として村清明での拝み対象となっている。また、戦前はなかった拝所の典型として〈踊神之ヌ墓〉がある。1981年に砂辺公民館を建築する際に出土した人骨を祀ってある。その場所が戦前の〈ムラアシビ〉（村の芸能・集会の広場）であったことから、2代戸主会長が〈ウドゥイガミ〉と名称した。1988年5月に戸主会により「踊神之墓」の石碑が建立され村清明で拝まれるようになったが、2013年に個人の墓であるとして戸主会の拝みから外されたが、現在は、再び、戸主会の拝み対象に復活している。

第1章　沖縄の基地周辺共同体と文化継承に関する〈境界〉領域の人類学的考察

　以上、いくつかの聖地・拝所の設置経過を再読してみても、その拝所の正統性による、村行事・村落祭祀への格付けの揺れがみられるわけである。旧字つまりは旧〈シマ〉の信仰対象とは、元々、個人・門中・村落レベルのものが内包され、部落役員と神役により執り行われていた村落行事は、沖縄戦・基地接収・白紙のムラ返還、帰村から拝所整備が開始される1985年までの約40年以上の年月を加味するならば、当然の結果ともいえる。また、その再整備には、多様な知識量・知識性質のレベルの拮抗性が存在し、旧〈シマ〉空間の再生が現在も進行中ともいえる。

　以上、聖地の戦後の再生にみられて知識性質に留意しながらも若干ながら砂場の聖地を若干ながら振り返ってみた。

　本節の結びに「知識の正当性」と揺れという視点から砂辺地区で気づく事例を点をまとめておく。

①米軍施政下の後、大きな破壊を免れていた、丘・岩・自然石・樹木等の聖地は旧住民の公共的な正当性を保持した聖地として存在している。先の〈ウフシー〉他であるが、住民にとっては自明の理であり「慣例的」知識の正当化のなかにある拝所と思われる

②「根所」とは、草分け屋であり、その家人の女性が代々、神役隣村の神行事を執り行ってきた。この「根所」の家屋は戦前の位置に復旧し、「神屋」が戸主会により整備された。根所の現戸主の叔母（T・T氏78歳）が亡くなる2016年秋まで、旧砂辺根所の神役は、継承していた。戸主会の村行事のすべてはこの神屋を中心に執り行われる。根所のもつ象徴性そのが、その正当性の根拠となってきたことは旧字民のすべてが認めるところであり公共的知識の正当性がある。その根拠は「慣例的」（自明の理）であり、また「象徴的」知識性質に支えられている。

③御嶽一帯も基地下のおいて大幅な破壊を免れた場所であり、御嶽内に存在するノロ由来の井戸・砂辺拝所・殿地そのものは、「慣例的」な知識であり「象徴的知識」に支えられて存在してきた。ただし、御嶽内にある古墓

71

は、戸主会長の交代により、「個人の墓」「昔はなかった」等の知識拮抗を経て、その正当性が喪失したものもある。

④井戸・湧き水・川の聖地、カーの神に関しては、米軍により埋め立てられた占領後、掘り起こされたものも少なくない。結果、その正当性をめぐる多様な「知識の拮抗」が見られる傾向にある。また、一部の井戸には、ユタの関与による掘り起こしの結果、聖地として復活した事例もみられる。こうした井戸・川の水の神については、個人・門中・村落レベルの正当性を支える知識性質の揺らぎをみてとれる。その背景には整備の進んだ1980年代半ばには、もはや井戸・湧き水・川と生業・生活は無縁のものになっていたし、その神聖性は個別の住民の記憶に頼るしか方法がなかった条件を加味しなければならない。また、旧砂辺を南北に通る道下に米軍燃料パイプラインが埋設されたため、基地用地解放後も、旧砂辺の地下水は油臭く使えなくなっていたという。

⑤戦後、新たに創設された拝所もある。戦争中、避難壕として住民の命を救ったとされる〈クマガー〉は、戦後の発掘の後、聖地化された。その正当化の過程は、経験的知識にもとづく住民の感謝・恩恵であり、「実用的」知識性質による正当化そのものであり、現在、その神聖化された場所は村行事の重要な祭祀対象となっている。このガマ内には新たに「リュウグウ神」が祀られ、近年では、本土学校の平和教育の視察の場ともなっている。

以上、聖地の戦後の再生にみられた知識性質に留意しながら若干ながら聖地の問題を補足した。

現在（2018年）、旧砂辺地区内には、29の聖地・拝所が確認できる。1992年から1993年にかけて実施された北谷町文化財事業調査報告書『北谷町の拝所』（1995）の砂辺地区の項では、そのうち15の拝所が報告されている。同報告書の凡例注に「町内の拝所やカーについては、戦前から存在していたと確認できたものは記載したが、明らかに戦後のもの、あるいは村落単位ではなく個人的なものと判断したものは省いた」と記されている。文化財として

の行政上の保存基準とは別に、実のところ、文化当事者である旧砂辺住民に
とってもこの個人・門中・ムラレベルという公式的な認識・評価は難しいの
が実情なのである。

　しかし、この課題を沖縄における「信仰の変容」「記憶と伝承」といった
一般論に昇華するのではなく、〈シマ〉空間を奪われた人々の聖地回帰の動
態的研究として今後精査してゆきたい。

結びにかえて

　本稿では、沖縄の基地周辺の字に存在している聖地の調査資料を中心に記
述してきた。主たる課題は、米軍基地接収により変容した聖地と共同体の論
理を遡及することにあった。より具体的には、戦後、基地化に伴って旧集落
を接収され強制移転した字、基地返還に伴い旧聖地を整備してきた字、基地
の中に旧集落そのものを消失し聖地を郷友会他のネットワーク集団によって
保存・祭祀している事例から、戦後の沖縄の聖地とコミュニティ復興の問題
を再考することにある。そのためには、移転・消失した聖地の整備プロセス
の記録とそれを担ってきた集団、自治会・公民館・郷友会・戸主会他の戦後、
誕生したすべての集団の精査が必要であった。本稿では、これらの目的がす
べて果たせたとはいえないが、基地占有地の多い本島中部地域に位置する読
谷村と北谷町の調査事例の記述と若干の考察を行った。

　読谷村楚辺は、戦後、強制移転したままの村落である。旧字の聖地は約2
km離れた基地内に存在している。楚辺地区の場合、こうした基地内にある旧
字の拝所の整備管理、ムラ行事は楚辺自治区長のもと、楚辺公民館役職・執
行部が行っている。楚辺には、旧字民による郷友会はなく、強制移転以前の
〈フルスピ〉古楚辺の出生地や旧屋号による特定の団体を構成していないの
が特徴でもあり、同じく基地の多い北谷町にみられる旧字郷友会や戸主会な
どの元地縁集団による聖地継承・管理と対比的である。読谷村の場合は、戦
後の避難地から一旦、帰村したものの、基地建設により、集団で新開地を整

備し移転した経緯がある。戦後、旧字民が強制移転地へ一斉にかつ字単位で移動し、聖地・拝所は、合祀されることなく存在してきたことも考慮する必要がある。

　また、戦後の米軍軍政下におけるの基地建設に伴う住民移動の個別の政策・方針の差異が、その後の聖地の保存の姿に影響を与えてきた。さらに、基地化に伴う戦後の住民政策の方向は、現在の新旧住民の共存する現住民自治と聖地の関わり、つまりは現コミュニティの村落祭祀の構造にも反映したと考えている。たとえば、本稿では紹介しなかったが、同一村内に位置する読谷村字座の場合と比較してみてもコミュニティの現在のあり様に差異をみてとれる。字座の事例については山内（2016）「続〈艦砲ぬ喰ぇ－残さ－〉―沖縄戦後70年：基地接収と返還にゆれた沖縄県読谷村字座の共同体」を参照されたい。

　字座地区の場合、読谷村に帰村可能な時期においても米軍射爆場他、広範な字地を米軍用地として接収されていたので、帰村先は、同村長浜地区に寄留することとなった。1972年（日本への施政権返還）過ぎまで、旧字地は返還されなかったため他の字地である長浜地区のうえに新たな字座のコミュニティが形成された。村落自治のセンターである公民館や、村落祭祀の要である草分け門中の神殿も移転先にあり、すでに戦後70年を経過している。1970年代に返還された旧字地にあった聖地・拝所は字公民館役職により整備されたが、その地域は、旧字民の分家筋や新移住民の新居住エリアとなり、自治組織としての二重性が、行政サービス上の課題を含め課題となっている。旧字の年中行事の実施にしても長浜地区にある公民館を中心にする旧字行事の一体感が距離的にも空間的にも離れている。

　本稿であつかった比較的近年に米軍より返還された北谷町伊礼・桑江後地区の場合は、戦後、長年、旧字民が居住できなかったため旧住民は転出後、集団でムラを再生する土地をもたず、広範囲に分散してきた。結果、郷友会という旧字地出身という地縁メンバーからなる郷友会により、旧聖地の合祀拝所を建立し管理している。伊礼地区の場合は郷友会館を建設したが、桑江

後は祠のみである。2003年に返還されたこの地域は現在、整備地区「伊平」として宅地開発中である。しかし、旧字民の帰村がみられることはなく、旧字と無縁の新住民が移住してきている。この新住民内には現在、自治会は結成されておらず、旧字民のシンボルである郷友会館や合祀拝所は現地域住民とは無関係に共存している。

　現在も基地内にすべての土地を摂収されたままの旧北谷・伝道・玉代勢の3集落の聖地の現在、キャンプ端慶覧内の合祀拝所について本稿では記述した。それらはすべて戦後結成された各郷友会のもとで整備・管理されてきたが、基地建設により土地を奪われた旧字民のネットワーク集団のもとにある。旧字民は集団で生活する字用地をもたず、また、基地内への立ち入りが制限されている結果、基地内の聖地・拝所は、旧字の存在「メモリアム」の表象でありながら、旧字民の村落祭祀・年中行事とは無関係の存在となってしまった感がある。

　他方、同じ北谷町内の砂辺地区の事例では、米軍用地から解放後も嘉手納基地からの爆音問題に悩まされ、旧字民の半数の他出という生活条件にもかかわらず、多くの聖地・拝所が旧村落内に再整備され村落祭祀の年中行事も復活してきた。この歴史的背景には、1974年に結成された旧字民の戸主およびその分家を構成員とする「旧字砂辺戸主会」の結成に負うところが多い。現在、行政区砂辺の自治会活動の中心は公民館にあり新旧住民への行政サービス他、自治会長の元、地域住民の多様な年間行事が実施されている。そうしたなかで、戸主会の再整備した聖地の数々と戸主会の関わる年中行事、つまりかつての村落祭祀が平行して実施されている。新住民も含めた戦後の自治会と旧字民を中心とする戸主会の共生という新たなコミュニティとして今後も精査していきたい。

　本稿では基地という軍用地・施設により変更を余儀なくされた、あるいは消失した聖地の再生を課題にしてきた。沖縄で「字」という行政地理学的な範囲を示す言葉に「シマ」という用語がある。しかし、この「シマ」の包摂する意味は住民の家・屋敷・耕作地・山・川・井戸のみならず、そこで遥拝

されてきた祖先神・水の神・火の神他、信仰のあらゆる聖地を含めた空間的
範囲であり村落の年中行事のもと遂行される時間的なコミュニティ概念であ
る。筆者の課題はつき詰めると戦争・基地接収・返還に揺れた戦後沖縄の
「生まれジマ」の再生と回帰にみるコミュニティの論理であり、戦争災害の
復興人類学である。

【注】

1）1996年9月第23回日本民族学会研究大会「〈戦の世〉を越えるエスノグラフィー」発
　表（於：東京都立大学）。
2）文部科学省科学研究費基盤Cにより「沖縄戦後70年：基地接収と返還にゆれた共同
　体の実証的研究」の課題名で2015年度から2017年度まで実施した。
3）「〈戦の世〉を越えるエスノグラフィー（楚辺編）米軍基地接収による強制移転村の
　住民自治と文化変容」2003 山内健治
4）基地占有面積は、「沖縄の米軍基地及び自衛隊基地（統計資料）平成20年3月」沖縄
　県知事公室基地対策課資料より北谷町基地対策課が確定したものである。本稿の数値
　は、『基地と北谷町』p.19の資料に基づいた。
5）戦前の地名・集落名については、2006年3月『北谷町の地名―戦前の北谷町の姿―』
　北谷町文化財報告書第24集のp.16からp.20の記述を参照した。また、戦後の行政区・
　数値の推移は北谷町役場資料に基づいてまとめた。
6）第2種指定区は騒音測定単位90デシベル以内、第3種は同90デシベル以上の地区で
　ある。

【参考文献】

石原昌家
　「わがふるさとは基地のなか　字宜野湾郷友会のこと」『青い海』1982年12月号、
　pp.30-37
　『郷友会社会』ひるぎ社、1986年
沖縄県立図書館資料編集室編
　『沖縄県史資料編14―琉球列島の軍政1945－1950. アーノルドG．フィッシュ二世著
　宮里政玄訳』、1995年
沖縄県北谷町教育委員会

第1章　沖縄の基地周辺共同体と文化継承に関する〈境界〉領域の人類学的考察

　　『北谷町の拝所地名―』北谷町文化財報告書第24集、1995年
　　『北谷町の地名―戦前の北谷町の姿―』北谷町文化財報告書第24集、2006年
沖縄県北谷町
　　『北谷町史』民俗編、1997年
　　『北谷町勢要覧』、2014年
　　『基地と北谷町』、2007年
沖縄県北谷町旧字砂辺戸主会
　　『字砂辺誌』、2017年
沖縄県読谷村
　　『激動　読谷村民戦後の歩み』、1993年
　　『平和の炎―平和郷はみんなの手で』Vol.13号、2000年
　　来間泰男「沖縄社会と軍用地料」『沖縄の基地問題』ボーダインク、1997年、pp.187-215
中田耕平
　　「『基地の村』のムラづくり―沖縄県読谷村の事例より」『明治大学政治経済学論集』
　　第26号　明治大学大学院、2007年、pp.165-184
　　「沖縄県読谷村における米軍基地接収および返還による集落の移動と再生」『明治大学
　　政治経済学論集』第42号、明治大学大学院、2015年、pp.167-186
仲地博
　　「属人的住民自治組織の１考察―沖縄県読谷村の事例―」『裁判と地方自治―和田英夫
　　先生古稀記念論文集』、1987年、pp.203-228
比嘉三樹夫
　　「読谷村における軍用地接収による集落の移動」『読谷村歴史民俗資料舘紀要』第11号
　　1987年、pp.37-60
山内健治
　　「〈戦の世〉を越えるエスノグラフィー（楚辺編）米軍基地接収による強制移転村の住
　　民自治と文化変容」明治大学『政経論叢』第72巻１号、明治大学政治経済研究所、2003
　　年、pp.125-171
　　「続〈艦砲ぬ喰ぇー残さー〉―沖縄戦後70年：基地接収と返還にゆれた沖縄県読谷村
　　宇座の共同体」明治大学『政経論叢』第84巻3.4号、明治大学政治経済研究所、2016年、
　　pp.251-298
渡邊欣雄
　　『民俗知識論の課題　沖縄の知識人類学』凱風社、1990年

＊本稿の調査資料の収集には、科学研究費基盤C「沖縄戦後70年：基地接収と返還にゆ

れた共同体の実証研究」（研究代表者：山内健治）〔2015年度～2017年度〕助成の一部が使用された。

第2章

境界に生まれる文化

──周防大島における文化の真正性と言説の生成──

岡庭　義行

はじめに

　本論は、人類学における「観光文化」に関する研究成果やその過程で形成された分析的視座を用いて、山口県周防大島における4つの事例の整理と記述を通して、「伝統」と「非伝統」の「境界（boundary）」に萌芽する地域文化の真正性（authenticity）に関する考察と理論的体系化を試みることを目的としたものである。本論は、決して人類学フィールドにおける観光事象を解明することを本旨とした論攷ではないが、地域に固有の文脈に接続しながら、外部社会のまなざしとの「はざま」で生起し、やがて当該地域の担い手たちによって実践され続け、新たな社会的文脈の中に組み込まれた文化として、共通する特性を保持する観光の文化に関する研究成果と分析の手続きに注目しこれを援用している。このため、本論では、観光事象を主題とする人類学研究における分析手法をあらためて精査することで、個別のフィールドにおける耐久性をより高めつつ、複層的な文化理論の再構築と個別事例の微視的な観察を可能とする方法論上の「調整（tuning）」を試みることも目途の一つとしている。

　人類学の研究史上、「観光人類学（Anthropology of Tourism）」と呼ばれる領域がその輪郭を現わしはじめたのは、少数の先駆的な研究を除けば、SMITHらによる「ホスト／ゲスト」論以降であると考えられている（SMITH ed. 1977）。

その後、1980年代になると人類学にそれまでの分析概念や研究のフレームワークを再検討する潮流が生まれ、人類学者がフィールドで直面する研究上のさまざまな隘路を乗り越えるために、観光事象がその対象（手段）の一つとして大きく注目されることとなった。

　たとえば、「文化の客体化」論は、わが国の観光研究を大きく前進させたと考えられている。文化の担い手が自己の文化を操作の対象として客体化し、その客体化のプロセスにより生産された文化を通して自己のアイデンティティを形成する過程を分析した太田は、その客体化の過程における権力の問題と政治性に言及しつつ、文化の客体化を促す社会的要因の１つとして観光を提示した（太田 1993）。国内の観光事象を事例として観光の現場力学から文化の真正性を問う太田の問題意識は、わが国の観光人類学の嚆矢となったことは言うまでもなく、太田への評価や批判も含めて、以後数々の観光研究が人類学において提出されることとなった（たとえば山下編 1996、橋本 1999、川森 2001、菊地 2001、久保 2014など）。

　このように人類学において観光が主題化されていく背景を鈴木は次の３点に整理した。すなわち、第１に、これまで文化人類学において自明視されてきた研究対象としての「未開」社会像の問い直しの流れ、第２に、不変的・固定的な存在としての「文化」を捉えようとする文化本質主義への批判の高まり、第３に、文化人類学の民族誌的記述という方法に内包される、調査者と被調査者との間の権力関係についての批判と反省である（鈴木 2013）。石野は、鈴木の問題意識を継承しつつ、ポストモダン人類学において批判的かつ反省的に検討されてきたこれらの諸課題に対して、人類学が観光を主題化することで乗り越えられるはずだった問題[1]の解決が達成されていないことに加え、むしろ一部の観光研究の枠組みが「対象社会の限定的理解を招くと同時に、観光人類学の理論的射程をも狭める結果」を招いてきたと論じている（石野 2017）。

　人類学におけるこれらの観光研究の成果や議論を踏まえつつ、本論は、山口県周防大島（屋代島）における「ハワイ文化」「博物館文化」「文化財文化」

「みやげもの文化」の 4 つの個別事例の記述から、「伝統的」と呼ばれる文化領域とそれを取り巻く社会的装置のはざま（境界）で生成する文化領域に関してその分析を試みるものである。

　第 1 に、周防大島では、2007 年のハワイのホクレア号（Hokule'a）の寄港を契機に、周防大島観光協会がフラ（Hula）を観光資源として取り入れた経緯がある。もともと周防大島は、明治期以降多くの官約移民をハワイへ送り出した島である。その記録と記憶は現在でも地域に刻まれ、島内の西屋代には、かつて米国から帰国した事業家・福元長右衛門の自宅を改装した「日本ハワイ移民資料館（Museum of Japanese Emigration to Hawaii)」が大島国際交流協会（指定管理者）によって運営されている。1963 年には、ハワイ州カウアイ島と姉妹島提携を結び、官公庁や宿泊施設を中心に夏期にはアロハキャンペーンが実施されるなど、ホクレア号の寄港前から周防大島のハワイへの親和性は高く、フラについてもすでに高齢者を中心に島内で実践層が一定以上あったといわれている。本論では、周防大島で実践される観光文化としてのフラを焦点化し、ハワイを起源とするフラが周防大島の地域文化としての接続性をどのように形成したのかという点について、真正性と言説生成の論点から分析を行うことを企図している。

　第 2 に、島内には主に 5 つの博物館施設が存在している。前述した官約移民の記録資料を保存・展示する日本ハワイ移民資料館のほか、周防大島出身である民俗学者の宮本常一や作詞家の星野哲郎の業績を記念した施設や、周防大島沖で沈没した戦艦陸奥の引き揚げ作業により回収された遺品・資料の保存・展示を行う陸奥記念館、そして、資料収集から展示に至るまで宮本常一の指導と薫陶を受けて開館した久賀歴史民俗資料館である。博物館学上、博物館機能とは、資料の収集、整理保存、調査研究、展示教育の 4 つに分類され、何を収集、保存、展示するのかは、本来、調査研究活動により一定程度の客観性を担保されているとはいえ、現場レベルではそれぞれの博物館（もしくは学芸員）にその収集方針と展示ストーリーが託されていることが一般的である。一方で、博物館展示は、外部社会の人々に対して当該地域の歴

史や文化を理解する「入り口（gateway）」の役割をもつとともに、当該地域の人々に対してもあらためて自文化を再認識し学習する場所ともなっている。しかしながら、このような博物館の展示により表現された諸資料は、厳密には本来の地域文化の文脈とは切り離されたものである。[2] このため、本論では、周防大島における博物館を事例として、博物館資料の特性と限界を整理しつつ、「博物館文化（Culture in Museum Exhibition／博物館で展示される文化）」が本来の地域文化の「隠喩（metaphor）」として存在しているのか、それとも「換喩（metonymy）」として機能しているのかという課題について省察することを目的としている。

　第3に、わが国の文化財保護法において、文化財は「有形文化財」「無形文化財」「民俗文化財」「記念物」「文化的景観」「伝統的建造物群」の6つに分類されている。各自治体における文化財についても同様のスキームが適用され、法令により設置された文化財に関する審議会等によってそれぞれ文化財を選定する作業が行われ、周防大島町も同様に文化財を指定している。もともと、1950年に文化財保護法で指定されていたわが国の文化財は4種類であり、「文化的景観」「伝統的建造物群」はその後の法改正により加わった文化財領域である。[3] その背景には、1975年に発効された「世界の文化遺産及び自然遺産の保護に関する条約（世界遺産条約）」があると考えられ、当時、日本は1992年に125番目の締約国に名を連ねることとなった。一方で、この条約への参加が遅れた背景として、条約に参加するわが国の文化財保護体制が未整備だったことが指摘され、法改正と施策の転回に相当の時間を要したと考えられている。いずれにせよ、文化財制度と呼ばれるものは、あくまで法令により規定されたシステムであって、その規定と運用については、必ずしも地域文化の実態を反映しているかどうかは個別の事例分析を要し、文化財制度の多くの過程にCLIFFORD（1997）のミュージアム論における「攻防の装置」と類似した図式が看取されると考えられる。特に、近年の世界遺産条約では登録遺産の「真正性（authenticity）」と「完全性（integrity）」が厳格に求められており、かつその定義がきめ細かく規定され、地域文化の真正性がそ

の担い手ではなく他者の「まなざし」によって構築されるという状況が徐々に認識されるようになりつつある。一方で、文化の真正性とは、他者が決めるものではなく、本質的には自己決定的な領域の問題であると考えられる。さらに、文化の真正性は決して所与のものでもなく、地域文化の担い手と他者との「境界」において、価値の対立と対話のなかで「調整」が行われ、交渉によって輪郭を浮揚させるものであるという研究も報告されている（COHEN 1988）。これらのことから、本論では、調査中に周防大島で確認された文化財（国指定文化財５件、県指定文化財５件、町指定文化財28件）の事例の整理を通して、文化財制度が内包する政治性とその課題を整理しつつ、「文化財文化（文化財に指定された文化、あるいは文化財指定を目指してカスタマイズされた文化）」の真正性について考察し、「文化財」という言説そのものについても再検討することをその目途としている。

　第４に、人類学者GORDONによる「みやげもの（souvenir)」に関する研究を出発点として、現地のみやげものが観光者にとっての真正性をどのように獲得しているのかについて、周防大島におけるジャム製造とその販売の取り組みを概観しながら、分析を試みるものである。GORDONは、みやげものを「リマインダー（reminder／記憶を喚起させるもの）」として捉え（GORDON 1986: 135)、①映像イメージ（Pictorial images)、②自然物のかけら（Piece-of-the-rock souvenirs)、③簡潔に当該地域を表象するもの（Symbolic shorthand souvenirs)、④マーカー（Markers)[4]、⑤地域の特産物（Local product souvenirs)の５つのタイプに分類した（*ibid*: 140-142)。周防大島のジャムは、主に当該地域で栽培される果実類を原材料として生産されている。調査中確認されたジャムの製造に携わる店舗は島内で１軒だけであり[5]、地域での消費だけでなく、ジャムの購入を目的に島外から訪れる人々はもとより、観光者が周防大島のみやげものとして購入していく事例も看取されている。このため、本論では、GORDONらの先行研究を手がかりとして、周防大島の事例から「みやげもの文化」に関する理論的展望を提示することまでをその射程としている。

本論で対象とする4つの事例はすべて、本来当該社会の文脈には存在しなかった。本論の事例のなかで時間軸として最も古い「ハワイ文化」についても、官約移民の歴史が島の人々にとって大きな意味をもっていたとはいえ、帰島後に移民たちがハワイからフラを持ち帰り、いかにして根付かせたかについては、今のところ詳述することは難しい。博物館や文化財制度は、文化領域における権力の問題に接続される可能性を含んでいる。本論で対象とする周防大島のジャム製造は、島外からジャムに適した果実等の生産地へ移住した移住者によって担われており、当該社会における新しい文化の創造である。むしろ、構成主義的な組み合わせのプロセスにおいて地域社会に接続性の高いアイデンティティを構築しながら、すでに「みやげもの」を超えた周防大島の真正性を獲得しつつあると考えることも可能であろう。それでは、このような「非伝統的」な文化事象が、たとえば観光の力学によって新たに生成した場合、その真正性はどのように獲得されていくのであろうか。個別の事例を精査する前に、次節において周防大島出身の民俗学者である宮本常一の観光論について考察しつつ、本論の分析的視座を整理することとしたい。

1．宮本常一の観光論

(1) 離島振興と観光の問題

　宮本常一は、1907年に現在の周防大島町（旧東和町）に生まれた日本を代表する民俗学者の一人である。宮本は、戦後の九学会連合調査に参加するなど離島研究を自身の研究基軸の一つとして設定し、晩年に至るまで離島振興の文化的意義について浩瀚な業績と提言を発信しつづけた。

　宮本はその著作[6]のなかで、自身が離島振興に関心をもったきっかけの一つとして、1970年に鹿児島県十島村臥蛇島（トカラ列島）の全島移住があった[7]と述べている。当時、トカラ列島に関心を寄せていた稲垣尚友から、全島移住後の臥蛇島に観光開発の計画があることを聞いた宮本は、これに大きな疑義を示した[8]。

第2章　境界に生まれる文化

　もともと、宮本は離島の観光事業には反対の立場だった。彼はこのことを最も痛感したのが、新潟県佐渡島の調査の経験にあったことを述懐している[9]。当時の宮本は、観光振興がもつ地域開発の功罪を冷静に見つめながらも、結局「島の人たちに観光をすすめはしなかった」という。そして「観光によってわずかばかりの金を得ることよりも失うものの方が大きい」と述べ、当時も「その考え方はいまもかわっていない」と結んでいる（宮本 2013：115）。

　一方で、宮本は「観光事業に眼を向けざるを得ない事情がある」と述べている。その理由として「離島振興事業が経済効果ばかりをやかましくいうような今日」では、「起爆力になるものを島の外に求めざるを得なくなる」ため、「観光が脚光をあび、島の人びとがひたすら観光に眼を向ける」ようになったことを指摘している。そして「好むと好まざるとにかかわらず、いまは観光を考えざるを得ない状況にある」として、決して研究者個人の探究心の帰結として導き出されたわけではなく、あくまで社会的要請として観光研究が求められているとした。そのうえで、当時、宮本が主宰した日本観光文化研究所について、「観光そのものを研究するのではなく、観光のもつ文化的な意味を研究するところでありたい」と述べている（*ibid*: 116）。宮本の構想の背景には、外部社会の「余暇」や「消費」などの領域が地域文化に与える影響を予測していたこととともに、当該地域の人々が自身の文化を見つめなおし、自覚的に観光を組み立てていかなければ、決して現地の人々の利益にはならないことを憂慮していたことが推察される[10]。

（2）観光振興への提言

　離島振興の問題に関して「観光のもつ文化的な意味」について言及した論攷を発表してから約10年後、1978年5月20日、宮本は静岡県熱海市のまちづくりに関するシンポジウムにおいて、観光に関する卓話を行っている（宮本 2014a：補遺収録）。この卓話において、宮本が熱海の観光振興について述べた提言について、以下に整理することとする。

　卓話の冒頭、宮本は熱海のまちの中を歩いている人々が「熱海の人ではな

い」という風景に注目し、熱海を「ふしぎな町」「特異な町」と述べている。その理由の一つとして、概ね温泉町というものはかつての「名主」や「組頭であった家がたいてい宿屋」となっている一方で、熱海では「ほとんどよそから入ってこられた方」によってまちがつくられ、「宿屋でなかった方が宿屋をはじめた」ことが、まちづくりに影響を及ぼした可能性について言及している。このような熱海の社会変化について、「同じ伊豆のなかでもここだけが特別に変わっておる」（*ibid*: 63）とまで評している。そして、この結果、古くから地域で暮らしてきた人々の意見が反映されにくくなり、本来の地域社会についての理解が形成されず、地域文化が観光資源になり得ていないことを繰り返し指摘している。

　また、観光のプロセスに「考える時間」を設ける必要性を強調し、特にまちの中にある多くの記念碑に注目し、その「見せ方」について、広島県尾道の事例を引用しながら、観光の導線の重要性を強調している（*ibid*: 68）。

　みやげものについては、干物を例として「伊豆を売る」「伊豆を買う」という観点を提示し、「いちばん古風な土産物が、いちばん売れる」として、熱海においては「安心して買えるもの」が干物であることを指摘している（*ibid*: 69-70）。このため、干物の生産地である熱海周辺の地域と観光地である熱海がどのように結びつくべきかという問題意識を保持することが極めて重要であると述べている[11]。

　このような周辺地域との連携について、宮本は卓話に続くシンポジウムにおいて、山口県萩における窯元の事例を解説し、萩の観光の成功には「町を支持する人たち」がいたことが背景にあることを指摘している。そのうえで、宮本は、あらたに伊豆大島との結びつきについて言及し、「熱海を熱海だけで考えない」という考え方が、観光振興に大きな意味をもっていることを提唱している。そしてこれらを結ぶ「梃子」となるものが、地域の文化であると論じている（*ibid*: 82-84）。

　さらに、観光の国際化について、宮本は自身がチェアマンをつとめた京都での国際会議の経験を披瀝しながら、海外からの訪問客により日本人が日本

第 2 章　境界に生まれる文化

文化を再確認する場面があったことを紹介している（*ibid*: 72-74）。その国際会議に出席した海外からの参加者たちが、京都市内の伝統的な寺社仏閣等の見学を終えると、その後、多くの人々が北山へ杉の丸太磨きの工房見学へ行くようになったという。木の肌を擦ることによって、丸太の表面に艶を出すという発想と技巧について、「驚くべき文化である」と訴えた一人の海外からの参加者により、宮本は「われわれ自身が日本文化がなんであるかということを教えられた」と述べている。「ほんとうの日本文化を知りたい」海外からの訪問者によって、日本人が日本文化を教えられるという事実を、宮本は「大事な反省すべき問題」として総括している。

　宮本は、地域社会で連綿と続きながら、一方で当該地域に暮らす人々にとって気づきにくいさまざまな文化資源があることを指摘しつつ、外部社会の人々はもとより、その社会に所属する成員にも理解・継承可能な状況を形成するために必要なものとして、博物館（美術館を含む）の存在を提唱している。そして、観光地における博物館の設置について「さりげなさ」（*ibid*: 75）と「本物」を見せる（*ibid*: 76）という 2 つの仕掛けを示している。宮本は、博物館を新たに建設したりあえて大きな建物を設置することはせずに、ホテルフロアの一部を博物館に改装することで、観光者にとっての「さりげなさ」を追求することを提唱している。また、岩波ホールにおける公演事業を紹介して、「本物」を見せるということが集客に大きな効果をあげる可能性について述べている。たとえば、観光者に限らず熱海を訪問した著名な先人たちに関する資料ですらも博物館で展示するような機会を設けることが、観光資源になり得ることを指摘している。

　卓話の最後で、宮本は観光のために「新しい祭りをつくり出すこと」を提唱している。それまで、宮本は地域文化の資源化について言及していたが、卓話の最後からシンポジウムにかけて、再び「地域の文化をどう見せるのか」とともに「地域に新しい文化をどうつくっていくのか」という問題へ論点を移行・焦点化させていった（*ibid*: 77-78）。

　このような観点の 1 つとして、宮本は「媚びない観光」を提唱している。

彼は京都の事例を紹介して、観光の有料化と一定の制限がかえって観光の軌道を整え、地域観光の振興に貢献できることを明らかにしている。これを宮本は「媚びない観光」（*ibid*: 89）と呼び、観光地の人々が自主性を確立した観光の必要性について説いている。そして、歴史的に熱海には多くの人々が別荘を建てた時期があったことや、かつて熱海の梅園が外部の人々の手により築園された経緯を説明し、このような自立的なまちづくりによって外部社会から注目される地域になることで、再び多くの人材や資源がまちづくりに投入される可能性と必要性について論じている。

　その後、卓話の論点は象徴と表象の問題に移り、現在のJR渋谷駅のハチ公の銅像に関する磯村英一との対話を披瀝している。戦後、渋谷駅前に再びハチ公の銅像を置くことで、ハチ公の銅像が渋谷のシンボルとなったエピソードを紹介し、観光地におけるシンボルの必要性を説いている。シンボルとは「われわれの心のなかにひとつのイメージを与えてくれて、そのイメージを汚してはならないもの」（*ibid*: 85）であると宮本は説明している。

　そのうえで、熱海におけるシンボル化の対象として坪内逍遥の居宅を例示し、その理由を3点に整理している。第1に、坪内逍遥の居宅が「古い熱海の別荘の原型」をとどめていること、第2に、著名な文豪が居所に選んだことが「熱海の良さ」を伝える資源となること、第3に、熱海が坪内逍遥という作家の「ファン」にとって特別な土地になりうること、そしてシンボルというのは、決して地域固有のものでなくても、「本来は熱海ではない」人やものをシンボライズして、地域の文脈のなかで発信していくことが可能であると述べている。

　卓話から始まる一連のシンポジウムの最後は、文化の公共性に関する講話で結ばれている。宮本は、当時の自身の居所であった東京・府中市の郷土カルタづくりを紹介しながら、子どもたちが学校外で地域の文化財について学ぶ機会を設けることで、結果として子どもたちが観光の「案内役」となる可能性を指摘し、「郷土の文化の開発の方法というのは無数にある」と主張した（*ibid*: 91-93）。また、みやげものについては、地元に伝わる絵図を図書に

まとめて出版・販売することを提唱した。そして、これらの絵図を図書にすることは、観光者に対するみやげものとしてだけでなく、当該社会の人々に対しても地域文化を見直す機会ともなり、かつ地域にとって「非常に大きな財産」になり得ると説いている（*ibid*: 89）。そのうえで、文化とは公共性が伴うものであり、むしろ公共化されることにより文化は保存・利用の対象となり、かつ啓発されるとし、最後に結語として、熱海の文化を大切にする以外に熱海の観光はないと論じたのであった。

（3）整理と考察

　宮本の提言には、現在の観光を対象とした人類学研究に対する示唆が数多く含まれている。本節ではそのなかから主に 5 つの観点を抽出・整理してみたい。

　第 1 に、観光人類学によってそのプロセスが分析の対象とされてきた「地域文化の資源化」の試みである。宮本の卓話を精査すると、宮本は同様の講話を各地で行ってきたことが推測され、それぞれの土地で地域文化を掘り下げて、「土着の人たちの発言権」（*ibid*: 63）というものを大切にすることが観光振興の取るべき方策であると論じてきたものと推察される。この点において、「よそから入って来られた方」たちが形成した観光地である熱海は、資源化される文化をどのようにとらえていくべきかという議論から出発せざるを得なかったと考えられるのである。そのことは、宮本が卓話の冒頭で、熱海のまちを繰り返し「ふしぎな町」「特異な町」と表している点や、「いわゆる観光都市のなかで、観光のない唯一の市だろう」という言葉からもうかがえる。いずれにしても、この卓話のなかで、宮本は熱海における「資源化される文化の再発見」に努め続け、連綿と続く地域文化のなかにこそ観光資源があるとの姿勢を最後まで貫いている。

　第 2 に、地域文化の「見せ方」に対する問いかけである。宮本は地域文化を見せるためのツール・手段として博物館（museum）が有効であると述べている。ただし、卓話ではその要件として「さりげなさ」と「本物」を見せ

るという2つの仕掛けを提示している。すなわち「さりげなさ」とは、博物館の展示を当該地域の文脈に「埋め込む」ということであり、そして「本物」を見せるとは、文化の「真正さ」の問題であると考えられる。

しかしながら、果たして博物館で展示される「文化」は当該地域の文脈に埋め込むことが可能なのであろうか。そもそも「埋め込む」とは、もともと当該社会の文脈から分離したものをさらにそこへ回帰させる試みでもある。多くの博物館がこの問題と格闘し、当該博物館の在所する地域の人々との協働のなかで新しい博物館のあり方を模索してきたが、現在に至るまで明確な回答は見つかっていないと思料される。

また、「本物」という言葉を用いるとき、結果として当該文化における「本物」とは何かという問題設定を行う必要が生じる。そしてこの「本物」は、誰にとって「本物」であるのかという大きな隘路に遭遇することになる。観光者にとって真正だと感じられているものが、地域の人々にとって必ずしも真正だと思われていない事例は数多い。ときに観光者にとっても真正でないと認識されていたとしても、「まがいもの」を見せないというホスト側の真摯な姿勢によってこれがゲスト側に受け入れられている事例も報告されている（橋本 2011）。さらに、分析上の視座としてLEACH（1976）の象徴論の観点に立てば、博物館の展示は、当該地域文化の一部として全体を表象しているのか、当該社会から分離した「別のもの」として当該社会を表象しているのかという問題も設定可能である。いずれにしても、多様な局面で生起するこれらの諸問題について、宮本の論点は議論の到達点（理解モデル）を発見するためのスタートラインをわれわれに示しているといえるだろう。

第3に、当該地域に対する外部社会の「まなざし」がどのような影響や作用をもたらしているのかという問題である。ここで注目されるのは、宮本の「みやげもの」の議論である。宮本は、熱海のみやげものについて、古風なもの、安心して買えるものとして干物を提唱しているが、宮本自身も述べているように、干物になる水産物は伊豆でとれたものではない。材料となる魚が伊豆のものではない干物を求めることが、どうして観光客にとって「伊豆

第2章　境界に生まれる文化

を買う」ことになるのかについて、少なくともこの卓話で宮本は明確な説明をしていない。この観点は、観光を主題化した人類学研究においては、きわめて重要な問題であり、その後の研究者によっても数多くのアプローチが試みられている。

　宮本は、外部社会からもたらされたもの（たとえば人材や開発資本など）も観光資源として「巻き込むこと」（involvement）が可能であるとしている。たとえば、熱海に居所を構えた著名人たちを観光資源とする提案は、まさに外部社会を取り込み、当該文化の文脈で咀嚼しながら、社会の新たな求心力とする文化の資源化と言えるかもしれない。

　宮本が観光の国際化で述べた「大事な反省すべき問題」とは、すなわち当該社会の人々の日常に埋め込まれたものであるがゆえにその成員たちには気づきにくい事象であり、それが外部社会の人々（この場合は海外から国際会議に参加した人々）の視線によって明らかにされたことにより、当該社会の成員たちが自らの社会的文脈に内在した文化にあらためて「気づく」ということである。このような議論は、GIDDENS（1990）の「再帰性（reflexivity）」に関する議論にも接続されることが予感されるものであろう。

　第4に、観光地のイメージ形成における周辺地域との連帯に関する議論である。観光人類学におけるハワイ研究の成果から、ハワイの先住民社会ではハワイ文化というアイデンティティが拡張して「汎ポリネシア」という新たなアイデンティティが形成されつつあることが報告されている（橋本 1999）。一方で、前述した「みやげもの」の議論において、宮本は、熱海が干物を通して周辺地域と結びつき「伊豆を売る」という枠組みをつくりあげるべきであると主張している。ただし、この観点によれば、熱海と伊豆の関係性は、分析上いったん整理をしておく必要があるものと考えられる。なぜなら、前述したように、熱海で売られている干物は、伊豆以外の場所で水揚げされたものを、伊豆の網代や福浦で加工し、熱海で販売しているからである。

　第5に、文化の創造に関する問題である。宮本が卓話の最後に提起した「新しい祭りを作り出すこと」という問題意識は、熱海の卓話に通底した議論

だったと考えられる。当初、熱海の記念碑についてふれ、会場の聴講者に対してその歴史的価値の再評価を求めていた宮本は、続いて尾道の事例紹介からその記念碑の移動を提案する。記念碑を「ただ並べておくのではなくて、ある条件のなかに置いてみる」(宮本 2014a：67) ことで、観光者のイメージの形成が変化すると述べている。この点について、宮本は次のように述べている。「これは新しくつくったものでございます。つくったものであっても、それが心に残るんです」(*ibid*: 68)。すなわち、宮本の説明は、つくられたものであっても観光者にとって真正さを保持し得る可能性について述べたものであって、厳密には地域文化の観光資源化とは異なる議論である。さらに、この視点は、人類学に大きな影響を与えた歴史学者HOBSBAWMらによる伝統性の創造に関する観点にも結びつくものがある (HOBSBAWM & RANGER eds. 1983)。そのうえで、それではなぜ「つくったものであっても」観光者にとっての真正さを帯びているのかという問いについて、より微視的な観察に基づく解明のための試みが、宮本から我々に対して求められているのではないだろうか。

　この他にも宮本の卓話には現在の人類学的課題に接続されるさまざまな知見や問題意識が散見される。「観光そのものを研究するのではなく、観光のもつ文化的な意味を研究する」という宮本の姿勢は、本論の本旨の一つでもあり、このような問題意識には、近年の観光研究が取り組むべき課題を数多く内包していることは間違いない。一方で、前述したように秀逸した問題提起に対して未整理の課題も多く、観光事象に対する分析的枠組みをさらに深め洗練させる取り組みが、宮本から我々に対する「宿題」として示されている。

2．分析的視座

(1) 移動と越境の研究史
　グローバリゼーションがもたらす文化的課題についての議論は数多い。

APPADURAIは、ANDERSON（1983）による「想像の共同体（imagined communities）」の概念を出発点として、グローバリゼーションがもたらす文化の問題は、我々の「まなざし」によって見える「景観（-scape）」が異なることを「グローバルな文化のフロー（global cultural flows）」と捉えた。そして、これらの景観を「エスノスケープ（ethnoscape／人々の移動・越境）」「メディアスケープ（mediascape／情報・イメージの移動・越境）」「テクノスケープ（technoscape／技術・熟練の移動・越境）」「ファイナンススケープ（financescape／資本・金融の移動・越境）」「イデオスケープ（ideoscape／価値・イデオロギーの移動・越境）」の５つの次元に分類した。彼はこれらの文化のフローはそれぞれ軌道が非同型的であり、かつ相互に乖離的であることを明らかにした（APPADURAI 1996）。

　「グローカリゼーション（Glocalization）」という用語を定着させたROBERTSONは、グローバル化と近代化に関するGIDDENS（1990）の分析を批判的に捉え、西欧におけるグローバリゼーションを５つの歴史的局面（phase）に分類し、現代社会は新たな局面に突入したと述べている。また、グローバル化による世界の同質化や諸民族・諸文化の個別性の抹消という考え方を否定している。すなわち、グローバル化とは、決して文化やアイデンティティの多様性を消失させるものではなく、むしろローカルなものと相互依存関係にあると主張し、グローバル化の結果もたらされた「世界の縮小」は、グローバル化とローカルのはざまで新たな関係・文化・価値を生み出し、多様性を深めていくものであると論じている（ROBERTSON 1992、cf.：山下 2009）。

　HARVEYは、交通や通信技術の発達によって、「時間と空間の圧縮（time-space compression）」が生まれ、その結果、人々やモノ・情報のグローバルな流動化が始まる状況を「場所」という概念によって説明しようとした（HARVEY 1992）。すなわち、時間と空間は技術的に取り除かれることが可能であり、ANDERSONによれば、このような状況は、19世紀後半の「初期グローバル化」の時代によってすでに到来していたことが指摘されている

（cf.：梅森編 2007）。また、彼はこの「圧縮」には、ポスト・フォーディズム（Post-Fordism）に基づく「フレキシブルな蓄積（Flexible Accumulation）」という生産-消費の様式の発生がその背景に存在していると述べている。

　SMITHは、観光人類学の開拓者であり、MACCANNELLとともに人類学史における観光研究の最初の一頁を飾るに相応しい研究者であると考えられる。SMITHは、経済的・産業的側面からの分析が主流を占めていた観光研究に「文化」の要素を組み入れ、「ホスト／ゲスト」という枠組みを設定し、観光を両者の相互作用として捉えることに一定の成果をあげたといわれている（鈴木 2005）。このような「ホスト／ゲスト」論は、人類学における観光研究の出発点でもあり、同書が刊行されて以来、フィールドで遭遇する観光事象が人類学において明確に主題化され、現在に至るまでその評価と批判が繰り返されている（たとえば、わが国では石野 2017、橋本 1999、美山 2010、鈴木 2005、渡部 2006など）。

　SMITHは、観光を「民族観光」「文化観光」「歴史観光」「環境観光」「レクリエーション観光」の5つに分類している。また、観光者を「一時的に余暇にある人物で、何らかの変化を経験するために家から離れた場所を自発的に訪問する者である」ととらえ、観光活動とは「余暇時間」「可処分所得」「地域に根付いた道徳観」の3つの要素が連関して働いたときに生まれるものと定義している（SMITH ed. 1977）。

　SMITHらへの批判としては、たとえば観光を巡礼の世俗化としてとらえるGRABURNの論攷に対して、橋本は「「観光」は「巡礼」の隠喩として捉えるべきもの」として意見を提出している。また、NASHは、SMITHらによる観光者の定義は産業社会を前提としており、非産業社会における観光が想定されていないことを批判している（橋本 1999、NASH 1981）。さらに、石野は、SMITH自身も「ホスト／ゲスト」の関係は多様であることを指摘していたにもかかわらず、その分析過程で「ホスト／ゲスト」が「文化的・社会的境界に基づく一定の範囲の集団として認識され、その内部の多様性が捨象されている」（石野 2017：49）ことを指摘している。[12]

SMITHとともに観光研究の「草分け」の一人であると考えられている
MACCANNELLの研究で特に注目される主題領域は、「真正性（authenticity）」
の議論であると考えられる。[13] かつてBOORSTINは、観光が商品化された結
果、観光用につくられた「疑似イベント（Pseudo-event）」が生まれ、メ
ディアを通して形成されたイメージが疑似イベントで確認されたときに観光者
の満足が達成されると論じ、観光者は真正性が欠落した観光経験やそのよう
な非真正性を受容・許容していると主張した。そして、観光者の期待に応え
るためにつくられた恣意的な象徴やそれを表象する事物や場所を「幻影
（image）」という概念でとらえることを試みた（BOORSTIN 1961）。

　人々のイメージに沿って文化が生み出されていく歴史の過程は、歴史学の
古典であるHOBSBAWMら（1983）によっても指摘されている。伝統文化
とは、常に創造・更新されるものとして、彼らはその構築の過程を個別の事
例分析から次々と明らかにしていった。すなわち「伝統」とは、連綿と続く
時間の積み重ねによって形成されたものではなく、それは「名づけ」られた
ものである。彼らは、文化の創造と更新は当該社会の構成員にとって周知の
ことでありながら、一方で、人々はそれを「伝統文化」として積極的に受容
していることを歴史的事象を通して明示したのであった。HOBSBAWMら
の議論を観光に敷衍するならば、BOORSTINが示した観点と同様に、たと
え真正なものでなくても（創られたものであっても）、よく知られたもので
あれば、観光者にとっては「まなざし」の対象になると推論することができ
るだろう。

　BOORSTINに対して、MACCANNELLは観光者とは決して観光用につ
くられた模倣には満足することなく、「本物」を求めているのだと主張し、
BOORSTINの分析に対して疑問を提起した。すなわち、観光者は「疑似イベ
ント」に決して満足しているわけではなく、観光者にとって「真正なもの（本
物）」と「真正でないもの（本物でないもの）」の違いは重要な問題であると
MACCANNELLは述べている。彼は、この現象を考察するため、GOFFMAN
の「ドラマツルギー（dramaturgy）」に関する議論における「表舞台（front

stage)」と「裏舞台（back stage）」という概念を用いて分析を試みた結果、観光者は、決して「表舞台」だけに満足することなく裏舞台を「覗く」傾向にあることを指摘した。なぜなら、観光者は「裏舞台」にこそ「本物」があると考えるからであるという（MACCANNELL 1976, cf.: GOFFMAN 1959)。

　一方で、観光の現場では、舞台裏を覗こうとする観光者に対して、ホスト側が観光者に舞台裏を見せるための操作を行うことがあり、MACCANNELLはこれを「演出された真正性（staged authenticity)」という用語により分析し、厳密には、GOFFMANの「裏舞台」と区別している[14]。たとえば、ある観光者が関係者以外立ち入り禁止の区域に特別に招き入れられたとき、観光者の視線の先に映る「裏舞台」は決してリアルな「裏舞台」ではなく、その観光者のために準備された「演出された裏舞台」である可能性があることを明示したのであった[15]。

　URRYは、観光研究の意義を主張しその分析的視座を体系的に提示した研究者の一人であった。彼は、精神医学におけるFAUCAULT（1963）の「まなざし（regard)」に関するスキームを観光事象の分析に援用し、観光の「まなざし」によって視覚的情報が消費の対象となり、「見る／見られる」という関係性のなかで新たに観光の文化が生起することを指摘した（URRY & LARSEN 1990)。そして、観光の「まなざし」を形成する要因として、「まなざし」の対象の特徴や聖化の過程、そしてメディアによるイメージ形成などを明らかにした。さらに、観光者の「まなざし」が向けられる対象についてその特徴を6種類に分類している[16]。

　一方で、観光の「まなざし」とは、社会的に構成されたものであるとともに、相対的且つ流動的であり、差違や反対概念との関係性から形成されるものであって、この点において、観光とは先験的にポストモダンであると考えられ、それゆえに観光の「まなざし」とは多様であることから、URRYらは決して固定的で定性的な「まなざし」というものは存在しないと論じている。そのうえで、視覚性が観光体験の中心にあることから、メディアによる視覚的影響が「まなざし」の形成に大きく影響を与えていることを指摘した。

このようなURRYらの「まなざし」に関する議論は、MACCANNELLや
BOORSTINとの比較を通して、評価や批判が行われることが多い。観光用に
つくられたものであっても、観光者は広告やメディアによって観光対象の見方
を規定され、これを受容しているという視点は、BOORSTINにも共通する議
論であると思料される。また、観光の「まなざし」が観光者にとっての非日常
に向けられているという「日常／非日常」という枠組みは、MACCANNELL
の議論と融和性があるものと考えられる。URRYらに対する批判として、た
とえば「まなざし」が相対的で関係性のなかから生起する以上、非日常（観
光地の文脈）だけを分析するのは不十分であり、日常（観光者の文脈）を考察
の対象に加えることの必要性が指摘されている。また、URRYらの「まなざ
し」に関する研究に対しては、「見る／見られる」という二項対立によって
観光事象を理解することで、「ホスト／ゲスト」の多様性を捨象しているの
ではないかという問いも提示されている。この他にも、「見方を規定する」
メディア自体が「まなざし」の対象になっているとする議論（土井 2014）
や、「まなざし」とはゲストがホストに対して向けるものだけでなく、ゲス
トもまたホストの「まなざし」に晒されているとする議論（葛野 1996）な
ども提起されている。とはいえ、記号・表象の消費というURRYらのアイデ
アの多くは、人類学的象徴論と親和性も高く、観光を主題化した人類学研究
をその後強く鼓吹したことは確かであろう。

　SMITHとMACCANNELL以降、浩瀚な議論を経て観光人類学の方法論
は洗練され続け、さまざまな分析的視座が整理されてきた。しかしながら、
これらの研究の多くは、ホスト側の地域社会を調査対象としてきたものであ
り、観光者を調査対象とした研究は僅少であった。BRUNER（2005）は、
自らが観光ガイドとして観光者に接することで、観光の場における観光者の
観察を開始した数少ない研究者の一人であった。彼はバリ島のパック・ツア
ーの事例を紹介し、観光ガイドがどのように観光の「ものがたり」の構築に
関わっているのかを明らかにした。とはいえ、人類学における観光者の調査
は少なく、その方法論も整備されているとは言いがたい。BRUNERのよう

に観光ガイドとして観光者に接するか、調査者自身が観光者となるなどの接近方法が報告されているが、これらの方法論については今後の継続した議論と微視的な精査が必要であると考えられる。[17]

　日本において組織的な観光の人類学的研究を開始したのは石森秀三であった。1988年、科研費により「島嶼国家における観光の文化人類学的研究（海外学術研究）」が開始され、同年、国立民族学博物館の共同研究として「旅と観光に関する民族学的研究」が組織された。「この2つのプロジェクトは日本の観光研究にとって画期的な出来事であった」（橋本 1999）と考えられている。その後、当該研究の成果が学会報告されるなど、これ以降「観光人類学」の名称が日本において輪郭を顕しはじめることとなった。その後、石森は国立民族学博物館から北海道大学へ異動し、観光研究における研究者養成に携わり、2015年にリニューアルした北海道博物館（旧：北海道開拓記念館）の館長に着任し、引き続き博物館と観光の問題に取り組んでいる。

　観光事象を主題化した日本の人類学研究を大きく前進させたのは山下晋司であった。もともとバリの儀礼研究に取り組んでいた山下は、トラジャの儀礼を「伝統的であることが近代的であるというパラドキシカルな状況」（山下 1988）であるとして、近代が「伝統」を消失させるのではなく、近代化の過程で文化が創造されることをフィールドから発信した。このような観点は、観光研究における「文化生成論」の黎明であり、観光が対象社会の「伝統文化」に負の影響を与えるとみなしてきた従前の観光人類学に対する批判でもあった。山下は、わが国の観光人類学の体系化と組織化に努め、観光研究における数多くの観点と成果を提示し続けた。

　山下は、APPADURAIが提示した「エスノスケープ」概念の解明に人類学的方法論が有効であることを提唱し、自らのアプローチを「越境の民族誌」と呼び、「グローバル化の文化景観を描き出し、そこに今日の文化や社会のあり方が凝縮されていること」を論じることを企図した（山下 2009）。山下は、このような自身の研究構想について、「リゾーム（rhizome）」と「トランスナショナリティ（transnationality）」という2つの概念が通底している

ことを明らかにしている。

　リゾームとは、根茎・地下茎の意であり、DELEUZEとGUATTARIにより提示された哲学概念である（DELEUZE & GUATTARI 1980）。「永遠に同一的な」組織が中心から周辺に広がるツリー（tree）に対する概念として、中心も始まりももたず、異質かつ多様な流れがさまざまな方向へ錯綜する「生成する異質性」を意味する。山下は、グローバル化によりもたらされる状況は、まるで「地下茎が場所を越え、国家を越えて、複雑に絡み合いながら、他の場所と繋がっている」（*ibid*: 16）ようであると捉え、これをリゾーム的であると解釈した。また、トランスナショナリティとは、国家という枠組みを前提としない概念であり、BASCHらにより提出された新しい移民概念の一つである（BASCH *et al.* 1994）。山下は、BASCHらの研究成果から移民を「国境を生きる人びと、国家と国家の『はざま』を生きる人びと」と再定義し、人類学における移民研究の新たな基軸として「ローカル、ナショナル、グローバルの3つの枠組みのインタープレイ（相互作用）」を焦点化したフレームワークを提唱した。グローバル化の観点を組み込んだ人類学においては、もはや「ある場所にある人々がいてある文化があるという古典的な文化のかたちはもはやどこにも存在しない」とし、MARCUS（1998）が提示した「多場所の民族誌（multi-sited ethnography）」を引用して、「ある場所とはリゾーム状のグローバル化を明らかにしていくための1つの入り口に過ぎない」（*ibid*: 19）と結論づけている。

　山下によって提起された多様な観光研究の課題を整理・体系化して、人類学的に成熟させたのは橋本和也である。橋本は、「いままで周辺領域と一緒に語られていた「観光」から「観光的なるもの」を抽出し、その特徴を明らかにする必要がある」（橋本 1999：12）と述べ、その結果、観光人類学とは観光そのものに疑問を投げかける科学となり、自らの研究対象を消失させる「自己解体の学」になる可能性があると述べる。そして、観光を「（観光者にとっての）異境において、よく知られているものを、ほんの少し、一時期的な楽しみとして、売買すること」と定義した。[18]

橋本の観光研究は浩瀚であり、その視点やアプローチも多角的であるため、多くの研究者を刺激してきたが、本論において特に注目されるのは、「観光経験」と「地域性」の視角である。橋本は「「地域文化」は地域の特徴を刻印された「地域性」と深く関係し、地域性を反映するもの」ととらえつつ、「地域性」とは「所与のものではなく、発見され、創造され、そして人々によって育て上げられるものである」（橋本 2008：19）と述べている。また、「地域性」の研究が「偽物性をあばく研究」と見なされる傾向から抜け出し、「真正性」の議論を超えた「地域性」についての分析を新たに開始する必要性があることを説いた（*ibid*: 20）。そして「観光文化を研究するためには『真正性』から自由になることの方が実り多い」（*ibid*: 26）と主張している[19]。

　「観光経験」と「地域性」における「真正性」の観点に疑問を呈した橋本は、日本各地で「地域性創出」の事例が看取可能であることを明らかにするとともに、これらの多くが「『真正性』の議論とは別の次元で物事は進んでいる」として、論攷を次のように結んでいる。「まったく新たな創作でも、地域と関連がある歴史的な断片でも、『真正性』の議論に足を引っ張られることなく、それを『地域性』として育て上げようとする人々が、継続的に活動し続けることにこそ焦点を当てなければならない」（*ibid*: 33）。

（2）真正性研究の脱中心化

　橋本は、「真正性は観光現象という広い領域の問題解明のための共通の問題とはならない」との立場を明確に示している（橋本 2009：2）。また、大衆観光において真正性に関心を寄せるのは、その多くが研究者か観光事業に関与している地元の利害関係者であるとも述べている。そのうえで、真正性に関する残された問題とは、観光者にとっての「真正なる観光経験」であるとする。その考察の手続きとして、橋本は、WANG（1999）による「真正性」の研究を引用しながら、観光における真正性研究の再整理を行った。

　WANGは、観光における真正性を「客観的真正性」「構築的真正性」「実存的真正性」の3種類に分類した。「客観的真正性（Objective Authenticity）」

とは、文化の商品化の過程で浮揚する議論であり、MACCANNELLや
BOORSTINの議論にも看取される。すなわち、本物か模倣かという問題設
定には、必ず本物という真正性（客観的真正性）が存在することを前提とし
ている。「構築的真正性（Constructive Authenticity）」とは、真正性とは決
して所与のものではなく、社会的に構築・構成され、獲得されることを含意
した概念である。COHENが述べるようにそれは交渉可能な（negotiable）も
のであり、時間とともに現出する「創発的真正性（Emergent Authenticity）」
に通底する概念であると考えられている（COHEN 1988）。「実存的真正性
（Existential Authenticity）」とは、経験と関係性の中で生起する真正性の概
念である。真正性の多様性を超えて、もはやそこでは真正性そのものが存在
しない。いわば「真正性の解体」の可能性すらもその前提とする真正性の脱中
心化の概念である。WANGは、実存的真正性とは行為者から浮揚するもので
はなく、あくまで行為者の経験から導き出されるものであると説明している。

　本論は、WANGやCOHENらによる観光の真正性研究の枠組みを出発点
として、その分析的視座を再編し、観光研究でやや消極的に語られてきたと
考えられる個別の地域文化のなかの真正性に関して再整理することを試みる
ものである。そもそも、WANGが指摘するように、文化は常に動態的な過
程のなかにあり、真正性を保証する絶対的で静態的な起源は存在しない
（WANG 1999、橋本 2009）。そして、その起源すらも創造・更新されたもので
あると考えられている（HOBSBAWM & RANGER 1983）。このため、WANG
は、真正性とは決して事物に付与された「永遠の性質」ではなく、行為者の解
釈の過程と葛藤であると説明している（WANG 1999: 355）。田中は、KOLAR
らを引用しつつ、WANGによる真正性の3分類について、客観的真正性と
構築的真正性を「対象を基準とした真正性」、実存的真正性を「経験を基準
とした真正性」の2つに再分類している（田中 2013、KOLAR & ZABKAR
2010）。そのうえで、本論は、構築的真正性と実存的真正性を再構成しなが
ら、それぞれの事例分析を試みることを企図するものである。なぜなら、構
築的真正性の形成過程に生起する「交渉」とは、解釈と葛藤の関係性から生

まれる一つの行為の表現系であると考えられるためである[20]。

（3）宮本常一への回帰

　かつて、山下は、HARVEY（1992）やROBERTSON（1992）を引用しながら、資源人類学の観点から、ヒトは「生存のための資源」を求めて移動する存在であると論じた。資源とは「生存に利用される環境要素」であり、ヒトは新たな資源を求めて移動するのであることから、「人類の生存構造そのものが移動的」（山下 2009：12）であると述べている。

　このような移動の１つとして観光事象を主題化した橋本は、「観光の対象となる民族や事物が「真正」か否かを客観的に問題にするのではなく、観光の場で人と人が出会って育まれた関係そのものの「真正性」をどう評価するかは、観光者個々人の実存的な関与の仕方と、主観的な判断による」（橋本 2009：12）ことを指摘している。すなわち、地域文化の真正性とは、行為者間の関係性とその解釈によって生まれるものであるということである。

　宮本常一が、離島振興において観光の資源とすることが可能な地域文化の発見・発掘を行うことを提唱したことは、WANG（1999）の述べる地域文化の構築主義的アプローチの一つであったと考えられる。また、宮本による地域文化の「見せ方」に関する議論については、MACCANNELL（1976）やBOORSTIN（1961）の論点に接続可能であり、博物館の問題は、まさに文化の真正性に直結する議論でもある。さらに、「みやげもの」に関する宮本の提言や観光者にとっての「本物」という観点は、橋本の述べる観光経験に結びつく課題的連続性を想起させるものである。この他にも、外部社会との関係性に着目する宮本の視点は、URRYらの「まなざし」論（1990）にも通底する論点であり、「新しい祭り」の提起は、絶えず更新される文化の動態に関する議論に連関していく。

　橋本は観光における文化の真正性研究からの「解放」を繰り返し主張している。しかしながら、葛野（1996）により提起された北欧Sápmiにおける「文化の著作権」の問題は、人類学者が未だに真正性の問題から解放される

ことがない現実を物語っている。橋本は「観光では、その性格から『本来の文脈から離れた』事柄が、まなざしの対象となる」（橋本 1999：172）と論じている。しかしながら、このことは、あらゆる文化の真正性研究からの解放の力学とはならないのではないだろうか。人類学が解放されるべきものは、従前の真正性研究の視角であり、固定的であり時に権力を帯びて「押し付け」が生じる文化研究の視点である。このことを明らかにするために、人類学は、真正性の形成や真正性を支える言説の生成過程の焦点化を新たな課題としてセットアップされることが求められていると考えられるのである。

　橋本は、膨大な真正性研究のレビューと卓抜した分析を試みてきたが、その結果として彼が真正性研究からの「解放」を論じるのは、観光研究という領域の特性にあるのではないだろうか。橋本自身も指摘しているように、観光領域とは真正性よりも地域性や真摯さが問われる場所であると考えられ、そこでは非真正なものであっても観光者の「まなざし」の対象になることから、その満足感や達成感は真正性よりも優先され、むしろ真正性はこれらの観光経験を形成するためのツールの一つでしかない。さらに、時に真正性は地域性の醸成を疎外する存在となる場合があることも指摘されている（橋本 2008：33）。とはいえ、これらの現象や葛藤すらも人類学はその分析の対象とすることが可能であると考えられる。このため、本論は、橋本が「解放」を主張した真正性の研究に再び回帰し、かつて橋本が「地域性」を「使い勝手の良いもの」に「鍛え上げていかなければならない」と論じたように、もう一度、真正性研究を人類学フィールドに耐えうるものへと「鍛え上げる」一助となることをその目途の一つとしている。

　前述したように、宮本はさまざまな問題を提起してはいるが、それを解決するための方法論や分析を具体的に明らかにしていない場合が多い。しかしながら、宮本の卓話に内包された数々の知見は、地域文化の真正性を問う現在の研究動向の重要な部分を占めているといっても過言ではない。一方で、橋本の観光経験や地域性の研究には、宮本が提示した観光振興の課題の解明や推進に貢献する論点が多数看取される。それゆえ、まさに離島振興におけ

る宮本の「宿題」は、そのまま本論の本旨の中心となっており、本論はその構造的理解の構築と体系化に向けて、橋本により整理された真正性の研究を手がかりとして[21]、宮本生誕の地である周防大島における地域文化の真正性について再び整理考察を試みるものである。

3．事例研究

（1）周防大島におけるハワイ文化

　1884（明治17）年、明治政府はハワイへの官約移民を募集し、1885（明治18）年1月、第1回官約移民944名がハワイへ渡航した。その後ハワイへの官約移民が終了する1894（明治27）年6月までの約10年間で26回の渡航が行われ、約2万9,000人の日本人が移民としてハワイへ渡った[22]。移民の出身県別の統計では、山口県（1万424人）は広島県（1万1,122人）に次いで2番目に多い。日本ハワイ移民資料館の統計によれば、大島郡からの移民は3,913人であり、特に1885年の第1回（1月）・第2回（6月）の官約移民（総数1,932人）では、山口県出身者940人に対して大島郡305人、1887（明治20）年の第4回までの統計（総数4,257人）で比較すると、山口県1,547人に対して大島郡822人であり、官約移民における大島郡出身者は高い比率を示している。

　ハワイへの移民の背景には、1871（明治14）年の日布修好通商条約の締結以後、ハワイからの移民要請があったことや、西南戦争をはじめとする国内の政治的混乱や経済的不況により地域が大きな影響を受けた時期であったこと、そして周防大島に関しては、旱害（1883年）や風水害（1874年）などの自然災害が重なったことなどが指摘されている。1886（明治19）年に日布渡航条約が締結されると、山口県が大島郡における移民の募集に力を入れたこともあり、多くの島民が官約移民としてハワイへ渡ったことが記されている。なお、もともと大島郡では、長州大工の伝統に代表されるように郡外への出稼ぎが盛んだったことも移民応募が多かった背景にあるとの指摘もある。いずれにせよ、この結果、大島郡出身者は、山口県出身の官約移民の約三分の一を占

第2章　境界に生まれる文化

図1　日本ハワイ移民資料館

めることとなった。このような周防大島における移民の歴史の記録と記憶は、現在、日本ハワイ移民資料館（西屋代）において展示保管されている（図1）。

　移民を通した周防大島とハワイとの歴史的な結びつきにより、1963年6月22日、周防大島はカウアイ島と姉妹島提携（Sister Island Relationship）[23]を締結した。「カウアイ日本文化祭」への参加をはじめとする文化交流、青少年の相互派遣などの事業が、締結後数多く展開されることとなった。また、この提携を記念して、毎年6月22日から8月31日までの期間、官公庁や郵便局、銀行、ホテルなどの職員がアロハシャツを着て窓口対応をする「アロハキャンペーン」[24]が1986年から実施されている。

　現在、周防大島は、さまざまなハワイ文化の要素を取り入れ「瀬戸内のハワイ」と呼ばれている。椰子並木を植林してハワイの街並みを再現することや、ハワイの神話的精霊であるティキ（Tiki）をイメージした木彫を島内5カ所に設置するなどの取り組みが行われている[25]。2008年からハワイアン音楽

図2　グリーンステイながうら

の祭典である「アロハ音楽祭」を開催し、宿泊施設やビジターセンターを併設したスポーツ施設「グリーンステイながうら」（図2）はその建物をカウアイ島の官公庁を模したデザインにするなど、島内のさまざまな場所や事業にハワイの文化を取り入れている[26]。

　フラ（Hula）もまた、周防大島のさまざまな活動に取り入れられてきた。たとえば、1998年3月、自治体の高齢者計画として「周防大島高齢者モデル居住圏構想（元気・にこにこ・安心の島づくり構想）」が策定され、「健康・長寿」をテーマとした高齢者事業「「元気・にこにこ・安心」の島づくりフェスティバル」が実施された。この事業では、官約移民や姉妹島提携など周防大島にゆかりの深いハワイをイメージして、フラを高齢者の健康づくりや介護予防に役立てようと、「健康・長寿」のためのフラによる健康教室やフラのコンテストなどが開催された[27]。この結果、現在、周防大島町では、「フラダンスによる健康づくり」が「住民の自主的な活動として根付いたもの」と

第2章　境界に生まれる文化

して、成果をあげた高齢者対策の取り組みの1つとして高く評価されている。

　このようなハワイのイメージによるまちづくりとフラを組み込んだ高齢者事業により、高齢者に限らず多くの世代を対象としたフラの教室が数多く島内に展開するようになった。2005年9月23日には「プレ国民文化祭・やまぐち2006アイランドフェスティバル〜フラの祭典〜」がサンシャインサザンセトのある片添ヶ浜で開催された。また、山口県の観光事業における住民参加の「おもてなし」事業として、道の駅や宿泊施設などでフラを披露したり、保育施設において子どもの活動にフラを導入するなど、島内のさまざまな社会的場面・文脈においてフラを積極的に導入し、その定着化が図られている。

　また、2007年のホクレア号の寄港も周防大島とハワイとの結びつきを深める契機となったと考えられている。ホクレア号（Hokule'a）とは、ハワイ文化復興運動のシンボルとして建造された航海用カヌーで、太陽や月、星などの動きを手がかりとする航海技法「スターナビゲーション（cf.: Wayfinding）」により世界を航海する船のことである。2007年の航海では日本各地を訪問した。同年1月にハワイを出航し、4月に沖縄に到着、その後5月20日、周防大島に寄港した。当時、周防大島では多くの歓迎行事の日程が進むなかで、ホクレア号の船長と沖家室島との旧縁が伝えられ、島の人々がハワイとの結びつきを再確認する機会となったと報告されている。また、損傷したホクレア号のマストの補修を島内の木工業者が行うなど、長州大工の伝統をもつ周防大島の大工職人の技巧が、乗組員たちをはじめ島の人々の前であらためて披露される場面ともなったという。この他、沖家室島発祥といわれるかむろ鈎の製作の見学、ホクレア号での宿泊体験、子ども達による写生会など、もともと移民の歴史によってハワイとの結びつきが強く、ハワイの文化をまちづくりなどに取り入れてきた周防大島にとって、ホクレア号の来島はさまざまな社会的ハレーションを引き起こしたと考えられている。

　4日間の滞在期間中、ホクレア号の乗組員が周防大島の人々の前でフラを演じる機会があり、周防大島ではこれをきっかけにフラの観光資源化が企図され[28]、ホクレア号寄港の翌年（2008年）、7月19日から9月20日までの毎週土

曜日、「サタデーフラ（Saturday Hula）」と呼ばれる観光事業が開催された。

サタデーフラ（「サタフラ」）とは、毎夏の土曜日、ハワイを模した島内4ヵ所[29]の野外ステージで、経験や年齢を問わずフラを披露するものである。昼と夜の二部制で、出演者は20分間で5曲を発表する。出演料や観覧料は無料である。第1回のサタフラの出演者は20組で全て島内からの参加者だったが、片添ヶ浜を主会場とした2010年には70組に増え、4年後の2011年には90組に達した。さらに、2013年にはサタフラを目的とした観光者数が8,400人となり（山口県商工労働部観光振興課 2015a：30）、2016年には、島内の観光イベントにおいて「周防大島花火大会、灯籠流し・盆踊り」に次いで、「久賀夢夏まつり」に並ぶ参加者数となった（山口県観光政策課 2017：28）。2017年には10周年を迎え、過去最多の約130団体、約3,500人が参加したと報じられている（「山口新聞」2017年8月18日）。

ホクレア号来航の結果、周防大島における観光は大きく転回し、ハワイ文化を取り込む新しい試みが次々と開始された。かつて官約移民を乗せた「City of Tokyo」が横浜港を出港した1月27日を記念して開催された第1回「アロハ音楽祭」をはじめ、2008年7月1日から始まった観光事業「山口ディスティネーションキャンペーン」のオープニングイベントでは、糀汰味噌や地魚ポキといった郷土料理を紹介するとともに、ステージイベントではフラが演じられている。

もともと高齢者事業や子どもの活動として取り入れられたフラは、「サタフラ」により周防大島の観光資源となった。この結果、島内のフラグループの数は徐々に増加し、サタフラにより島外の出演者との交流も始まり、フラの技術的な向上が図られるようになった。2016年にはサタフラに関する事業の観光者数が約1万人を記録し（*ibid*: 28）、特に県内からの観光者が増加傾向にあると報告されている。

（2）周防大島における博物館文化

周防人島には、主に5つの博物館施設が存在する。すなわち、周防大島文

化交流センター(宮本常一記念館)、久賀歴史民俗資料館(八幡生涯学習むら)、陸奥記念館(なぎさパーク)、星野哲郎記念館、日本ハワイ移民資料館である。本節では、前節でふれた日本ハワイ移民資料館以外の4施設について記述する。

①周防大島文化交流センター(宮本常一記念館)

「周防大島文化交流センター」は、周防大島出身の民俗学者・宮本常一の関連資料展示室と体験学習室(図書室)を兼ね備えた施設として、2004年5月18日、旧東和町平野に開館した。同年10月1日、大島郡の4町合併により周防大島町が誕生し、同センターは、旧東和町から周防大島町に移管された。なお、センターを設計した真島俊一は、武蔵野美術大学在学中、佐渡島の漁村における建築調査をきっかけに宮本に師事し、各地の建物や和船の保存修復・復元などに携わり、伝統的建造物群の保存に努めている建築家の一人である(図3)。

図3 周防大島文化交流センター

1986年3月、民俗学の業績とそれに基づく離島振興の功績により、宮本常一へ名誉町民称号が追贈された。このことが契機となり、同年9月、旧東和町では「宮本常一記念事業策定審議会」が創設された。1987年3月には、同審議会に町民による推進部会が設置され、同年8月、宮本常一と親交のあった有識者を中心とする専門部会が結成された（宮本常一記念事業策定審議会・東和町 1991：8）。当該事業では、宮本常一の著作の収集や記念シンポジウムの開催をはじめ、遺族から寄贈された膨大な資料の整理が開始された。宮本常一没後20年にあたる2001年4月、「周防大島文化交流センター（文化教育交流促進施設）」の建設が本格化するとともに、2002年から建設工事が開始された[30]。

　開館後、島内外から宮本常一の業績や人物、そしてその生地である周防大島の歴史や文化に関心を抱く来館者が多くあり、真宮島、下田八幡宮、久賀地区などでは、サツマイモや大豆の植え付け、トウモロコシの収穫・調理、寒天づくり、そばの種蒔き、そして島外から宮本常一や周防大島にゆかりのある研究者を招聘した講演会やフィールドワークなど、郷土（周防大島）を学ぶ体験学習が実施された（周防大島文化交流センター編 2005：3）。

　同センターの主な収蔵資料は、宮本常一の代表的な著作である『私の日本地図（初版）』(1967-1976) をはじめとする数々の著書、蔵書、そして宮本が調査地で撮影した写真等も保管・展示されている。これらの資料の多くは、宮本の遺族から寄贈されたものであり、宮本が愛用した机や椅子なども含まれている。

　センターの展示スペースは、フロア展示、壁面展示、回廊展示、木組み展示、書籍収蔵庫、資料閲覧室、宮本常一撮影写真閲覧コーナーおよび気象観測データ閲覧等に分かれている。フロア展示は、「周防大島東部の生産用具」をテーマとして、宮本常一の指導により旧東和町が収集した民具資料の中でも、農耕、養蚕、運搬、漁撈に関する資料により構成されている。壁面展示では、宮本常一が調査中に撮影した写真資料約10万点のなかから、「宮本の目」をテーマとした資料展示が試みられている。

　回廊展示は、2つのスペースに分かれている。「日本の離島」は、わが国

の離島振興法の制定に貢献した宮本常一の功績と足跡を中心に、日本の離島の歴史と文化に関するパネル展示である。「宮本の仲間たち」では、宮本常一と親交のあった研究者がパネル展示で紹介されている。木組み展示は、「長州大工の技」をテーマに、さまざまな木組みを展示している。書籍収蔵庫は、宮本常一の著作と蔵書を約2万冊保管しており、「宮本常一データベース」として、その一部が公開されている。資料閲覧室は、宮本常一の文献や資料の閲覧スペースとなっている。宮本常一撮影写真閲覧コーナーでは、センターが保管する宮本常一の写真資料のうち約9万点がパソコンで検索可能となっている。同じフロアには気象観測データが閲覧できるスペースも併設されている。

　来館者数は、2013年から概ね年間5,500人前後で推移しており（2014年を除く）、特に2015年から県内からの来館者が増加し、県外からの来館者数を上回った（山口県商工労働部観光振興課2015a、2015b、山口県観光スポーツ文化部観光政策課 2016、2017）。周防大島文化交流センターは、宮本常一の足跡や業績を収集・保管するとともに、体験学習を通して周防大島の歴史や文化を学び、島内外の人・技術・知識・知恵の交流を促進する「島づくりの新拠点」としてその活動を続けている。なお、2015年にセンターの愛称が「宮本常一記念館」と定められた。

②久賀歴史民俗資料館
　「久賀歴史民俗資料館」は、「町衆文化生活の館」「町衆文化陶芸の館」「久賀の諸職用具収蔵庫」等とともに、「町衆文化伝承の館」を中核施設とした「久賀八幡生涯学習むら」の構成施設の一つであり、当該施設群は、定住促進、都市農村交流、文化遺産保存と生涯学習を目的として、1994年3月27日に開村した（図4）。

　久賀地区は、周防大島のなかでも歴史的に職人文化が興隆した地域であり、9職種（醤油杜氏、船大工、鍛冶職人、桶職人、機職人、紺屋職人、傘提灯職人、石職人、瓦職人）に関する2,707点もの資料は「久賀の諸職用具」と呼ばれ、指

図 4　久賀歴史民俗資料館

定文化財として同収蔵庫に収集・保管されている。当該施設では、これらの諸職用具以外にも農耕資料、漁撈資料、生活資料等などが約 1 万5,000点収蔵されている。

　久賀歴史民俗資料館は、宮本常一の助言を受けて「旧久賀町民俗資料保存会」が中心となり1974年 4 月に開館した施設である[31]。収集方針、収集活動、整理登録などの作業がすべて宮本の指導により行われた。開館当時の施設建物は、久賀産業組合が昭和初期に建てた西中津原（旧久賀町）の旧醬油工場を改装して利用したものである。収蔵された「諸職用具」は1978年に国の重要有形民俗文化財に指定されている。現在の久賀歴史民俗資料館は1991年に新たに建設されたものである。

　展示室は、「漁る」「暮らす」「耕す」「拓く」の 4 つのテーマに分かれている。「漁る」では、周防大島の海運業・漁業に関する資料が展示されている。「暮らす」では、久賀の生活資料のほか、ハワイ移民関連の資料が展示され

ている。「耕す」では、限られた耕作地を活用した農業の知恵と道具の展示が試みられている。「拓く」では、「なむでん踊り」（山口県指定無形民俗文化財）をはじめとする久賀の芸能、祭礼、信仰などの資料が展示されている。

　入館者数は、2015年まで増加傾向にあったが、2016年には1万1,155人となっている。2015年までは、県外からの来館者が多かったが、県内からの来館者も年々増加傾向にあり、2016年は、県外5,570人、県内5,585人でほぼ同数となっている（山口県商工労働部観光振興課　2015a、2015b、山口県観光スポーツ文化部観光政策課　2016、2017）。

③陸奥記念館

　「陸奥記念館（周防大島町立陸奥記念館）」は、なぎさ水族館、陸奥キャンプ場とともに「なぎさパーク」（伊保田）の構成施設の一つである。戦艦陸奥（以下「陸奥」）は、長門型戦艦の2番艦として1921（大正10）年に完成し、連合艦隊の旗艦、お召し艦となるなど、当時の日本海軍の基幹的な戦艦の1つであったと言われている。1943（昭和18）年6月8日、周防大島の伊保田沖に警泊中、原因不明の大爆発により沈没した。総員1,471人中、生存者は350名、1,121人もの乗員が亡くなったと報告されている。陸奥記念館によると、1947年頃から断続的に引き揚げが試みられたが、潮流の速い海域での水深42メートルからの引き揚げ作業は困難を極めたと伝えられている。

　1963年、「陸奥」の慰霊碑が伊保田松ヶ鼻に建立されて以降、慰霊碑を訪れる人々が増え、旧東和町において陸奥記念館の建設が計画された（宮本・岡本　1982：914）。1970年6月から約8年にわたって引き揚げ作業が再開され、遺骨や遺品とともに艦体の約75％が引き揚げられた。陸奥記念館は、これらの引き揚げ作業によって回収された資料を中心に全国の遺族から寄贈された遺品・資料などを収蔵、保管、展示している。また、公園内には、慰霊碑の他、引き揚げられた「陸奥」の副砲やスクリューが野外展示され、隣接した野外展示場では、毎年6月8日に東和陸奥顕彰会主催の慰霊祭が行われている。1994年3月に国道改修工事により現在地に移転し、同年4月27日より現

在の新館が開館した。

　展示室は、「戦艦陸奥大正〜第二次大戦遺品」「戦艦陸奥引き揚げ品」「遺族手紙」の展示に加え、海図や陸奥の模型やビデオ、体験、学習の各コーナーなどが併設されている。

　入館者数は、概ね年間１万6,000〜１万8,000人で推移しており、2016年の入館者数は１万8,280人であった。県外からの来館者が約６割を占めている（山口県 *op.cit.*）。

④星野哲郎記念館

　「星野哲郎記念館」は、周防大島町出身の作詞家・星野哲郎の功績を記念して、2007年７月26日に開館した（図５）。星野哲郎（1925-2010）は、日本音楽著作権協会の会長や日本作詩家協会の会長を歴任するなど、日本を代表する作詞家の一人であり、1988年に旧東和町の名誉町民に選ばれている。開館前日の７月25日に開催された記念式典には約1,000人の参加者とともに、全国から星野哲郎にゆかりのある歌手、作詞家、作曲家が集まったと記録されている（山口県周防大島町政策企画課　2007：1-3）。なお、星野哲郎にとってこれが最後の帰郷になったといわれている。[32]

　星野哲郎記念館は、周防大島文化交流センターに隣接し、建物は、建築家・井下仁史による設計である。星野哲郎が自身の作詞活動を「浮かんでは消える紙の舟」と詠んだことにちなみ、これをオマージュしたデザインとなっており、2010年度日本建築家協会優秀建築選100選に選出された。また、この記念館の開館に際して、町内に在住または通学する高校生、高等専門学校生、看護専門学校生等に対する奨学金「星野哲郎スカラシップ」[33]が創設された。

　展示空間は、「星野映像館」「星野劇場」「星野歌酒場」「星野工房」「星野博品展」の５つに分かれている。「星野映像館」は、星野哲郎のドキュメンタリー映像「詞の旅路」が常設上映されており、特別展示が行われることもある。「星野劇場」は、「星野えん歌」をテーマとした270度の５面マルチスクリーンによる映像展示である。壁面には、星野哲郎と交友のある人々からの

図5　星野哲郎記念館

「100字レター」が展示されている。「星野歌酒場」は、来館者が星野哲郎の作品をカラオケで歌うことができる空間で、壁面には、星野哲郎が提唱した「えん歌起こしの街頭運動」による「えん歌蚤の市」の関連資料が展示されている。「星野工房」は、星野哲郎の生涯と作品を12枚のパネルで解説しており、フロアの中央には、星野哲郎が通ったという新宿の酒場「さくらい」が復元されている。「星野博品展」は、星野哲郎の半世紀を超える作詞活動を顕彰する展示空間となっており、「日本レコード大賞」や「日本作詩大賞」などのトロフィーや受賞楯などが展示されている。

　この他、休憩スペースとして利用されている「タタミ舞台」、星野哲郎直筆の二行詩を展示した「二行詩のこころ」、星野作品のデータベース「えん歌ボックス」、そして星野哲郎の作詞した歌謡が収められているレコードのジャケットを展示する「ジャケット今昔」などの展示空間が併設されている。

　町立城山小学校の校歌をはじめ、周防大島町内の多くの小中学校や大島看

護専門学校の校歌は星野哲郎の作詞である。[34] 2011年2月13日には前年に亡くなった星野哲郎を送別する「愛されていることを忘れないで」と題したお別れの会が、星野哲郎記念館と周防大島文化交流センターに隣接する東和総合センター（平野）で開催された。

　入館者数は、年間1万2,000人前後で推移しており、2016年度の統計では1万3,228人であった。その内訳は県外7,937人、県内5,291人となっている。過去4年間の統計において約6割以上の来館者が県外から訪れている（山口県 *op.cit.*）。

（3）周防大島における文化財文化
①文化財保護行政の2つの背景
　1950年に制定された文化財保護法では、文化財は「有形文化財」「無形文化財」「民俗文化財」「記念物」「文化的景観」「伝統的建造物群」の6領域に分類されている。基本的に都道府県、市町村にも同様の分類が適用され、各自治体が設置する文化財の専門会議がその選定と保存の取り組みを審議することとなっている。なお、国の文化財基準には、文化財には重要文化財と国宝が含まれている（文化財保護法第2条）。

　文化財保護法における「有形文化財」とは、「建造物、絵画、彫刻、工芸品、書跡、典籍、古文書その他の有形の文化的所産で我が国にとって歴史上又は芸術上価値の高いもの（これらのものと一体をなしてその価値を形成している土地その他の物件を含む。）並びに考古資料及びその他の学術上価値の高い歴史資料」とされる。また、「無形文化財」とは、「演劇、音楽、工芸技術その他の無形の文化的所産で我が国にとって歴史上又は芸術上価値の高いもの」とされている。「民俗文化財」とは、「衣食住、生業、信仰、年中行事等に関する風俗慣習、民俗芸能、民俗技術及びこれらに用いられる衣服、器具、家屋その他の物件で我が国民の生活の推移の理解のため欠くことのできないもの」とされている。また、「民俗文化財」は「有形民俗文化財」と「無形民俗文化財」に分類される。「記念物」とは、「貝づか、古墳、都城跡、城跡、

旧宅その他の遺跡で我が国にとって歴史上又は学術上価値の高いもの、庭園、橋梁、峡谷、海浜、山岳その他の名勝地で我が国にとって芸術上又は観賞上価値の高いもの並びに動物（生息地、繁殖地及び渡来地を含む。）、植物（自生地を含む。）及び地質鉱物（特異な自然の現象の生じている土地を含む。）で我が国にとって学術上価値の高いもの」とされている。

　「文化的景観」と「伝統的建造物群」は、多様な文化財の保護と継承のために追加された文化財領域である。「文化的景観」とは、「地域における人々の生活又は生業及び当該地域の風土により形成された景観地で我が国民の生活又は生業の理解のため欠くことのできないもの」と定義されている。また、「伝統的建造物群」とは、「周囲の環境と一体をなして歴史的風致を形成している伝統的な建造物群で価値の高いもの」を意味している。

　1996年10月、文化財保護法の一部改正により、「指定」を基軸とした従来の文化財行政を補完するため「文化財登録制度」が追加された。この制度は、主に開発等の影響で消滅の危機に晒された文化財建造物を保護・継承するために設けられたものであり、届出制と指導・助言等を基本とする「緩やかな保護措置」と考えられている。[35]

　1992年に日本が締約国となった世界遺産条約では、ユネスコが公開する「世界遺産条約履行のための作業指針（The Operational Guidelines for the Implementation of the World Heritage Convention）」において、「真正性」（Authenticity）と「完全性」（Integrity）が厳格に定められている。「作業指針」において、「遺産」とは「真正性」の条件を満たすことが求められており（「作業指針」79）、「真正性」の要件を次のように定めている。「文化遺産の種類、その文化的文脈によって一様ではないが、資産の文化的価値（登録推薦の根拠として提示される価値基準）が、次に示すような多様な属性における表現において真実（truthfully）かつ信用性（credibly）を有する場合に、真正性の条件を満たしていると考えられ得る。すなわち、「形状、意匠（form and design）」「材料、材質（materials and substance）」「用途、機能（use and function）」「伝統、技能、管理体制（traditions, techniques and management systems)」「位置、セッティング（location and setting）」「言語その他の無形遺産（language, and other forms of intangible heritage）」「精神、感性（spirit and feeling）」「その他の内部要素、外部要素（other internal and external factors）」（「作業指針」82）。

　また、「世界遺産一覧表に登録推薦される資産は全て、完全性の条件を満たすことが求められる」（「作業指針」87）。そして「完全性」については、次のように要件が定められている。「自然遺産及び／又は文化遺産とそれらの特質のすべてが無傷で包含されている度合いを測るためのものさしである。従って、完全性の条件を調べるためには、当該資産が以下の条件をどの程度満たしているかを評価する必要がある。a）顕著な普遍的価値（Outstanding Universal Value）が発揮されるのに必要な要素がすべて（all elements necessary）含まれているか、b）当該資産の重要性を示す特徴を不足なく代表する（complete representation）ために適切な大きさ（adequate size）が確保されているか、c）開発及び／又は管理放棄（neglect）による負の影響（adverse effects）を受けているか」（「作業指針」88）。

　各自治体が定める文化財保護条例は、文化財保護法が基準となっている。一方で、我が国が世界遺産条約の締約国となるまで15年以上も経過している。その背景には、世界遺産条約に接続させるために国内法を整備し、「文化的景観」と「伝統的建造物群」を文化財保護法に新しく加える調整期間が必要であったという事情が推察されるのである。

②周防大島の指定文化財

　周防大島の文化財は、以上のような文化財行政の動向と法律上のスキームのなかでその指定が行われてきた。本節では、周防大島の文化財を国指定文化財、県指定文化財、町指定文化財に整理して記述する。

第2章　境界に生まれる文化

表1　周防大島の文化財（国指定文化財）
1．国指定文化財

	文化財	指　定	文化財種類	種　別	員　数	指定年	所在地
1	久賀の石風呂	国指定	重要有形民俗文化財	民俗知識に関して用いられるもの	1	1958	久賀

石風呂とは、石室の中で柴等を燃やして石を焼き、医療の目的で蒸気浴あるいは熱気浴を行うための施設である。久賀の石風呂は、地元の花崗岩石を積みあげた上に粘土を塗りこめ、内部の土間もたたき固めになっているもので、海水をかけた海藻を焼けた石室内に敷いて湯気をたてる方式で蒸気浴を行う。最大幅5.4m、最大奥行4.65m、高さ2.55mの石積式蒸風呂で、西日本最古の石風呂といわれている。近隣の人々の湯治場として昭和初年まで利用されていた。指定基準1：（七）民俗知識に関して用いられるもの、例えば、暦類、卜（ぼく）占用具、医療具、教育施設等。

	文化財	指　定	文化財種類	種　別	員　数	指定年	所在地
2	久賀の諸職用具	国指定	重要有形民俗文化財	生産、生業に用いられるもの	2,707	1978	久賀八幡上

この資料は、江戸時代以来、周防大島の政治・経済の中心であった久賀で発達した鍛冶、舟大工、桶屋などの諸職用具をとりまとめたもので、製品も含んでいる。内訳:石工173点、鍛冶屋93点、鍛冶屋製品27点、船大工812点、桶屋289点、桶屋製品29点、傘・提灯屋291点、傘・提灯屋製品8点、機屋280点、機屋製品45点、紺屋338点、紺屋製品23点、醤油屋254点、瓦屋45点。指定基準1：（二）生産、生業に用いられるもの、例えば、農具、漁猟具、工匠用具、紡織用具、作業場等。指定基準2：（三）地域的特色を示すもの。指定基準3：（六）職能の様相を示すもの。

	文化財	指　定	文化財種類	種　別	員　数	指定年	所在地
3	木造阿弥陀如来坐像	国指定	重要文化財	美術工芸品（彫刻）	1	2007	日見

西長寺（日見）の阿弥陀堂に安置されている（「日見の大仏様」）。桧材の寄木造りで、漆箔着色の像である。像高は284cmの丈六仏で、山口県の重要文化財で最も大きい仏像である。右手は屈して前方に手の平を見せ、左手は手の平を上にして左ひざの上におき、上品下生の手印を結んでいる。浅い衣紋やひざ張りに対してひざ厚が少ないことなどから、平安時代後期12世紀頃の制作と考えられる。二重円光の光背は当初のものとみられるが、この外側にさらに飛天光の外縁がついていたものと考えられる。また、台座は大衣の端が下方に垂れた形の八角形裳懸座となっている。光背、台座も本像制作当時のものであると考えられる。

	文化財	指　定	文化財種類	種　別	員　数	指定年	所在地
4	周防大島東部の生産用具	国指定	重要有形民俗文化財	生産、生業に用いられるもの	3,465	1990	西方

この生産用具は旧東和町が収集したもので、島特有の自然環境下で営まれてきた生業の諸相を裏付ける用具類である。自然物採集用具、漁撈用具、農耕用具、養蚕用具、紡織用具、諸職用具などのほか、仕事着や飲食・灯火用具、信仰・儀礼用具なども含まれている。内訳:自然物採集126点、漁撈433点、農耕1033点、畜産56点、養蚕601点、紡織477点、手仕事78点、諸職405点、運搬47点、仕事着113点、飲食・灯火71点、信仰・儀礼25点。指定基準1：（二）生産、生業に用いられるもの、例えば、農具、漁猟具、工匠用具、紡織用具、作業場等。指定基準2：（三）地域的特色を示すもの。

	文化財	指　定	文化財種類	種　別	員　数	指定年	所在地
5	安下庄のシナナシ	国指定	史跡名勝天然記念物	天然記念物	1	1954	安下揚利

シナナシはナシ科の落葉高木性の果樹で、安下庄の嵩山のふもとにある民家の庭先に生育する。中国山東省原産のシナナシに似た品種である。4月上旬に白い花をつけ、果実は9月下旬～10月中旬に熟す。形は西洋ナシに似て、長径約8.5cm、短径約6cm、重さは170～175ｇである。正式な品種名やこの地へ運ばれてきた経緯は不明。国内では周防大島にしか確認されていない。指定時の原樹は1971年に枯れた。現存する幼樹は、農水省果樹試験場が接ぎ木により保存していた原樹から苗木を得て、1988年3月に植えられたものである。指定基準：（一）名木、巨樹、老樹、畸形木、栽培植物の原木、並木、社叢。

※「国指定文化財データベース」（文化庁）及び「山口県の文化財」（山口県）、八幡生涯学習のむら「「久賀の諸職用具」について」を参考に作成。

表2　周防大島の文化財（県指定文化財）
2．県指定文化財

	文化財	指　定	文化財種類	種　別	員　数	登録年	所在地
1	久賀のなむでん踊り	県指定	民俗文化財	無形	－	1976	久賀

毎年、田植え終了後の半夏（7月2～3日頃）の翌日に行われる「虫送り」の行事で、歌詞を伴わない風流踊りの「楽打ち」と言われるものの一つである。風流系のものには、歌詞を伴うものと伴わないものとがあり、雨乞いの豊年踊りなどには歌詞を伴うものが多いが、「虫送り」のものは楽器の伴奏のみで歌詞を伴わないものが多い。その理由は、歌詞よりも、鐘や太鼓の激しい音の響きによって悪虫悪霊を追い払う方がよいと考えられたためである。江戸時代には、大島宰判の庇護の下で、屋代とともに生産増殖を目的とする行事として奨励されていた。現在行われている「なむでん踊り」は、神屋寺7代・大本祐厚大和尚によって始められたと伝えられているが、これは、古くから行われていた「虫送り」の行事が勘場（代官が勤める藩の役所）の行事として取り上げられるようになった時期に当たったものと考えられている。

	文化財	指　定	文化財種類	種　別	員　数	登録年	所在地
2	庄地のスイドウ	県指定	民俗文化財	有形	2.45ha	1972	久賀

久賀地域の傾斜地にある耕地は棚田が多く、この地方では古くから灌漑用水の確保に工夫がなされてきた。スイドウ（水洞）は、標高100m～50mの棚田をうるおすために傾斜地にある棚田の地下を貫きつくられた長さ160mの地下トンネルのかんがい水路であり、このような横穴を持つ水路は久賀地域で40ヶ所にも及んでいる。指定されたものは、その中でも最も古い形の石垣の積み方と用水路の組合せで規模の大きいものであり、築造時期は鎌倉時代末期から室町時代と推定され、全国的にも類例を見ないものである。自然石を利用した谷石積みである。久賀の石工の技術は、海岸の防波堤の石積み等で「大島の石垣づみ」と呼ばれ技術的な高さが認められており、その技術が生かされた土木構造物ともいえる。

	文化財	指　定	文化財種類	種　別	員　数	登録年	所在地
3	木造二天王立像	県指定	有形文化財	彫刻	2躯	1966	東三蒲

国天は大陸風なよろいをつけ、目をいからせ口を開き、右手を上にあげて持物をとる形である。左手は腰に当てている。増長天は大陸風なよろいをつけ、目をいからせ口を閉じ、右手はひじを少しまげて腰のあたりにこぶしをつける。左手はあげて持物をとる形である。ともに持物は欠失している。彩色は両像ともに施されているが、これは後補である。ともに足下に邪鬼があったと思われるが、今は岩座の上に立っている。平安時代後期12世紀の制作と見られる。

	文化財	指　定	文化財種類	種　別	員　数	登録年	所在地
4	浄西寺石塔姿	県指定	有形文化財	建造物	2基	1976	油宇

周防大島町油宇の浄西寺境内にある。安山岩の自然石で作られている。阿弥陀、観音、勢至の三尊碑として三基あったものが、勢至碑は失われ、現在2基残ったものである。阿弥陀碑は上端部が欠失していて、現在の高さは地表から175cmである。幅は最大で42cm。銘文は「□□阿弥陀仏 建仁二年才次壬戌 十一月下旬造立願人 大宅正国 女施主清原氏」とある。観音碑はほぼ完全な状態で、高さは地上から172cm、横幅中央部は35cm。銘文は「（梵字）南無観世音菩薩」とある。観音碑の無、菩薩の文字は異体である。観音碑の上方の梵字は増長天を示すものである。銘文により1202年（建仁2）に大宅正国とその妻清原氏が建立したことがわかる。この碑は山口県下の石造遺品の中で、年号のあるものでは最古のものである。

	文化財	指　定	文化財種類	種　別	員　数	登録年	所在地
5	水無瀬島のアコウ自生地帯	県指定	記念物	天然記念物	－	1966	水無瀬島他

アコウはクワ科の高木。自生地は、周防大島町沖家室島（おきかむろじま）の南南東約5km、伊予灘に浮かぶ大水無瀬島（おおみなせじま）と、その沖約2kmにある小水無瀬島（こみなせじま）の双方にある。両島とも普通の斜面のものは伐採されたものと思われ、大水無瀬島は礫がある浜に近い小さい崖に、小水無瀬島は断崖面に自生している。群生は認められない。中には果実をつけた大木もあり、かなり長期間にわたり、野生を続けているものと思われる。アコウの原産地は沖縄や台湾などの暖地で、葉は短期間落葉する。幹は直立し、大小の枝を四方に伸ばし、幹の周囲から気根を生じる。これまで瀬戸内海にはアコウはないものとされていたが、1955年に小水無瀬島で、続いて1956年に大水無瀬島で確認され、これが亜熱帯性のアコウの北限産地となった。なお1968年には、上関町祝島でも確認された。

※山口県文化財保護条例及び「山口県の文化財」（山口県）を参考に作成。

第2章　境界に生まれる文化

表3　周防大島の文化財（件数）
3．周防大島の指定文化財

	国指定	県指定	町指定
久賀町	2	2	1
大島町	1	1	3
東和町	1	2	21
橘町	1	－	3

※大島郡合併協議会（2003）より作成。

　町指定文化財については、周防大島には国指定文化財が5件、県指定文化財が5件、町指定文化財が28件ある。周防大島の旧4町の合併協議において、旧町の文化財がすべてそのまま周防大島町に引き継がれた（大島郡合併協議会 2003）。旧町の内訳は、表3の通りである。町指定文化財は、東和町に集中している。なお、本節ではその一部について概観することとし、各事項については、現地調査に加えて、各町史・町誌、雑誌「郷土」、各行政資料などを補足資料として用いて整理・記述した。

　「庄地古墳群（久賀）」は、「記念物／史跡」であり、4基が指定されている。『久賀町史』には、次のように記録されている。「庄地古墳群は、明治25年に発掘され、盤・壺等が多数出土したといわれている。同古墳は古墳時代後期のもので現在4基が確認され、昭和54年、町指定の有形民俗文化財となっている。また、同古墳より約200メートル西にも町指定の宗光古墳がある」（久賀町史編纂委員会編 2004：366）。現在、同古墳は1号基から7号基まで確認されている。
　「日見岩戸神舞（日見）」は、「民俗文化財／無形」である。日見の神舞は1890（明治23）年から伝習された記録が残されている。その由来は、江戸時代後期の1824（文政7）年にまで遡ると記録されている。家房沖に豊後姫島の船が遭難し、その船に乗っていた神官が地元の人々に神舞を教えたのが始まりと言われている。その後、家房から他地域へと伝播し現在は日見におい

て伝承されている（大島町誌編纂委員会 1959：852-855）。

「地福山古墳（西屋代）」は、「記念物／史跡」であり、1923（大正12）年に発見された7世紀頃の古墳で、片袖式の横穴式石室、玄室は奥行約3.6m、高さ約1.7m、幅は底部約1.6m、上部約1m、石室は花崗岩の割石で構築されている。発見当時、石室内から土師器、須恵器、鉄釘、不明鉄器などが出土したと言われている。町内に現存する古墳でも、原形をとどめている数少ない古墳であるとされる（大島町誌編纂委員会 1959：88-89）。

「西長寺の山茶花（日見）」は、「記念物／天然記念物」である。「西向寺、当時代官であった田巻太郎左エ門が願主となって、護摩堂を再建した（天文4年）その頃植樹されたものと思われる。目通り幹周は、1.70m、根元より0.90mの位置で三分岐している。空洞部が見られるが、樹勢は旺盛であり、樹高は7.50mに達する。晩秋に白大花弁に小豆程のうす紅の紋一粒となり、樹勢は壮観で全国的にも希なものである」（cf.: 史跡表示板／周防大島町教育委員会／1983年10月13日指定）。

「木造聖観音菩薩坐像（和田）」は、「有形文化財／彫刻」である。正岩寺観音堂の秘仏で「あかずの観音」と伝承されてきた。開帳は毎年7月10日。像高は55.8㎝。垂髻を戴き天冠台下の地髪はマバラ彫りと言われている。坐像は、裳をつけた左足を前にした結跏趺坐の姿勢で、条帛をつけ、天衣は両肩を蔽い腕にそって垂らしている。彫眼。檜材の一木造りである（宮本・岡本 1982：128-132）。

「小野家五輪塔（和田庄里）」は、「有形文化財／建造物」であり、安山岩によるもので、高さは117㎝、水輪は高さ42㎝、周囲179㎝、最大幅55㎝で、町内最大の五輪塔である。かつて漁撈に携わる人々の信仰が厚く、不漁が続くと空輪を亥の子石にして地面を打つと豊漁があったと伝えられている。1400年代に紀州から和田へ移住した小野家に伝わる『小野家代々申次之記録』によれば「大内義隆公余類之御方様之石碑」と記されている（印南 1986：297-301、宮本・岡本 1982：154-156）。

「建武二年宝篋印塔（和佐）」は、「有形文化財／建造物」である。現位置

に半ば埋もれて、散乱していたが、文化財調査のために掘り出したところ、基礎の輪郭の左右に「建武二年」「六月十八日」の銘文が発見された。山口県内の在名宝篋印塔では最古のものであると考えられている。石質は花崗岩、最上部の相輪が失われているため現高89.9㎝となっている（cf.:『郷土』第8号、建武2年は西暦1335年）。

「村上武吉夫妻の宝篋印塔（内入）」は、「有形文化財／建造物」である。元正寺の墓域にある2基の宝篋印塔に「覚甫元正 慶長九甲辰十月十二日奉造立者也」、もう1基には「華岳正春禅定尼 慶長拾二年三月十一日」の銘文があり、前者は、瀬戸内海で勢力を広げた村上武吉の墓塔であり、後者は武吉の妻のものであると伝えられている。石質は安山岩。町内で最も大きな宝篋印塔である。武吉は1601（慶長6）年に周防大島に移住、約3年間を和田で過ごした（宮本・岡本 1982：169-172）。

薬師堂（平野）にある「木造薬師如来坐像」「木造聖観世音像立像」「木造地蔵菩薩立像」「木造二天王立像（2体）」は、いずれも「有形文化財／彫刻」である。像高は、木造薬師如来坐像122.4㎝、木造聖観世音像立像147.0㎝、木造地蔵菩薩立像138.8㎝、木造二天王立像は阿形172.3㎝、台座高14.3㎝、吽形172.3㎝、台座高14.0㎝である（印南 1986：289-292、宮本・岡本 1982：128-132）。

「神山神社の石鳥居（森）」は、「有形文化財／建造物」である。1696（元禄9）年奉納、旧東和町内で20ある鳥居の中で最も古いものであるとされている。伊予弓削島の法王神社を勧請したものである。総高367.5㎝、笠木総長460㎝、柱間の内幅221㎝、円柱径31㎝（柱間比1：7）。花崗岩。笠木、島木、円柱、額束、貫から構成され、円柱の根もとに亀腹を置く明神鳥居の形式であるという。右円柱に「奉寄進 本願主 岡本仁兵衛 惣氏子中」、左円柱に「于時元禄九丙子天卯月吉日 神主 高田左馬尉」とある（印南 1986：136-140）。

「筏八幡宮の石鳥居（和田）」は、「有形文化財／建造物」である。筏八幡宮は、島末荘東方の鎮守神であったと考えられており、この鳥居は筏八幡宮

の二の鳥居である。1701（元禄14）年、和田領主・村上景信が、大阪の石大工・小戸六兵衛尉に依頼して建立したと伝えられている。なお、一の鳥居は、1835（天保6）年の銘が残されている（印南 1986：343-350、宮本・岡本 1982：477-478）。

「旧服部屋敷（西方）」は、「有形文化財／建造物」である。1885（明治18）年築。神社・仏閣の建築技術を持つ周防大島の長州大工の代表的建築物である。1994（平成6）年に現在の場所に移築復元された。「仕口や継ぎ手など細工の一つひとつに、当時の伝統的工法の高度な技術が見受けられる」と伝えられている。

「中原神社のイチョウの木（地家室）」は、「記念物／天然記念物」である。中原神社は1612（慶長17）年に勧請された神社である。この神域に巨大なイチョウの木がある。高さ約20m、目通り幹囲約4.15m、根回り約10.5m、枝張りは東側へ約7m、西側へ約6m、南側に約10m、北側へ約8.5mである。一般的なイチョウに比べて枝は細く葉も小さいと報告されている。

「荒神様のバクチノキ（内入）」は、「記念物／天然記念物」であり、高さ約11.0m、目通り幹囲約138㎝、根回り約5.5m、山口県内では最大級であるといわれている。毎年10月中旬に白く開花し幼実のまま越冬し、6月頃茶褐色に成熟する。バクチノキは、バラ科の常緑高木であり、樹皮が大きくはげ落ちた後の根幹が赤くなる様子からビランジュ（枇蘭樹）、サルコカシなどとも呼ばれる。和名は博打に負けて裸になるのにたとえられて名づけられたと言われている。

バクチノキの側に立つ「内入巨大ムクノキ（内入）」は、「記念物／天然記念物」である。信仰上、古くから地域の人々によって大切にされてきたが、2004年の台風で倒木した。翌年新芽が確認され、現在回復に努めている。

「山田神社の社叢（外入）」は、「記念物／天然記念物」である。山田神社は、886（仁和2）年、伊勢から豊受大神を勧請したことに遡る。1953年から2ヵ年、山口大学農学部が周防大島の社叢を中心とした植生調査を行い、その結果を報告書にまとめている。ヤマビワ、シャシャンポ、エゴノキ、ク

ロガネモチ、ヤマモガシ、コジイ、サカキ、モチノキ、ホルトノキ、ヤブツバキ、カクレミノ、モッコク、クスノキ、ヒサカキ、アラカシ、カンザブロウノキ、タイミンタチバナなどが報告されている。なお、現在「ヤマモガシ（Helicia cochinchinensis）」は山口県の「絶滅危惧種」に登録されている（宮本・岡本 1982：17-18）。

　情島には２つの「記念物／天然記念物」が存在する。その１つは「情島のウスベニニガナ（情島）」である。ウスベニニガナ（Emilia sonchifolia）は、山口県内では上関町に記録があるが、現在では情島でのみ確認されており、個体数が少なすぎることから県の「絶滅危惧種ⅠA」に指定されている。もう１つは「情島のトウオオバコ（情島）」であり、これはオオバコとよく似ているが、トウオオバコ（Plantago japonica）は１果中の種子数が10個以上ある。バッタやナメクジの食害により個体数を減らしたと考えられている。山口県では情島以外の記録がなく、ウスベニニガナと同様に県の「絶滅危惧種ⅠA」に指定されている。

　「地家室の石風呂（地家室）」は、「民俗文化財／有形」であり、1841（天保12）年の『防長風土注進案』に記載されている。岩窟の空洞を使用してさらに石積みを施している。地家室の石風呂は、かつて宮本らによって次のように報告されている。「石風呂の中で一定の時間火を焚いて、周囲の石垣壁が焼けて来ると、石風呂の中へ海から持って来たぬれた藻葉を敷きつめる。穴の中は湯気でもうもうとして来る。その石風呂の中へドンダを頭からかぶってはいる」（宮本・岡本 1982：759）。

　「土居の石風呂（土居）」は、「民俗文化財／有形」であり、江戸末期（1830-1843）につくられたといわれている。石積み式二重構造で、天井はドーム型になっている。1945年頃まで使われていた記録が残されている。利用期間は、３月の彼岸を中心に約１ヶ月であり、隣接する向山大師堂には、参詣等も兼ねた利用が多かったといわれている」（橘町史編集委員会 1983：687-688）。

　「明月上人誕生地（日前）」は、「記念物／史跡」である。明月上人は1727（享保12）年、日前の願行寺に生まれ、松山の圓光寺第７世法灯を継いだ。

修行中、江戸で仏儒の学を究め、良寛、寂厳とともに「近世の三筆」と呼ばれている。1896（明治29）年の百回忌にあたり、正岡子規や高浜虚子らが上人を偲び盛大な句会を催したといわれている。願行寺の境内には、現在、上人の胸像や石碑などが建立されている。また、「仙人台（土居）」は、「記念物／史跡」であり、土居の平岩と呼ばれていた4畳ほどの大きな岩を明月上人が「風雨で波があふれる時は、仙人がこの大岩に群がっているように見える」と漢詩を詠んだことで、仙人岩と呼ばれるようになったと伝承されている。

③周防大島におけるみやげもの文化

周防大島のみやげものは食文化に関するものが多い。「糀汰味噌」は、麦味噌にメバルを混ぜたものであり周防大島に古くから伝わる食文化の一つである。2008年の「糀汰味噌プロジェクト」により、島内で13軒が独自の糀汰味噌づくりを開始し（山口県広報広聴課 2009）、観光用のみやげものとして販売している飲食店もある。白米に糀汰味噌を添えて、煮出し汁やお茶を注いだものを「糀汰汁」と呼び、周防大島観光協会では「島の昔のライスカレー」として観光の資源化をはかっている。

周防大島では、イワシ網漁が盛んで、「イワシといえばカタクチイワシ」（印南 2004：728）と言われてきた。最盛期は秋期で獲れたイワシを煮干しに加工してイリコとして出荷したという。イワシは漁の時期によって呼称が異なり、イリコもハスジ（大きさ）によってそれぞれ呼び名が与えられている。[36] イワシ漁の興隆とともに仲買業者・問屋も増え、イリコは周防大島の主要な産物になるとともに、現在では観光用のみやげものとしても注目されるようになった。

周防大島は「みかんの島」と呼ばれるほど、柑橘は周防大島の主要な栽培果樹である。[37] 統計的にも山口県の柑橘系の果樹生産量の約8割以上を占め、このような周防大島の柑橘系の果樹は「山口大島みかん」[38] と呼ばれている。その栽培の歴史は江戸時代に遡り、島外から苗木を持ち込み栽培が始められ

たと伝えられている。その先駆者[39]を記念して日前（旧橘町）に記念碑が建てられている。

みかんは観光資源としても活用され、体験観光としてみかん狩りを実施している農園が島内に 9 ヵ所[40]ある。また、島で獲れた魚介類とみかんを食材とした「みかん鍋」や「みかん胡椒」は、地元飲食店での提供だけでなく、インターネット販売や観光用のみやげものとしても活用されている。さらに、周防大島産のみかんを使った「山口大島みかんゼリー」は、みやげものの「定番」として道の駅などで販売されている。

このような柑橘系の果樹等を活用して、2003年から島内でジャム・マーマレードの製造が開始された。当該製造業者では、ジャム等の原材料を地域の生産者から直接調達し、現在では年間約140種類以上のジャム・マーマレードを製造している[41]。もともと店舗を持たず、ネット販売や道の駅での販売を中心としていたが、2004年 7 月には、夏季限定でカフェ併設のジャム工房の営業を開始した（安岡 2013）。その後、2007年 7 月から店舗（直営店）を通年営業に切り替えた。島内で栽培されていないジャム等の原材料は自ら栽培し、生産農家と新たな商品開発も試みている。また、島内の他の関係業者と共同でレシピ開発を行い[42]、それらを併設するカフェで提供している。

いちじくから始まった低糖度（40度）のジャム製造は、その後新たに周防大島特産の東和金時（サツマイモ）のジャムとそれを用いた「焼きジャム（ジャムを塗ってからパンを焼く食べ方）」に至り、この結果、通年営業を開始した2007年の年間ジャム生産本数は32,815本であったが、2015年度には129,197本と約 4 倍近くにも拡大し、その生産本数の約 6 割が直営店によるものだったという（瀬戸内ジャムズガーデン 2017：16）。

果樹等の生産者と協働で加工する柑橘系の果樹をジャム専用に栽培することで付加価値を付け、作物を市場より高額に買い取ることを通して、2007年に 8 軒だった契約農家も2016年には52軒に増加したと報告されている（*ibid*）。

周防大島の観光者にとって、当該製造業者のつくるジャムやマーマレードは観光用のみやげものとしても購入されている。当該製造業者のジャムによ

る地域振興の進取性は、地域産業振興のモデルとして全国に紹介され、現在では各国各方面からの視察の対象にもなっている。2013年には経済産業省「がんばる中小企業300社」（経済産業省中小企業庁編 2014）に選出され、2015年には6次産業化優良事例表彰における農林水産大臣賞を山口県内で初めて受賞している[43]。また、メディア等でも紹介され、周防大島の食材を用いて周防大島で製造されたジャムは、観光者にとって「よく知られたもの」として、きわめて訴求力が高いものとなっている。

4．考　察

　真正性に関するWANGの分類は、もともと観光の文化に向けられたものであり、そこでは外部社会からの「まなざし」が当該文化の真正性に関する大きな観点となっていた（URRY & LARSEN 1990, WANG 1999）。本節では、観光事象をはじめとする外部からの視線に関する領域を含むものではあるが、あくまで文化の担い手である主体者にとっての真正性とはどのようなものであるのかという点について、分析的視座で整理した観点を用いて事例を考察するものである。

　周防大島におけるハワイ文化の基底にあるものは「移民の歴史」である。初期の官約移民から多くの島民が渡布している歴史は、周防大島の「史実」として人々の記録と記憶に刻まれている。そして、帰国した移民たちの足跡は、島内に数多く残されている。志駄岸神社（小松）には、旧宅が日本ハワイ移民資料館となった福元長右衛門が奉納したという105段の石段がある。

　このような「史跡」には、2つの役割があると考えられる。第1に、当該地域の人々に対する歴史的求心力の結節点としての機能である。このことは、当該社会の人々に周防大島とハワイとの結びつきを再確認させ、自己の日常にハワイの文化的要素が散在している理由をあらためて認識させるものである。第2に、外部社会に対する周防大島のイメージ形成を支える役割を保持している点である。たとえば、周防大島を訪れる観光者に対して、周防大島

が「なぜハワイなのか」という問いに対する一つの答えとして、史跡を媒介とする「移民の歴史」をあげることが可能であろう。このように、周防大島における「移民の歴史」とは、決して「過去の伝承」ではなく、「歴史的な事実」として受け止められ、今でも当該社会の「現在の事象」の底流に存在し続けているものであると考えられる。

　ホクレア号の来島は、ハワイ文化という社会資源を再構成する契機となったことは間違いないだろう。このことは、いわば周防大島の歴史的文脈と外部社会の交叉・接触である。周防大島では、観光領域に限らず、ホクレア号の来島によって、共同体におけるハワイ文化に対する姿勢や考え方が大きく転回したと考えられる。そこには3つの特徴が看取される。

　第1に、前述したようにもともと周防大島にはハワイへの移民の歴史があり、当該社会にハワイ文化への近接性や高い親和性があったことが指摘できるだろう。第2に、ホクレア号の来島において、当初知らされていなかった乗組員と周防大島との旧縁が披瀝され、乗員が沖家室島へ訪問するという「偶然の出来事」により、周防大島の人々におけるホクレア号やハワイ文化への認識が強化された点である。第3に、ホクレア号の乗組員によるフラの実演を直接鑑賞する経験を得たことである。周防大島観光協会の担当者によれば、この経験からフラを観光資源とすることが着想されたと述べている。

　このような背景をもって生まれた「サタデーフラ」は、北海道の**YOSAKOI**ソーランのような地域社会による「新しい民俗」の創造（橋本 2008：28）ではなく、複数の歴史的文脈のなかで、ハワイ文化の要素をまちづくりに取り入れた周防大島を「舞台」としたフラの大会であり、むしろ文化の接続や統合に近い事象であると考えられる。もちろん、周防大島のフラの真正性は、客観的真正性の観点から立論することは難しい。確かに、周防大島のフラが「本物」であるかどうかについて議論することは、そもそも「本物とは何か」という議論を経由する必要があり、**WANG**によって構築的真正性が指摘された現在、**BRUNER**の述べるように対象理解のためには真正性を超えた議論が必要であるのかもしれない（BRUNER 2005）。しかしながら、「地域性

（locality）」もまた真正性と同様に所与のものではなく、当該地域の成員によって恣意的且つ選択的に構成、創造、提示されるものであるということも忘れてはならないだろう。

　一方で、フィールドで出会う文化の担い手たちは、地域性を形成したことがすなわち真正性の獲得であるという言説スキームを提示することがある。サタデーフラでは、具体的な日時と事業の起案に携わった人々とその成立の過程が詳述可能なものであり、周防大島の人々にとっても明らかに「創造したもの」と認識され、かつ説明されている。このような事例が真正性と非真正性の議論からの「解放」を促す背景の一つにあるのかもしれない。しかしながら、文化の主体者にとってそれは決して解放される課題ではなく、ときに地域性の形成と真正性の獲得が等値である場合も多い。このようなフィールドでは、たとえ創造したものであってもそれが「私たちの文化」と認識することが、文化の真正性と結びつくことがあると考えられる。この観点に立てば、周防大島のサタデーフラもすでに「周防大島のフラ」としての認識と言説の生成が始まっていると考えることができるかもしれない。

　博物館に関する議論は概ね3点に整理される。すなわち「何を収集するか」「何を展示するか」そして「それは何を表象しているか」という点である。

　博物館の収集活動は、各博物館で策定された収集方針に従って行われるとともに、その空間的制約も収集活動に影響を与えている。WANGは、このような収集活動では、博物館が資料を評価するスケールとして「客観的真正性」が強調されることを指摘している（WANG 1999: 353）。たとえば、ある民族資料を収集するとき、それが当該地域の成員が当該地域の成員たちのために、当該地域の材料を使って作成したものであり、商品化の意図がないものに対して、「学芸員」は、はじめて博物館資料としての真正性を求めようとするものであると述べている。WANGのイメージする「学芸員」は、MACCANNELL（1976）の述べる真正なものを求める観光者と同じベクトルをもっている。しかし、この「学芸員」は、少なくとも、現在の我が国の博物館活動に従事する多くの学芸員の活動実態とは乖離している。その理由は、たとえ資料の真

正性を追求する姿勢は同じであっても、資料の真正性の捉え方は当該資料の特性や属性に影響され、たとえば美術資料や考古学資料の真贋や同定と、無形の民俗資料や地域社会に根ざした生活資料の真正性を同一に捉える学芸員はいないと考えられるからである。むしろ問題となるのは、どのようなプロセスにおいて、収集する資料と収集しない資料を判断しているのかという点である。このことは、文化財指定のプロセスにも同様の論点が内在していると考えられる。

収集活動と同様に、博物館の展示活動もまた展示方針や展示ストーリーに従って「何をどのように展示するのか」が決定される。このことが意味していることは、展示の恣意性である。客観的真正性を重視して収集されたと考えられている資料は、展示空間において演出された展示の対象となる。すでにそこでは客観的とは何かという根本的な問題も生起しており、CLIFFORDが述べる「コンタクト・ゾーン（contact zone）」としての博物館の意味と課題を、再び問い直す必要性が喚起されるのである（CLIFFORD 1997: 207）。

博物館における展示という活動系を概観するとき、もう 1 つの観点が存在する。それは「来館者の視点」である。客観的にオリジナルであるものを求めて収集された資料は、展示という手続きの過程で学芸員により構成された文化に変化する。見せるための展示である以上、見せるための工夫や技術が導入される。その結果、博物館の展示空間には、「展示する／される」という関係性に加え、展示された資料を見る側の論理や解釈が生起すると考えられるのである。

さらに、博物館における来館者の経験と博物館との関係性によって、その展示された資料の理解と解釈は変化していく。すなわち博物館資料というものは、客観的真正性を追求して収集された資料は、構築的真正性を帯びて展示され、来館者の博物館経験の中で実存的真正性が問われるという宿命にあると考えられるのである。

博物館学において、このような博物館の収集・展示の課題を通して形づくられた資料が果たして対象文化の一部であるのか、それとも対象文化の文脈

と切り離されたものであるのかという議論の歴史は長い。しかしながら、この隘路を乗り越えるための手がかりが周防大島文化交流センターの設立にあったと考えられる。

　旧東和町では、宮本常一を中心とする「郷土学」の取り組みが、センター設置以前よりすでにいくつかの成果をあげていた。この活動に参加していたのは、当該地域の人々であり、宮本の助言や指導を受けながら、自らの文化を自らの手で調査しながらその活用方法について議論していた。すなわち、周防大島文化交流センターは、国や自治体などの外部からの「まなざし」によって一方的につくり出されたものではなく、周防大島出身の民俗学者である宮本とその地に暮らす生活者たちによってつくりあげられた博物館であった。このことは、当該文化を担う人々が自らの手によって博物館をつくりあげることが可能であることの証左であったと考えられ、このような博物館で展示されている資料は、決して全体の文脈から切り離されたものではなく、当該文化の全体の一部となっている。その展示空間では、資料は積極的に全体と関わり、むしろそれを説明しようとする。すなわち、展示を含めた博物館の全ての活動は、当該文化の総体を表象していると考えられるのである。

　このような博物館と対象文化との「換喩」の関係は、久賀歴史民俗資料館でも看取され、周防大島におけるこれらの博物館は、これからの博物館を構想するうえで１つの活動モデルとして大きな視角を示しているものと考えられる。なお、星野哲郎記念館は、星野哲郎という傑出した天才の人生と業績を凝縮した施設であり、星野哲郎の世界観の一部を表象しているという点において、周防大島文化交流センターや久賀歴史民俗資料館とともに「換喩の博物館」と考えることが可能であろう。

　また、地域の文脈から切り離され展示された「記号としての文化」が、現実の文化以上に当該地域文化のエッセンスを表出させ、「隠喩」として地域文化を表象する展示の事例も存在する。周防大島の陸奥記念館は、海底から引き揚げられた「陸奥」の資料と遺品の収集・保管・展示を通して、亡くなった乗組員たちへの慰霊と平和の探求を目的とした施設である。そこでは

「陸奥」の資料や遺品そのものが、来館者に対して慰霊や平和祈念というメッセージを物語っているのである。

地域文化と文化財の関係を考えるとき、真正性の領域は政治性を帯びた問題となる。なぜなら文化財とは国や自治体が「選定」する手続きを経て「指定」するものであり、選定するときの最も重要な基準が「真正性」であると考えられるからである。なお、この場合の「真正性」と本論における真正性は厳密には異なる。文化財の「真正性」とは、国や自治体などにより定義され運用される対象としての真正性であり、文化の主体者が認識する対象ではないからである。このことから、文化財文化と呼ばれる固有の文化領域が、真正性研究において設定可能になるものと考えられる。

宮本常一は、観光に関する卓話のなかで、地域の観光資源を「文化財の専門委員だけは全部見て歩こう」（宮本 2013：91）と述べ、文化財の活用を繰り返し述べている。宮本のいう文化財とは、国や自治体に選定された「文化財」と「文化財」の指定が期待される文化財の双方を指していると考えられる。周防大島においても、町の文化財制度を活用して資源化を図るさまざまな試みが看取され、そこでは「文化財」の政治性や権力性の問題を超越した宮本の企図が感じられるのである。たとえば、旧東和町の町指定文化財は、他の旧３町と比べると突出して多い。このことは、宮本常一による郷土学習の取り組みだけでなく、むしろ宮本常一の存在そのものが旧東和町で暮らす人々に地域文化への「まなざし」を強化した結果であると推察される。「文化財」の指定制度をも郷土文化の資源化に活用しようとする宮本の構想は、すでに「文化財」の権力性とは別次元の議論を生起させ、このことは周防大島の指定文化財の主要な特徴となっていると考えられる。

周防大島の「文化財」の真正性とは、直接的には「選定」を経て「指定」されたものである。一方で、それは行政が選んだものではなく「私たちが選んだもの＝私たちの文化財」という認識が形成されることを通して、選定基準を満たした結果獲得された「真正性」と「私たちの文化財」という真正性が重なりあい、「真正性」は当該地域の人々によって活用される対象として

理解されている。周防大島における文化財の真正性の形成過程は、文化の主体者（「私たち」）による「交渉」（cf.: COHEN 1988）の過程であるとともに、宮本によりその方向性が指し示され、軌道が整えられたと考えることが可能ではないだろうか。

　なお、事例研究でも述べたように、我が国の文化財における選定基準のなかで具体的に「真正性」という用語を用いているのは、世界遺産条約だけであると考えられる。たとえば、文化庁が公表する「重要有形民俗文化財」の指定基準（文化財保護委員会告示第58号）では、第1項で対象文化財が10領域に指定され[45]、第2項で、その目的、内容等を、（1）歴史的変遷を示すもの、（2）時代的特色を示すもの、（3）地域的特色を示すもの、（4）生活階層の特色を示すもの、（5）職能の様相を示すもの、の5つに分類し、少なくともその1つに該当することを求めている。第3項では「他民族に係る前二項に規定する有形の民俗文化財又はその収集で我が国民の生活文化との関連上特に重要なもの」と定めている。

　また、「重要無形民俗文化財」の指定基準（文部省告示第156号）では、「風俗慣習のうち次の各号の一に該当し、特に重要なもの」として、（1）由来、内容等において我が国民の基盤的な生活文化の特色を示すもので典型的なもの。（2）年中行事、祭礼、法会等の中で行われる行事で芸能の基盤を示すもの。また「民俗芸能のうち次の各号の一に該当し、特に重要なもの」として、（1）芸能の発生又は成立を示すもの、（2）芸能の変遷の過程を示すもの、（3）地域的特色を示すもの、が示されている。

　さらに、ユネスコの無形文化遺産の登録基準では、対象となる無形文化遺産を、（a）口承による伝統及び表現、（b）芸能、（c）社会的慣習、儀式及び祭礼行事、（d）自然及び万物に関する知識及び慣習、（e）伝統工芸技術、の5つに指定している。そして、これらが文化の多様性と人類の創造性に「貢献」すること、「保護措置」がとられていること、関係する社会、集団等の「幅広い参加」および「同意」を伴っていることが求められており、最後に「締約国の無形文化遺産」に登録されていることが条件となっている。

第2章　境界に生まれる文化

　これらの基準には「真正性」という用語は用いられていない。特に、ユネスコの無形文化遺産は、締約国の無形文化遺産に登録されていることが条件である以上、わが国の文化財選定基準が間接的に適用されていると考えることが可能である。もとより、このような選定基準そのものが、それぞれ真正性の要件となっているということも理解可能であろう。今後、他者により規定され制度化された真正性と当該地域の人々がどのように向き合い、どのような「交渉」により「文化財」を選定していくのかについて、より微視的な観察が求められていると考えられる。

　GORDON（1986）が拓いたみやげもの（スーベニア／souvenir）に関する人類学的研究は、その初期には観光研究を補完する立場からのアプローチが多かったが、2000年以降になると、みやげもの（観光みやげ）自体を分析対象とした研究がその輪郭を際立たせてきた（鈴木 2014）。近年、これらの研究成果から、みやげものの真正性については、それを生産する社会的文脈における真正性と、観光者が求める真正性を整理して分析する必要があることが指摘されたり、みやげものとなるべき事物は多様であることから、それぞれのみやげものの特性を個別に分析すべきであることが明らかにされてきた。このようなみやげものに関する研究の背景を踏まえて、周防大島のジャム製造について3点に整理して考察する。

　第1に、みやげものとは、観光用に開発されたものだけでなく、もともと観光用に生産されたものではなかった事物であっても、観光者などによってその土地のみやげものの1つに対象化されることがあるという点である。周防大島のジャムも同様に、決して観光用のみやげものに特化して製造販売されたものではなく、むしろ消費者が自家消費用に購入することが多かったものと考えられる。次第にみやげものとして利用されるようになっても、当初は「周防大島のみやげもの」というよりは、消費者自身が安全で美味しいと感じたジャムを「贈答品」として用いることが目的だったと考えられ、それはラッピングや熨斗のサービスがあることなどからも推測される。現在でもジャムの購入を目的に周防大島を訪れる人々は多く、より厳密に述べるなら

ば、周防大島のジャムは「観光用のみやげもの」ではなく、「観光用のみや
げもの」としての特性も含有したものであると理解されるべきであろう。

　第2に、事例研究で既に述べたように、周防大島のジャム製造は、その適
地として周防大島が選択された経緯があり、歴史的に周防大島でジャム製造
が行われていた訳ではなく、新たに創造されたものであるという点である。
このことは、地域の歴史的文脈にないものであってもその地域を象徴する事
物となることがあり、地域的文脈のなかで真正性を形成していくことが可能
であることを意味している。

　第3に、周防大島のジャムがみやげものとして考えられるのは、観光者に
とってジャムが「リマインダー」の機能を持っているからである。みやげもの
とは、観光者にとって非日常の空間における経験や記憶を「凍結」させ、日
常に回帰したときに「解凍」してくれる事物であるという（GORDON 1986）。
この観点に立てば、周防大島の素材を使って周防大島で製造されたジャムは、
観光者にとって周防大島のリマインダーであることは間違いがないだろう。
もとよりそのラベルには「マーカー」としての機能も備わっていると考えら
れるのである。

　このような3つの特性は、周防大島のジャムの真正性形成の大きな要素と
なっている。観光用に生産されたものではない事物をみやげものとして持ち
帰る観光者の行為は、「バック・リージョン（back region）」にこそ文化の
真正性が存在すると考えるMACCANNELLの観光者の議論によって説明す
ることが可能かもしれない。地域社会に接続しながら新しい文化を創造・構
成する取り組みは、まさにWANGの述べる構築的真正性が看取される。周
防大島のジャムが自家消費や贈答だけでなく、リマインダーとしての機能を
もっているということは、すでにそれが周防大島を表象する事物となったこ
とを意味していると理解されるのである。

第2章　境界に生まれる文化

5．展　望

　文化の真正性研究は、観光事象を主題化した人類学によって加速化され牽引されてきたが、観光研究の多様化と観光文化に関する真正性研究の限界と課題が示された結果、その研究の動態は新たな局面へ移行したと考えられている。しかしながら、この潮流は、観光という領域における文化の真正性概念に疑問が提出されたということであり、文化の真正性研究の課題が解決したというわけではない。文化の真正性に関する論点は未整理のものが多く、課題解決のための方法論や分析枠の開発は現在でも必要とされている。

　本論では、周防大島の4つの文化領域を対象化することでその真正性について分析を行った。「移民の歴史」を礎石とした周防大島のハワイ文化は、時間をかけて自文化に咀嚼され、「私たちの文化」という言説を生成させることで、自己の真正性を獲得したと考えられる。今後はサタフラのように「見せるための文化」に対する鑑賞者（主として観光者）との関係性や、「見る／見られる」という場の経験に基づく真正性の形成に対する微視的な観察が求められている。

　民俗学の巨人・宮本常一とともに設立された周防大島の2つの博物館は、地域文化の換喩の装置となることで、その展示に真正性が形成されたと考えられる。しかし、ここで留意されるべきは、博物館としての真正性は、換喩・隠喩の区別なく対象文化を表象することで獲得できる点である。この点で、博物館には2つの真正性の局面が存在していることが理解されるのである。また、前述したように、周防大島のように文化の担い手と協働で博物館をつくり運営していくという手続きは、これからの博物館の活動モデルの1つになるとも考えられるだろう。

　文化財の真正性は、その特性から一般的に政治性や権力性を帯びている。しかしながら、周防大島の文化財の選定過程において、やはり宮本常一の存在は大きな意味をもっていたと考えられる。旧東和町の『東和町誌』は、宮

本と岡本定により作成され、かつ旧東和町の町指定文化財は、前述した通り他の旧3町よりも多い。前節でも述べたように、このことは、宮本常一の業績や思想が旧東和町の関係者に浸透した結果、郷土文化の保存と活用に対する意識が高まったことの表出であると考えるべきではないだろうか。そして、こうして獲得された地域性は文化財の政治性や権力性を乗り越えてしまうことがあるという事実が、周防大島の文化財事例から理解されるのである。このような文化財を通した地域文化のアイデンティティは、合併により旧東和町から周防大島全体へと拡張されている可能性があり、周防大島で今後新たに文化財が指定される事例が生じた場合、その選定過程に関する記録と観察に基づいた分析が求められる。

　周防大島のジャムは、必ずしも周防大島の観光用のみやげものを目的としてつくられたものではない。しかしながら、今やこのジャムは瀬戸内を代表する製品となっている。本論で設定したみやげものという観点はむしろ付加的な領域であり、ジャムのもつ意味の限られた側面しか明らかにできていない。周防大島の柑橘系果樹を用いて、周防大島において洗練された製法で製造され、生産者や異業種間とのつながりや協働を成功させ、全国的な評価を得た結果、当該ジャムは周防大島を超えた瀬戸内を表象する象徴性を獲得したのである。今後、当該ジャムが表象する地域の拡張がどの範囲まで広がるのかについて、継続的な観察が必要であろう。

　人類学は観光事象に接近しすぎたのかもしれない。確かに観光事象を対象化することで真正性研究をはじめとするさまざまな文化理論を開発・前進させたことも事実である。しかしながら、すでに本論で繰り返し述べたように、真正性の獲得とは、地域文化の文脈では、「私たちの文化」という言説が生成したときに達成されるものである。そしてそのプロセスを観察するためには、長期的な現地調査が必ず求められると考えられる。

　観光人類学により拓かれた真正性研究は、観光人類学により解体されつつある。ただし、それは「観光の文化」の真正性を対象とした研究のことであり、地域文化の真正性を問う問題設定は未だに有効であろう。このため、文

化の真正性を問い直すためには、いったん観光文化と一定の距離を保ちつつ、地域文化を総体的に観察するという人類学の原点に立ち戻りながら、微視的で複眼的な観察方法の再構築と多様な文化理論を再編することで、フィールドに耐久性をもった新しい理解モデルをつくりあげることが、これからのアジェンダ（agenda）として我々に対して求められているのではないだろうか。

〔謝辞〕

本論は、2013年度明治大学社会科学研究所「総合研究」「日本基層社会の『境界性』に関する総合的研究」（代表：大胡修）の研究成果の一部である。本論で使用した資料については、主として周防大島文化交流センターの高木泰伸氏と一般社団法人周防大島観光協会の江良正和氏のご協力によって得られたものである。記して深謝の意を表したい。

【註】

1）ポストモダン人類学の「まなざし」において、近代人類学に対する再検討課題は多い。石野（2017）は、「固定的な文化観や、研究対象の一面的理解、そして研究者による表象をめぐる権力性の問題」を例示し、観光人類学がこれらを乗り越える議論を生み出してきたことに対して疑義を提示し、SMITHらによる「ホスト／ゲスト論」を手がかりとして、太田（1993）や川森（2001）による「文化の客体化」論に対する菊地（2001）や小田（1997）の議論を検討した。そして、STRONZA（2001）を引用しながら、観光という場における「多様な人々」の存在に着目し、観光とは「多様な人々が複雑かつ流動的に関与する（あるいは関与しない）」ものであり、より微視的な観察を要請されていることから、観光研究に対する人類学の「今日的意義」や「貢献」について確信的に結んでいる。

2）かつてCLIFFORDはその著作（1997）において、博物館にはモノが集まる中心に対して、モノが発見される周辺としての「コンタクト・ゾーン（contact zone）」が存在するとして、「接触という視点はすべての文化収集の戦略を、支配やヒエラルキー、抵抗や動員といった個々の歴史に対する応答」であると述べている。そして、「"コレクション"という組織構造は、現在も進展している歴史的・政治的・道徳的関係性となる。つまり権力が配備された交換の、そして攻防の装置となるのだ」として、博物館が普遍的文化のコレクションとして資料を描写することは適切でないと論じている。

本論における「博物館文化」は、まさにCLIFFORDの問題意識を出発点としている。博物館で収集され展示された資料が表現する「文化」は、地域の文脈に埋め込まれたものとは異なり、博物館に関するさまざまな関係性のなかで規定されていく（あるいは規定されないでいる）ものである（cf.: 福西 2008）。本論では、分析上これを「博物館文化」として設定し、本来の地域文化との比較を試みるものである。

3）1950年に制定された文化財保護法は、その後改正を繰り返し、文化財の対象を拡張させてきた。「伝統的建造物群」については、1975年の一部改正により保護の意義が認識されるようになり、文化庁によれば、2018年8月17日現在、重要伝統的建造物群保存地区は、全国98市町村、118地区あり、約28,000件の伝統的建造物および環境物件が特定され保護されている。「文化的景観」は2004年の一部改正により追加された文化財領域である。「地域における人々の生活又は生業及び当該地域の風土により形成された景観地で我が国民の生活又は生業の理解のため欠くことのできないもの」（文化財保護法第2条第1項第5号）と定義され、2018年10月15日現在、全国で63件が選定されている。

4）「マーカー（Markers）」とは、「記憶の引き金（memory-trigger）」のことであり、GORDONは、たとえばTシャツに訪れた観光地を想起させるイラストや言葉がプリントされていることなどで、みやげものとしての機能をそなえるときがあると述べている（GORDON 1986: 142）。

5）当該事業者は、2003年に周防大島町で設立され、現在、ジャム製造販売、カフェ・ギャラリー運営、観光農園を主な事業内容としている。島外出身のオーナーが周防大島出身の家族の協力により島内で事業を開始した。ジャムの素材は周防大島産が中心であり、特に果実類はすべて自家農園か契約農家から直接仕入れているという。カフェでは、島内の餅や豆腐の生産者と開発した商品（ジャム大福、ジャム豆腐プリン）も販売している。島内外との連携を深めるなど、その取り組みは、わが国の地域経済の先駆的事例として注目されるとともに、現在、地域活性化の先導的存在として大きな役割を担っていると考えられる。

6）初出「離島振興の諸問題（三）」『しま』63号、1969年。『宮本常一離島論集』第4巻（みずのわ出版、2013年）採録。

7）このとき宮本は離島の無人化の条件として、次の2点を提示した。すなわち「島にいるよりも島の外で暮す方が仕合せになれるということ」、そして「在来住んでいたものが、そこに住めなくなるということは誰が住んでも住めないということでなければならぬ」としている（宮本 2013）。なお、全島移住後も臥蛇島は灯台の職員が残ることとなったため、厳密な意味でこの時点で無人島になってはいない。臥蛇島が完全に無人島になったのは、灯台が自動制御化された1982年であった。

8）稲垣からこの事実を聞いた宮本は次のように記している。「古くから島に住んでいる

ものが、どうしても暮してゆけなくなって島を捨てる場合、別の人が来て住めば住む ことが可能なのだということになると、それなら初めから住んでいる人たちを追いた てるようなことをしなくてもよいではないかということになる。と同時にそういうこ とがゆるされるならば、これまでの離島振興事業は根本的な問題をほんとに解決した ことにはならないことになる」(*ibid*: 111-112)。

9)「島の観光事業はそれまで生活共同体をつくりあげて一応平和に暮している人たちの 生活秩序をみだすものとして、私は決して賛成ではなかった。とくにそのことを痛感 したのは佐渡においてであった。もともと佐渡は平和な島であった。ところが観光事 業がすすみはじめてから事情はかわって来た。観光者のたくさん入り込む国仲平野の 青年たちと話しあいをするたびに、自分たちが汗水たらして田圃ではたらいていると き、観光客は何の屈託もない顔をしてバスでとばしてゆく。なぜ自分たちはその埃を かぶって働かねばならぬのかと訴える人が多かった。そしてついにその対策のたたな いままに青年たちの多くは百姓をやめて島を出ていった。観光事業が島民たちの生活 秩序をみだしているよい例である」(*ibid*: 113)。

10) 宮本は、八丈島の事例について次のように述べている。「観光資本にしても島民がう かうかしている間に島外の大きな資本が次々にホテルをたてた。うまい汁は島民以外 のものが吸うことになってゆく。こういう例はきわめて多い。そうすると単に観光者 を誘致するのではなくて、十分に計画をたて調査研究もし、観光についての知識も得 てから、観光のことを考えるべきであろうが、観光を口にしているところで、そうい うことを考え、計画しているところがあるだろうか。私にはその点が心配でならない のである」(*ibid*: 116-117)。

11) 宮本は、干物に関する伊豆福浦での聞き取りにより、干物に使われている魚が伊豆 で揚がったものではないことを知ったことを紹介している。しかしながら、その前段 では、伊豆の干物が伊豆の海でとれたものを伊豆で加工することが「古風な土産物」 であり、「いちばん大きな比重を占めておる」(宮本 2014a：69) と述べている。宮本 は、この点(干物の原料である魚が伊豆の海でとれたわけではないこと)について、 土産物を買う観光者のなかには「伊豆を買うことができると考える人も来ている」と いう微妙な表現を用いて説明を続けている。

12) 石野の議論は、SMITHに対するものというよりは、SMITH以後に展開した「ホス ト／ゲスト」論に対する観光人類学の研究姿勢に向けられているように感じられる。 石野は観光人類学における「ホスト／ゲスト」論の動向や課題について次のように述 べている。「観光人類学の多くは、観光が地域に与えた負のインパクトや、「ホスト／ ゲスト」間の交渉や創造的・主体的プロセスの影響を主題化しようとするあまり、「ホ スト」や「ゲスト」をきわめて一元的に描き、その内面の多様性を見逃してきた。さ

らには、内面の多様性のみならず、そもそも対象を「ホスト」や「ゲスト」として一方的に「名付ける」ことがはらむ問題も明らかとなった」（石野　2017：53）。

13）この点について橋本は次のように述べている。「観光の大衆化が量的にも計測不能なほどに進み、パスティーシュ（模倣）・キッチュ（寄せ集め）・スキゾフレニア（行動に一貫性のない）というようなポストモダン的特徴がいたる所に現出するようになると、事情が変わってくる。戯れや悪ふざけがあふれ、何が観光経験なのかも区別できないような現在の状況で、マッカネルが提出した「真正性（authenticity）」の問題をあらためて考察する必要性が生じている」（橋本　2011：8）。

14）MACCANNELLは、GOFFMANの行為論を次の6段階に分類した。第1段階「表舞台」、第2段階「表舞台に見えるように演出された観光的表舞台」、第3段階「裏舞台のように見える表舞台」、第4段階「関係者以外に開放される裏舞台」、第5段階「観光者が少しだけ見ることができるように改良された裏舞台」、第6段階「裏舞台」（cf.: MACCANNELL 1976）。

15）表舞台を見せられている「観光者」から裏舞台を覗く『観光者』になることを求めても、観光とは常にそれが「裏舞台（＝真正なもの）」であるかどうかはわからないものであるという。このため、MACCANNELLは、観光者が連れていかれた裏舞台の入り口が、実は観光客のために予め用意された表舞台の入り口であったということが観光の現場では常に起こりうると述べている。

16）URRYの観光の「まなざし」に関する対象の特徴として、土井は次のように整理している。「①「無比なもの」（エッフェル塔、エンパイヤーステートビル、バッキンガム広場、グランドキャニオン、ケネディ大統領が暗殺された場所など、誰もが知っているという前提があるがゆえに、一生に一度でもいいから見てみたいという欲求が働き、聖地化される）、②「特殊な記号」（典型的な英国の村、典型的なアメリカの摩天楼、典型的なドイツのビヤガーデン、典型的なフランスのシャトーなど、対象を記号のシニファンとして見るという形）、③「見慣れた物の見慣れていない面を見る」という事例（博物館での展示物）、④「普通でない文脈で展開される普通の社会生活を見る」事例（かつての中国観光）、⑤「通常でない視覚環境のなかで、見慣れた仕事や行動をする」という事例（異なる視覚的背景において行われるスポーツ、ショッピング、飲食など）、⑥「特別な記号」を見るという行為（月の石や有名な画家の絵画など、記号として特別な意味を与えられることによって初めてまなざしが向けられる）」（土井　2014：26、cf.: URRY ＆ LARSEN 1990）。

17）近年の公共人類学やアクションリサーチの動向を鑑みると、調査者が主体の活動と文脈に加わり問題解決を指向するという調査技法については、一定の成果と理解が得られていると考えて差し支えないかもしれない。しかしながら、観光現場における観

光者と、博物館や研究者が協働に取り組む対象社会の人々の間には、明らかに異なる特性と関係性が存在していることに留意しなければならないと考えられる。

18）この観光の定義は、橋本の観光論に通底したものであり、彼の著作のさまざまな部分に散見される（たとえば、橋本 1999、2008、2011など）。

19）橋本は、人類学における観光研究が「文化の商品化」「文化の客体化」「文化の所有権」、そして「観光文化」についての議論が深化する過程で、「真正性」という観点が中心化してきたことを指摘しつつ、BRUNER（2005）の「観光リアリズム」に言及しながら「構築主義的な文化研究が定着してきた今日では、観光の場において観光対象の真正性について議論することは、むしろ場違いなものと受け取られるようになってきた」（橋本2008 :26）と述べ、具体的な観光事象に関して「真正性の議論を超えた展開」を試みている。

20）本論で用いる「調整」とはCOHENの「交渉」の概念を基底としている。構成主義又はポストモダニズムにおける真正性の形成過程には政治性や権力の問題が持ち込まれやすいが、地域社会におけるミクロな場面では、これらの議論を軟着陸させるための「調整」が不断に行われていることが看取可能である。ただし、本論はWANGやCOHENの議論を導入しつつも、決して客観的真正性を否定するものではない。なぜなら、動態的でその起源すらも創造された文化が観察されたとしても、当該地域文化のすべてが「創造されたもの」かどうか分からないからである。また、「動態的で創造されたもの」という枠組み自体が、文化のラベルとなり、文化と文化の研究の多様性を制限してしまうと考えるためでもある。さらに、そもそも地域社会の成員たちは、観光以外の場でも、自己の文化の客観的真正性を求め続けていると考えられるのである。なお、本論は、TAYLOR（2001）が提起した「真摯さ（sincerity）」の研究まで拡張させるものではないが、橋本（2009）が指摘するように、「真摯さ」の評価も当該地域の訪問者との関係性の中で生起するものである以上、真正性と同様に相対的な概念と捉えることが妥当であると考えられるだろう。

21）わが国の人類学研究において橋本ほど真正性研究を整理・追究した人類学者は僅少であると考えられ、このような「対象」と「研究者」の関係は、かつてのLEACHの構造主義研究を観想させるものでもある。

22）官約移民については、西屋代にある日本ハワイ移民資料館の統計で 2 万9,084人、『周防大島町誌（復刻版）』では 2 万9,069人となっている（大島町誌編纂委員会 1959：913）。

23）日本におけるカウアイ郡の姉妹都市は、滋賀県守山市と沖縄県石垣市、友好都市は福島県いわき市である。周防大島は「姉妹島」の提携により、カウアイ島との国際交流を推進している。

24）アロハシャツの着用を「アロハビズ（ALOHA Biz）」とも呼び、アロハビズにより

来島する観光者をおもてなしする「e komo mai ALOHA」キャンペーンとして展開されている。

25) 5種類のティキは、①Love Tiki（グリーンステイながうら）、②Dream Tiki（ホテル＆リゾートサンシャインサザンセト）、③Memory Tiki（道の駅サザンセトとうわ）、④Energy Tiki（竜崎温泉）、⑤Voyage Tiki（日本ハワイ移民資料館）。

26) グリーンステイながうらは、周防大島の交通・観光の拠点として、大島と久賀の間にある椋野に位置しており、「ビジターセンター」「センターハウス」「ログハウス」「潮風呂保養館」とスポーツ施設の5つから構成されている。中核施設である「ビジターセンター」の建物は、ハワイ・カウアイ島の市庁舎をモチーフとしており、研修施設や全天候型の屋内運動施設を併設している。ビジターセンターに併設する「センターハウス」は，カウアイ島のレストランをイメージしたレストラン・グリーンガーデンと宿泊施設が設けられている。「ログハウス」は5棟あり、その向かいには潮風呂による保養施設「潮風呂保養館」がある。潮風呂とは、周防大島に古くから伝わる海水をくみ上げて沸かす温水の風呂のことである。ビジターセンターとセンターハウスに囲まれた芝生広場は、サタフラの会場として利用されている。

27) 2000年7月8日、屋代湖イベント広場（旧大島町）において、フラダンス健康教室及び健康相談コーナー、フラダンスコンテスト、ウクレレ演奏、レイ作り、カヌー等の各種教室が開催された。参加者は周防大島町役場の報告で約1,100人だった。2001年8月4日には、橘町総合センター（旧橘町）において、フラダンス教室および健康相談コーナー、フラダンスコンテスト、特産品販売、レイメーキング教室、フラダンスショーが開催された（参加者約500人）。さらに、2002年9月23日には、サンシャインサザンセト（旧東和町）において、フラダンス健康教室および健康相談コーナー、フラダンスコンテスト、ウクレレ演奏に約400人が参加したと報告されている。2003年9月23日、グリーンステイながうら（旧久賀町）において、フラダンス健康教室および健康相談コーナー、フラダンスコンテスト、ウクレレ演奏が行われ、参加者は約400人と報告されている。2004年7月3日には、橘町総合センターで開催された「周防大島「生涯現役の島づくり」シンポジウム」において、フラダンス教室の生徒たちによる成果が発表されている。

28) 周防大島観光協会によると、当時ホクレア号の女性の乗組員が披露したフラについて「本場のフラが素晴らしく観光資源になると感じた」と述べている（「山口新聞」2017年8月18日）。

29) 第1回サタフラの会場は、ホテル大観荘、グリーンステイながうら、ホテルサンシャインサザンセト、竜崎温泉の4ヶ所であった。

30) 施設は、木造一部コンクリート造りで延べ床面積1,455㎡、「新山村振興等農林漁業特

第2章　境界に生まれる文化

別対策事業」を活用して、総建設費約5億円のうち1／2を国が負担し、残りの建設費の一部に交付税措置がなされ、町の負担を減少させている。

31)『久賀町史（現代編）』(2004)によれば、1974年4月に初代館長が着任し、開館は1976年6月とある（久賀町史編纂委員会編　2004：358）。

32) KRYテレビ「人生の応援歌／作詞家・星野哲郎」(2017年9月2日)

33)「星野哲郎スカラシップ（奨学金）は、平成19年7月の「星野哲郎記念館」開設に際し、作詞家星野哲郎先生から周防大島町に感謝の気持ちを込められて「星野哲郎スカラシップ」の名称で、島の子ども達や島の学校へ通う子ども達へ学資資金を授与するものです。本町では、町内に在住または通学する高校生等に対し、奨学金を支給し、学業、芸術、文化、スポーツ等の様々な活動を支援しようとするものです」(「平成29年度星野哲郎スカラシップ募集要領」)。2017年度の募集人員は5名以内、給付金額は一人20万円である。なお、このスカラシップは2017年度をもって終了する予定であるという。

34) 城山小学校の校歌は星野哲郎が31歳のときに公募に入選・応募して採用されたものであり、星野哲郎にとって初めての校歌の作詞であったといわれている（星野哲郎先生お別れ会「愛されていることを忘れないで」)。また、大島商船専門高等学校（小松）の校歌の歌詞は星野の補作（監修）である。

35)「文化財登録制度」とは、急激な社会変化により文化財としての価値評価を受ける間もなく消滅の危機にさらされている文化財に関して、特に措置が必要なものを文化財登録原簿に記載することで保存、継承、活用していくための制度である。「届出制」と「指導・助言・勧告」を特徴とすることから「緩やかな保護措置」と呼ばれ、厳しい選定基準と強い規制を伴う従来の指定制度を補完するものである。なお、当該制度は建造物に限定されてきたが、文化財保護法の一部を改正する法律により、2005年4月から建造物以外の有形文化財や民俗文化財（有形）、記念物もその対象となった。

36) たとえば、休漁明けの6月ころのイワシをシラス（加工するとチリメン）、6月のおわりから盆までがカエリ（加工してもカエリと呼ぶ）、盆から8月末まではセグロ（加工するとコバ）といったように、漁期・ハスジによって呼び名が変わるという（印南 2004：747-748）。

37) 周防大島の柑橘の栽培面積は、全耕地面積の80.1％、農業産出額は76.9％を占めている（独立行政法人農業・食品産業技術総合研究機構近畿中国四国農業研究センター 2006）。しかしながら、近年の価格低迷や高齢化等による担い手不足により産地の存続が危惧され、大島郡柑橘振興協議会と全国農業協同組合連合会山口県本部は、2004年4月、「蘇らせよう大島みかん」をスローガンに「大島みかん産地再生プラン・21」を策定した。生産基盤の整備や出荷・販売体制の再編、担い手育成などを緊急かつ重要課題として取り組むことで、総合計画を当該プランの協力・推進に接続させている（周防大

島町役場 2006）。また、**JA**山口大島では、大島郡柑橘振興協議会で2015年6月に策定された「大島かんきつ産地継承夢プラン」により、農地の流動化と基盤整備、担い手の育成、「せとみ」等の戦略品種の導入拡大、販売対策の強化等の目標が設定されている（山口大島農業協同組合 2016、中国・四国地域果樹農業課題検討会 2016：7）。

38）「山口大島みかん」とは山口県から出荷される大半のみかんが周防大島で栽培されることから、これまで選果場ごとで定めていたみかんの呼称を「山口大島みかん」としてブランド統一した。JA山口大島によると、周防大島の栽培種としては、青島、大津4号、ぽんかん、いよかん、でこぽん、せとみ、なつみなどがあり、特にせとみの特選品は、「ゆめほっぺ」（商標）と呼ばれている。

39）藤井彦右衛門（1816（文化13）年〜1896（明治29）年）。

40）周防大島町が発行する「周防大島遊び場ナビ（周防大島町ガイド**MAP**）」によると、松田園（小松）、川元園（小松）、若林園（小松）、秋田農園（椋野）、児玉園（久賀）、岸田みかん園（久賀）、山岡園（久賀）、中野園（平野）、橋本園（森）である。みかん以外にもいちご、ブルーベリー、ぶどう狩りなどがある。

41）「瀬戸内ジャムズガーデン」は、地域の生産農家と結びついた農商工連携型の先駆的な地域産業振興事例であると考えられており、その六次産業化の取り組みは、農林水産省の「6次産業化先進事例（平成23年10月）」に選ばれている。

42）2013年9月現在、新開（旧久賀町）の製餅業者とともにジャムと餅を使用した大福餅を共同開発した。また、和田（旧東和町）の豆腐店とジャムと豆腐を使用したプリンを共同開発している。

43）山口県報道発表「6次産業化優良事例表彰」（2015年11月20日）。

44）1980年、宮本常一は「周防大島郷土大学」を設立して、地域文化の学習、保存、利用を訴えた。1981年に宮本が亡くなった後、1993年に雑誌『郷土』が創刊。宮本の思想と活動を継承・保存する作業が周防大島で開始されている。

45）わが国の重要有形民俗文化財の指定基準は次の通りである。「（1）衣食住に用いられるもの。たとえば、衣服、装身具、飲食用具、光熱用具、家具調度、住居等。（2）生産、生業に用いられるもの。たとえば、農具、漁猟具、工匠用具、紡織用具、作業場等。（3）交通、運輸、通信に用いられるもの。たとえば、運搬具、舟車、飛脚用具、関所等。（4）交易に用いられるもの。たとえば、計算具、計量具・看板、鑑札、店舗等。（5）社会生活に用いられるもの。たとえば、贈答用具、警防用具、刑罰用具、若者宿等。（6）信仰に用いられるもの。たとえば、祭祀具、法会具、奉納物、偶像類、呪術用具、社祠等。（7）民俗知識に関して用いられるもの。たとえば、暦類、卜占用具、医療具、教育施設等。（8）民俗芸能、娯楽、遊戯に用いられるもの。たとえば、衣装、道具、楽器、面、人形、玩具、舞台等。（9）人の一生に関して用いられるもの。たとえば、産育用具、

冠婚葬祭用具、産屋等。(10) 年中行事に用いられるもの。たとえば、正月用具、節供用具、盆用具等。」(「重要有形民俗文化財指定基準」/文化財保護委員会告示第58号)。

【参考文献】

ADLER, Judith

1989 Origins of Sightseeing. Annals of Tourism Research, 16 (1): 7-29.

ANDERSON, Benedict

1983 Imagined Communities: Reflections on the Origin and Spread of Nationalism. London: Verso (Revised in 2016). 白石隆・白石さや〔共訳〕『定本 想像の共同体—ナショナリズムの起源と流行—』(社会科学の冒険 2-4) 書籍工房早山 (2007)

安藤直子

2001「観光人類学におけるホスト側の「オーセンティシティ」の多様性について—岩手県盛岡市の「チャグチャグ馬コ」と「さんさ踊り」を事例として—」『民族學研究』66 (3): 344-363

APPADURAI, Arjun

1996 Modernity at Large: Cultural Dimensions of Globalization. Minneapolis: University of Minnesota Press. 門田健一〔訳〕吉見俊哉〔解説〕『さまよえる近代—グローバル化の文化研究』平凡社 (2004)

APPADURAI, Arjun ed.

1988 The Social Life of Things: Commodities in Cultural Perspective (Reprint of 1986). Cambridge: Cambridge University Press.

BARTH, Fredrik

1966 Models of Social Organization (Occasional Paper, No. 23), London: Royal Anthropological Institute of Great Britain and Ireland.

BASCH, Linda Green, Nina Glick SCHILLER & Cristina Szanton BLANC

1994 Nations Unbound: Transnational Projects, Postcolonial Predicaments and Deterritorialized Nation-States. Langhorne: Gordon and Breach.

BECK, Ulrich, Anthony GIDDENS & Scott LASH

1994 Reflexive Modernization: Politics, Tradition and Aesthetics in the Modern Social Order. Stanford: Stanford University Press. 松尾精文・小幡正敏・吐堂隆三〔共訳〕『再帰的近代化』而立書房 (1977)

BENDIX, Regina

1989 Tourism and Cultural Displays: Inventing Traditions for Whom? The Journal of American Folklore, 102 (404): 131-146.

BERNARD, H. Russell ed.

1998 Handbook of Methods in Cultural Anthropology. Walnut Creek: AltaMira Press.

BEYNON, John & David DUNKERLEY eds.

2000 Globalization: The Reader. London: Athlone.

BIRD, John, Barry CURTIS, Tim PUTNAM, George ROBERTSON & Lisa TICKNER eds.

1993 Mapping the futures: local cultures, global change. London: Routledge.

BOORSTIN, Daniel J.

1961 The Image: or, What Happened to the American Dream. New York: Atheneum. 星野郁美・後藤和彦〔共訳〕『幻影（イメジ）の時代―マスコミが製造する事実―』東京創元社（1964）

BRENDON, Piers

1991 Thomas Cook: 150 Years of Popular Tourism. London: Martin Secker & Warburg Ltd. 石井昭夫〔訳〕『トマス・クック物語―近代ツーリズムの創始者―』中央公論社（1995）

BRUNER, Edward M.

1991 Transformation of Self in Tourism. Annals of Tourism Research, 18（2）: 238-250.

2005 Culture on Tour: Ethnographies of Travel. Chicago: University of Chicago Press. 安村克己・遠藤英樹・堀野正人・寺岡伸悟・高岡文章・鈴木涼太郎〔共訳〕『観光と文化―旅の民族誌―』学文社（2007）

BURNS, Peter

1999 An Introduction to Tourism and Anthropology. London: Routledge.

CHAMBERS, Erve ed.

1997 Tourism and Culture: An Applied Perspective. New York: State University of New York Press.

中国・四国地域果樹農業課題検討会

2016 「落葉果樹等を中心とした先端的な栽培技術と果樹産地支援の取組方策―各地域の先端的な栽培管理技術や果樹産地支援の取組―」中国四国農政局生産部園芸特産課

CLIFFORD, James

1988 The Predicament of Culture: Twentieth-Century Ethnography, Literature, and Art. Cambridge, MA: Harvard University Press. 太田好信・慶田勝彦・清水展・浜本満・古谷嘉章・星埜守之〔共訳〕『文化の窮状―二十世紀の民族誌、文学、芸

術（叢書・文化研究3）』人文書院（2003）

1997 Routes: Travel and Translation in the Late Twentieth Century. Cambridge Mass.: Harvard University Press. 毛利嘉孝・有元健・柴山麻妃・島村奈生子・福住廉・遠藤水城『ルーツ―20世紀後期の旅と翻訳―』月曜社（2002）

CLIFFORD, James & George E. MARCUS eds.

1986 Writing Culture: The Poetics and Politics of Ethnography: A School of American Research Advanced Seminar. Berkeley: University of California Press. 春日直樹・足羽與志子・橋本和也・多和田裕司・西川麦子・和邇悦子〔共訳〕『文化を書く（文化人類学叢書）』紀伊國屋書店（1996）

COHEN, Erik

1972 Towards a Sociology of International Tourism. Social Research, 39 (1): 164-182.

1974 Who is a Tourist?: A Conceptual Clarification. The Sociological Review, 22 (4): 527-555.

1979 A Phenomenology of Tourist Experiences, Sociology, 13: 179-201.

1984 The Sociology of Tourism: Approaches, Issues and Findings. Annual Review of Sociology, 10: 373-392.

1988 Authenticity and Commoditization in Tourism. Annals of Tourism Research, 15 (3): 371-386.

DELEUZE, Gilles & Félix GUATTARI

1980 Mille Plateaux. Paris: Éditions de Minuit. 宇野邦一・小沢秋広・田中敏彦・豊崎光一・宮林寛・守中高明〔共訳〕『千のプラトー―資本主義と分裂症―』河出書房新社（2010）

土井文博

2014「観光社会学の可能性―J.アーリーの「まなざし」論を超えて―」『海外事情研究』41（2）：11-40

独立行政法人農業・食品産業技術総合研究機構近畿中国四国農業研究センター

2006「山口県オリジナルかんきつ「せとみ」の産地化を目指して―山口県周防大島町―」『近中四農研ニュース』23:10

遠藤英樹・堀野正人〔共編〕

2004『「観光のまなざし」の転回―越境する観光学―』春風社

2010『観光社会学のアクチュアリティ』晃洋書房

ERNEST, Gellner

1983 Nations and Nationalism. Oxford: Blackwell Publishers. 加藤節〔監訳〕『民族とナショナリズム』岩波書店（2000）

Faucault, Michael

1963 Naissance de la clinique: une archéologie du regard médical. Paris: Presses universitaires de France. 神谷美恵子〔訳〕『臨床医学の誕生―医学的まなざしの考古学―』みすず書房 (1969).

福西加代子

2008「ミュージアム展示をめぐる人々―広島県呉市・大和ミュージアムを事例に―」『コンタクト・ゾーン』2：148-163

GERMANN MOLZ, Jennie & Gibson SARAH

2007 Mobilizing Hospitality: The Ethics of Social Relations in a Mobile World. Aldershot : Ashgate Publishing.

GIDDENS, Anthony

1990 The Consequences of Modernity. Stanford: Stanford University Press. 松尾精文・小幡正敏〔共訳〕『近代とはいかなる時代か？―モダニティの帰結―』而立書房 (1993)

GOFFMAN, Erving

1959 The Presentation of Self in Everyday Life. New York: Anchor Books. 石黒毅〔訳〕『行為と演技―日常生活における自己呈示―』誠信書房 (1974)

GORDON, Beverly

1986 The Souvenir: Messenger of the Extraordinary. The Journal of Popular Culture, 20 (3): 135-146.

GRABURN, Nelson

1977 Tourism: The Scared Journey. SMITH, Valene L. ed. Hosts and Guests: The Anthropology of Tourism (1st edition), Philadelphia: University of Pennsylvania Press. (2nd edition published in 1989): 17-32.

1983 To Pray, Pay and Play: The Cultural Structure of Japanese Domestic Tourism. Aix-en-Provence: Université de droit, d'economie et des sciences, Centre des hautes études touristiques.

1984 The Evolution of Tourist Arts. Annals of Tourism Research 11 (3): 393-419.

HARVEY, David

1992 The Condition of Postmodernity: An Enquiry into the Origins of Cultural Change. Oxford, England: Wiley-Blackwell. 吉原直樹〔監訳〕『ポストモダニティの条件』（社会学の思想 3）青木書店 (1999)

橋本和也

1999『観光人類学の戦略―文化の売り方・売られ方―』世界思想社

2008「「地域文化観光」と「地域性」─「真正性」の議論を超えて─」『京都文教大学人間学部研究報告』10：19-34

2009「観光経験と真摯さ─実存的アプローチに向けて─」『京都文教大学人間学部研究報告』11：1-15

2011『観光経験の人類学─みやげものとガイドの「ものがたり」をめぐって─』世界思想社

HITCHCOCK, Michael & Ken TEAGUE eds.

2000 Souvenirs: The Material Culture of Tourism. Aldershot: Ashgate.

HOBSBAWM, Eric J. & Terence O. RANGER eds.

1983 The Invention of Tradition. Cambridge: Cambridge University Press. 前川啓治・梶原景昭他〔共訳〕『創られた伝統（文化人類学叢書)』紀伊國屋書店（1992）

HOMENS, George C.

1967 Reviewed "Models of Social Organization written by Fredrik Barth". American Anthropologist、vol.69: 386.

HUME, David L.

2014 Tourism Art and Souvenirs: The Material Culture of Tourism. Oxford: Routledge.

井口貢

2005『まちづくり・観光と地域文化の創造』学文社

印南敏秀

1986『東和町誌─各論編─』第4巻「石造物」（田村善次郎〔監修〕）東和町役場

2004『島の生活誌─くらし・交流・環境─』（東和町誌別編）山口県大島郡東和町

石川健次郎

2006「商品としての土産物」『同志社商学』57（6）：201-206

石森秀三〔編〕

1996『観光の二〇世紀』（二〇世紀における諸民族文化の伝統と変容3）ドメス出版

石森秀三・西山徳明〔共編〕

2001『ヘリテージ・ツーリズムの総合的研究』（国立民族学博物館調査報告No.21）千里：国立民族学博物館

石野隆美

2017「「ホスト／ゲスト」論の批判的再検討」『立教観光学研究紀要』19：47-54

JAMESON, Fredric

1991 Postmodernism, or, The Cultural Logic of Late Capitalism. Durham: Duke University Press.

鍛冶博之

2006「観光学のなかの土産物研究」『社会科学』77：45-70

神田孝治〔編著〕

2009『観光の空間―視点とアプローチ―』ナカニシヤ出版

KAPFERE, Bruce ed.

1976 Transaction and Meaning: Directions in the Anthropology of Exchange and Symbolic Behavior. Philadelphia: Institute for the Study of Human Issues.

川森博司

2001「現代日本における観光と地域社会―ふるさと観光の担い手たち―」『民族學研究』66（1）：68-86

KEARNEY, Michael

1995 The Local and the Global: The Anthropology of Globalization and Transnationalism. Annual Review of Anthropology, 24: 547-565.

経済産業省中小企業庁編

2014『がんばる中小企業・小規模事業者300社／商店街30選』

菊地暁

2001『柳田国男と民俗学の近代―奥能登のアエノコトの二十世紀―』吉川弘文館

KOLAR, Tomaz & Vesna ZABKAR

2010 A Consumer-based Model of Authenticity: An Oxymoron or the Foundation of Cultural Heritage Marketing? Tourism Management, 31: 652-664.

香月洋一郎

1986『東和町誌―各論編―』第1巻「むらの成立」（田村善治郎〔監修〕）東和町役場

久保忠行

2014「タイのカヤン観光の成立と変遷―観光人類学の枠組みを再考する―」『東南アジア研究』51（2）：267-296

久賀町史編纂委員会〔編〕

2004『久賀町史（現代編）』久賀町

栗原美紀

201「社会学的観光研究の意義―ディーン・マキャーネルによる観光社会学理論から考える―」『観光研究』28（1）：57-68

葛野浩昭

1996「サンタクロースとトナカイ遊牧民―ラップランド観光と民族文化著作権運動―」山下晋司〔編〕『観光人類学』新曜社：113-122

2007「観光のまなざしと人類学のまなざし」山下晋司〔編〕『観光文化学』、新曜社：14-

19

LEACH, Edmund Ronald

1976 Culture and Communication: The Logic by Which Symbols are Connected, An Introduction to the Use of Structuralist Analysis in Social Anthropology. Cambridge: Cambridge University Press. 青木保・宮坂敬造〔共訳〕『文化とコミュニケーション―構造人類学入門―』紀伊國屋書店（1981）

LITTRELL, Mary Ann, Luella F. ANDERSON & Pamela J. BROWN

1993 What Makes a Craft Souvenir Authentic? Annals of Tourism Research, 20 (1): 197-215.

MACCANNELL, Dean

1973 Staged Authenticity: Arrangement of Social Space in Tourist Settings. American Journal of Sociology, 79 (3): 589-603.

1976 The Tourist: a New Theory of the Leisure Class. New York: Schocken Books. (Reprint in 2013, Berkeley: University of California Press). 安村克己・須藤廣・高橋雄一郎・堀野正人・遠藤英樹・寺岡伸悟〔共訳〕『ザ・ツーリスト―高度近代社会の構造分析―』学文社（2012）

1984 Reconstructed Ethnicity Tourism and Cultural Identity in Third World Communities. Annals of Tourism Research, 11 (3): 375-391.

1992 Empty Meeting Grounds: The Tourist Papers. New York: Routledge.

MARCUS, George E.

1998 Ethnography through Thick and Thin. Princeton: Princeton University Press.

MCNAUGHTON, Darlene

2006 The "Host" as Uninvited "Guest": Hospitality, Violence and Tourism. Annals of Tourism Research, 33 (3): 645-665.

美山良夫

2010 「「文化観光」と文化施設マネジメントの近未来」『文化観光―観光のリマスタリング―（Booklet 18）』23-34 三田：慶應義塾大学アート・センター

宮本常一

2008-2016『私の日本地図（復刻刊行版）』1-15、未來社／初版（同友社 1967-1976）

2013『宮本常一離島論集』第4巻（馬毛島・青ガ島のその後／離島と観光の問題）森本孝〔編〕, 全国離島振興協議会・公益財団法人日本離島センター・周防大島文化交流センター〔監修〕みずのわ出版

2014a『旅と観光―移動する民衆―』（宮本常一講演選集5, 田村善次郎〔編〕）一般社団法人農山漁村文化協会

2014b『日本文化の形成―講義１―』（宮本常一講演選集６，田村善次郎〔編〕）一般社団法人農山漁村文化協会

宮本常一・岡本定

1982『東和町誌』（再版2004年）山口県大島郡東和町

宮本常一記念事業策定審議会・東和町

1991『郷土』１（創刊号）

1998『郷土』８

1999『郷土』９

2000『郷土』10

2003『郷土』12

MORGAN, Nigel & Annette PRITCHARD

2005 On Souvenirs and Metonymy: Narratives of Memory, Metaphor and Materiality. Tourist Studies, 5 (1): 29-53.

森本孝

1986『東和町誌―各論編―』第３巻「漁業誌」（田村善次郎〔監修〕）東和町役場

藻谷浩介・NHK広島取材班

2013『里山資本主義―日本経済は「安心の原理」で動く―』角川書店

中村純子

2009「観光文化研究におけるオーセンティシティ論―内外先行研究の差異と『まなざし』の階層性―」『横浜商大論集』43 (1)：121-161

NASH, Dennison

1981 Tourism as an Anthropological Subject [and Comments and Reply]. Current Anthropology, 22 (5): 461-481.

1996 Anthropology of Tourism (1st edition). Tourism Social Science Series, Oxford: Pergamon.

小田亮

1997「ポストモダン人類学の代価―ブリコルールの戦術と生活の場の人類学―」『国立民族学博物館研究報告』21 (4)：807-875

大島町誌編纂委員会〔編〕

1959『周防大島町誌』（復刻版：1994年）大島町役場

大島町誌編さん委員会・松田保馬〔共編〕

2002『周防大島の廻船と海運業（周防大島町誌別冊）』山口県大島町役場

大島町

2002『続周防大島町誌』大島町役場

大島郡合併協議会

　2003『社会教育の取扱いについて―協定項目24-26―』

太田好信

　1993「文化の客体化―観光をとおした文化とアイデンティティの創造―」『民族學研究』
　57（4）：383-410

　1998『トランスポジションの思想―文化人類学の再想像―』世界思想社

　2001『民族誌的近代への介入―文化を語る権利は誰にあるのか―』人文書院

ROBERTSON, Roland

　1992 Globalization: Social Theory and Global Culture. London: Sage Publications.
　阿部美哉〔訳〕『グローバリゼーション―地球文化の社会理論―』東京大学出版会
　（1997）

SAHLINS, Marshall David

　1985 Islands of History. Chicago: University of Chicago Press. 山本真鳥〔編〕
　『歴史の島々』法政大学出版局（1993）

瀬戸内ジャムズガーデン

　2017「ようこそ島のジャム屋へ―地域内連携で価値を生む仕組みを創る―」（平成29年
　1月25日みやぎ移住・定住推進県民会議第3回会合・基調講演資料https://www.pref.
　miyagi.jp/site/tiikisinnkou/iju-kenminkaigi.html）

SELWYN, Tom

　1966 The Tourist Image: Myths and Myth Making in Tourism. Chichester: John
　Wiley and Sons.

SHERLOCK, Kirsty

　2001 Revisiting the Concept of Hosts and Guests. Tourist Studies, 1（3）: 271-295.

SMITH, Valene L. ed.

　1977 Hosts and Guests: The Anthropology of Tourism（1st edition）. Philadelphia:
　University of Pennsylvania Press.（2nd edition published in 1989）. 三村浩史〔監訳〕
　『観光・リゾート開発の人類学―ホスト＆ゲスト論でみる地域文化の対応―』勁草書房
　（1991）

SMITH, Valene L. & William R. EADINGTON eds.

　1992 Tourism Alternatives: Potentials and Problems in the Development of
　Tourism. Philadelphia: University f Pennsylvania Press.

須藤護

　1986『東和町誌―各論編―』第2巻「集落と住居」（田村善治郎〔監修〕）東和町役場
周防大島町役場

2006『周防大島町総合計画前期基本計画』
2011『周防大島町総合計画後期基本計画』
周防大島文化交流センター〔編〕

2005『郷土』13

2007『瀬戸内海の島と町―広島・周防・松山付近―』（宮本常一写真図録第1集）みずのわ出版

STRONZA, Amanda

2001 Anthropology of Tourism: Forging New Ground for Ecotourism and Other Alternatives. Annual Review of Anthropology, 30: 261-283.

鈴木涼太郎

2005「観光研究としての「観光人類学」の展望」『観光研究』17（1）：19-28

2013「文化論的転回と日本における観光人類学―観光／文化／人類学のはざまからの視点」『観光学評論』1（2）：159-172

2014「観光みやげ研究の課題―贈与交換、真正性、儀礼的倒錯―」『相模女子大学文化研究』32：27-45、相模女子大学文化研究会

橘町史編集委員会

1983『橘町史』山口県大島郡橘町

高岡文章

2003「観光・文化・オーセンティシティ」『現代社会理論研究』13：259-268

TAYLOR, John P.

2001 Authenticity and Sincerity in Tourism. Annals of Tourism Research, 28 (1): 7-26.

田中祥司

2013「真正性の評価過程」『商学研究科紀要』77：91-103（早稲田大学大学院）

谷沢明

2009「宮本常一の観光文化論」『愛知淑徳大学現代社会研究科研究報告』4：1-16

TURNER, Victor

1974 Dramas, Fields, and Metaphors: Symbolic Action in Human Society. Ithaca: Cornell University Press. 梶原景昭〔訳〕『象徴と社会』紀伊國屋書店（1981）

梅森直之〔編著〕

2007『ベネディクト・アンダーソン―グローバリゼーションを語る―』光文社

URRY, John

1995 Consuming Places. London: Routledge. 吉原直樹・大澤善信〔監訳〕、武田篤志・松本行真・齋藤綾美・末良哲・高橋雅也〔共訳〕『場所を消費する』法政大学出版局（2003）

第 2 章　境界に生まれる文化

2007 Mobilities. Cambridge: Polity. 吉原直樹・伊藤嘉高〔共訳〕『モビリティーズ
―移動の社会学―』作品社（2015）

URRY, John & Jonas LARSEN

1990 The Tourist Gaze: Leisure and Travel in Contemporary Societies（3rd edi-
tion）. London: Sage Publications　（Reprinted in 2011）. 加太宏邦〔訳〕『観光の
まなざし（増補改訂版）』法政大学出版局（2014）

WANG, Ning

1999 Rethinking Authenticity in Tourism Experience. Annals of Tourism
Research, 26（2）: 349-370.

渡部瑞樹

2006「観光人類学における「ホストとゲスト」の相互関係」『くにたち人類学研究』1：
39-54

WILKINS, Hugh

2011 Souvenir: What and Why Buy. Journal of Travel Research, 50（3）, 239-247.

山口県商工労働部観光振興課（観光プロジェクト推進室／インバウンド推進室）

2015a『平成25年山口県の宿泊者及び観光客の動向』

2015b『平成26年山口県の宿泊者及び観光客の動向』

山口県観光スポーツ文化部観光政策課（観光プロジェクト推進室／インバウンド推進室）

2016『平成27年山口県の宿泊者及び観光客の動向』

2017「平成28年山口県の宿泊者及び観光客の動向」

山口県広報広聴課

2009「糂汰味噌」『元気発信!!「山口きらめーる」』vol.161（2009年 3 月13日）

山口県周防大島町政策企画課

2007『広報すおう大島』8 月号

山口大島農業協同組合

2016『平成28年度の事業計画基本方針』

山中速人

1992『イメージの楽園―観光ハワイの文化史―』（ちくまライブラリー74）筑摩書房

山下晋司

1988『儀礼の政治学―インドネシア・トラジャの動態的民族誌―』弘文堂

1992「「劇場国家」から「旅行者の楽園」へ―20世紀バリにおける「芸術―文化システ
ム」としての観光―」『国立民族学博物館研究報告』17（1）：1-33

1999『バリ―観光人類学のレッスン―』東京大学出版会

2009『観光人類学の挑戦―「新しい地球」の生き方―』（講談社選書メチエ430）講談社

山下晋司〔編〕

1996『観光人類学』新曜社

2007a『観光文化学』新曜社

2007b『資源化する文化』(『資源人類学』第2巻) 弘文堂

安岡和政

2013「企業紹介79「株式会社瀬戸内ジャムズガーデン」」『やまぐち経済月報』457：18-22、一般財団法人山口経済研究所

吉田春生

2006『観光と地域社会』ミネルヴァ書房

吉見俊哉

1992『博覧会の政治学―まなざしの近代―』中央公論社

第3章

境界／越境と「人の移動」
──周防大島の漁協と漁業慣行──

林　研三

はじめに

　本稿は境界性の観点から山口県大島郡東和町の漁業協同組合（以下漁協と
称する）と漁業慣行を記述・分析することを目的としている。以下の第1節
と第2節では東和町とそこでの漁協の概要を記述し、次いで第3節では漁業
慣行、特に共同漁業権行使規則やそれに付随する規程等を紹介する。そして、
最後に漁業権と境界性の問題を論じる。

　次節以下でもふれるように、東和町は現在、周防大島町に合併されており、
単独の自治体としては存在していない。しかし、各旧町単位に役場支所が設
置されており、旧町の区画は現在もある程度は維持されている。本稿ではこ
の旧町の一つである東和町を主たる考察対象とする。また、周防大島は言う
までもなく、民俗学者である宮本常一の故郷であり、いくつもの彼の著作の
なかでも当地は言及されているし、晩年には『東和町誌』（山口県大島郡東和
町）を執筆している。本稿の次節ではそれらの著作に依拠する部分が少なく
ない。

　しかしながら、本稿では東和町の民俗やその全体像に迫ることを目的とし
てはいない。あくまで当地での漁業慣行に焦点をあて、その慣行にともなう
漁協組織や漁業権、特に共同漁業権やその区域を境界性の観点から論じるも
のである。

一つの共同漁業権区域は隣接する共同漁業権区域との境界を生むが、このことはその双方を包含する広い区域を展望し、その広い区域自体の境界を生む。そして、その境界がさらにより広い区域発生の契機となることもあろう。同様なことは一定の区域を細分化することによって、より狭い区域と区域の境界を生むことも可能となる。すなわち、G．ジンメルの「橋と扉」のごとく、境界は空間（区域）を分けるが、分けるとともにその分けられた空間（区域）を結合し、次の境界を生むことになる。

　そういった境界は同一区域内での相異なった漁業（漁法）についても言えるのであろうか。ある漁業（漁法）と他の漁業（漁法）の違いは操業区域の違いをともなうこともあるが、同一区域内での海面の下層と上層の区別、あるいは操業時期、操業道具による違いによることもある。よって、これらの違いは区域と区域の境界とは異なり、恒常的な「面的な境界」が設定されにくい。しかし、以下で述べるように、境界があれば「越境」もあり得る。「越境」という「人の移動」の観点からみれば、ある漁民がある漁業から別の漁業に変わることは、その漁業に新たに参入するという意味での「越境」となるであろう。そうであれば、「面的な境界」ではない境界もあり得るかもしれない。本稿ではこういった境界を越える「越境」という観点も考慮していきたい。

１．山口県東和町の沿革と概要

　山口県東和町は東経132度15分から132度30分、北緯34度から33度50分の間に位置し、情島や沖家室島、浮島をはじめとする多くの属島を有している一方で、山が海にせまり平地は少ないうえに、山地の起伏が多い地区である。自治体としては、1955（昭和30）年に町村合併促進法によって油田村、和田村、森野村、白木村が合併して東和町は成立した。合併直後の1960年には世帯数4,101、人口１万4,397人、1970年には世帯数3,717、人口１万493人であった。この時に合併した旧４ヶ村は1889（明治22）年の町村制施行によって成立したものであるが、白木村は1941（昭和16）年に家室西方村から名称変更な

第3章　境界／越境と「人の移動」

表1　行政町村の推移

藩政期 「風土注進案」	1873（明治6）年 （大区小区制）	1889（明治22）年 （町村制）	1955（昭和30）年 （町村合併促進法）
伊保田村 油宇村 小泊村 和田村 内入村	第一大区第一小区	油田村 和田村	東和町
神浦村 和佐村 森村 平野村	第一大区第二小区	森野村	
西方村 外入村 地家室 沖家室	第一大区第三小区	家室西方村 （後に白木村に改称）	

された行政村である。油田村はそれ以前の藩政期の伊保田村と油宇村、和田村は小泊村と和田村と内入村、森野村は神浦村と和佐村と森村と平野村、家室西方村は西方村と外入村と地家室村と沖家室村が合併した行政村であった。これらの経緯を表1に示しておいた。

1955（昭和30）年には、周防大島ではこの東和町以外にも安下庄町と日良居村と沖浦村秋が合併して橘町が成立し、蒲野村三蒲、小松町、屋代村、沖浦村の家房以西が合併して大島町が成立した。久賀町のみは蒲野村椋野のみを合併する形でそのまま新しい久賀町として成立することになった。これらの東和町、久賀町、橘町、大島町が2004（平成16）年10月1日に合併して周防大島町になり現在に至っている。

しかし、周防大島町の成立後も旧町の4区分はいくつもの点で維持されている。たとえば、町役場は本庁と支所に分かれているのではなく、大島庁舎、久賀庁舎、久賀東庁舎、東和庁舎、橘庁舎に分かれ、たとえば総務部は大島庁舎、産業建設部は久賀庁舎、環境生活部は久賀東庁舎、健康福祉部は橘庁

舎におかれ、東和庁舎のみは「東和総合支所」と位置づけられている。

　この庁舎以外でも、コミュニティーセンターや図書館はこの 4 地区にそれぞれおかれている。行政上は一つの自治体であってもその内部の区分は多かれ少なかれ未だ維持されているのである。同様なことは、それぞれの旧町の内部の集落についても─その自律性の程度は落ちるが─いえそうである。このことは後述の漁業慣行に関連してふれることになる。

　周防大島は山口県東部に位置し、瀬戸内海に浮かぶ島では 3 番目の面積を有している。1976年 7 月に本土との間に大畠瀬戸を渡る大島大橋が開通したが、それ以前はカーフェリーの連絡船によって本土との間を行き来していた。この連絡船は1940年頃から開通し、当初は県営であったがその後に国鉄経営になった。1940年以前は下田、日前、久賀、三蒲に寄港する「島まわりの汽船」によって本土に行っていたようだ。

　宮本常一は大島大橋の開通で「島が島でなくなった[3]」と表現している。その意味するところは若干不明であるが、その数年前に宮本は「どのような施策も人口流失のくい止めにはならなかった。そしていま、島民は橋のかかることにわずかな望みを嘱している[4]」とし、「やがて島に橋がかかり、自動車が多く行き交い、そのことによって新しく他から人が来て住みつくようになるとすれば、今日のような、若者も子供もほとんど見かけないところから、また活気をおびたところにかわってくるかもわからない[5]」と述べていた。

　しかし、人口の流失が大橋開通後に止まったようにはみえない。1980年の周防大島の人口は 3 万2,021人であったが、2009年には 2 万151人に、2013年 8 月 1 日現在では 1 万8,703人（日本人男8,491人、日本人女 1 万145人、外国人67人、世帯数 1 万128）にまで減少している。しかも、年齢構成は65歳以上が多数を占める高齢社会であることは、2009年の65歳以上の人口構成比が47.1％であることによって示されている（表 2 参照）。このような傾向は今後も継続するであろう。2013年 9 月に周防大島高校の 3 年生数名と懇談した際には、ほとんどの生徒が高校卒業後は「島を出る」という意向を有し、その一人は「卒業後の就職といっても、ここには介護ぐらいしかないから」と言っていた。

第3章　境界／越境と「人の移動」

表2　人口の推移（「周防大島町勢要覧資料編」）

		昭和55年 1980		平成2年 1990		平成12年 2000		平成21年 2009	
		男	女	男	女	男	女	男	女
人　口		14,496	17,525	12,063	15,056	10,175	12,838	9,081	11,070
65歳以上	総　計	3,139	4,628	3,456	5,551	3,735	6,039	3,617	5,868
	構成比	24.3%		33.2%		42.5%		47.1%	

　東和町地域は藩政期には13の村から成り立っていたことは既述したが、この13の村域には現在も33の集落が存在している。南海岸の最も西端に位置する集落は船越であり、海岸沿いに外入、伊崎、地家室、畑、石引、佐連、沖家室州崎、沖家室本浦、五條、大積、小積、和佐、小泊、馬が原、油宇が続き、油宇の先の日向泊が最も東端になる。属島の情島には仏ヶ浦、本浦、大畠、伊ノ浦があり、さらに周防大島の北海岸の東端には両源田、そこから北海岸にそって西に進むと雨振、伊保田、小伊保田、和田、内入、神浦、平野、長浜、長崎、西方、下田という集落が続いている。

　海岸線にある集落のなかには山手に「郷」と呼ばれる集落を有するものもあった。外入、大積、和佐、油宇、伊保田、和田、内入、神浦、森、平野であり、これらでは海岸沿いの集落よりも「郷」のほうが旧いとも言われている。また、海岸線の集落では藩政期には塩を焼いていた家が多く、1610（慶長15）年の検見帳によれば、表3でのようにその石高が記されており、「東和町の村々は塩をつくる浜部落と百姓や武士たちの住んでいたい郷部落が組みあわされているものが多かった[7]」ようだ。

　集落に農漁業以外の生業に従事する者が居住する傾向は、その後、明治期に至るまでも続いていたようである。たとえば、1876（明治9）年の地家室には385戸、長崎に82戸、西方58戸、下田114戸、船越125戸、外入356戸、沖家室565戸が居住していたが、それらの集落には1戸〜7戸の士族とともに、農業以外の生業の家が地家室で65戸、西方で4戸、下田で19戸、船越11戸、

表3　屋敷数と塩浜石

村　名	屋敷数	塩浜石
西方	86	59.08
森	42	18.30
神浦・内入	74	29.75
和田	69	18.10
伊保田	32	27.97
油宇	33	11.19
小泊	16	16.62
和佐	26	23.95

外入88戸、沖家室399戸が存在していたことが知られている。最後の沖家室の399戸のうち最も多いのは漁業であったが、漁業や農業以外の生業としては、移動性をともないがちな大工、木挽き、水主や遊女屋などが記述されていた。このことは後述するように、当地での「人の移動」性を示唆することにもなろう。

　もともとこの周防大島は藩政期には毛利藩の領地であった。毛利氏は中国11ヵ国の太守であり本拠地は広島であったが、関ヶ原の合戦で敗れ、周防、長門2ヵ国に減封された。このときに有名な「盲斬り」で家臣の多くを帰農させたが、これとは別に家臣で武士の身分のまま地方で百姓になった者もおり、これを「地侍」と呼んでいる。この「地侍」の家というのはその後も当地では伝承されていたようである。宮本常一によれば、西方村、外入村、地家室村、沖家室村、平野村、森村などの藩直領地の地域に「地侍」は住んでいたといい、戦後も西方には「地侍」の家が3軒あったと述べている。[8]

　海岸沿いの集落のうち漁民の住む浦・集落や船着き場等がある港以外では、屋敷のなかに菜園をもっている家が旧家とされる本百姓であった。宮本常一の故郷である長崎という集落でもそうであるが、水田、屋敷や菜園を保有する本百姓が株となっており、1株を1軒で保有するものが「本軒百姓」であり、分家して2軒で1株をもっていれば「半軒百姓」、4軒で保有していれば「四半軒百姓」となる。百姓株を長男だけに継承させるのではなく、次男

や三男にも継承させようとすると、このような「半軒百姓」や「四半軒百姓」が生まれるという。

さらに、畑のみを有し、菜園や水田を有しない家はこれらとは別の存在であり、「亡土」と呼ばれた。この「亡土百姓」と本百姓のとの間では日常的なつきあいに関して差別はなかったようであるが、庄屋や庄屋の配下であった「畔頭」をつとめるのは1反以上の屋敷を持っている本百姓が多かった。しかし、たとえ庄屋でも本百姓の株を二軒前持っている家はなかったようである[10]。このことは当地には大きな土地所有者や世襲的な隷属農家、被官や名子と呼ばれるものはほとんど存在せず、「一軒前百姓」を基本的な単位とした社会としての性格が濃厚であったということになるのかもしれない。

したがって、このような社会では本分家の格差もさほどなく、長男相続も必ずしもなされていなかったようである。宮本常一によると、「百姓の社会では末子が後をとることもめずらしくはなかった」し、「長男が本家をついだという例は、明治になるまではそれほど多くはない[11]」。また当地では隠居慣行もあった。「親が年をとると屋敷内に隠居をたてそこに住んでいた」。「隠居は普通60歳になるとしたもので、隠居家のある家を見かけると、この家には老人がいることが一目でわかった」ようであるが、「隠居すると、村の一般の夫役からは解放された。すると、戸主を助けて田畑の仕事だけをすることになる[12]」という。

東和町の地域は周防大島では「島末」と呼ばれていた。それに対して島の西部は「島元」と呼んでいたようである。「島末」のうち森村と平野村は、幕末の頃には大工の出稼ぎ者が多かったが、この出稼ぎ(「他所稼ぎ」と呼ばれた)の傾向は前述の町内の各集落での農業以外の移動を伴いがちな生業の多様性やそういった生業についている一定数の家の存在によっても示唆されよう。しかし、この人口の移動性や流動性という傾向は農家においてもみられた現象である。

たとえば、和佐村では農家の次男、三男や娘は西方村から久賀町、あるいは本土の豊かな農家に奉公に出る者も少なくなかった。特に男は「納屋子」

といい、それがなまってノンコとなっていたが、これは納屋の隅で寝起きしていたことからこう呼ばれ、いわゆる下男であった。また、娘は「秋仕奉公」に出かけることが多かった。「秋仕」とは稲刈り・稲扱きのことであり、往時稲扱きは女の仕事とされていた。主に愛媛県や山口県の山間部に稼ぎに行っていたようである。[13]

　さらに明治期から昭和初期にかけて「島末」には「買い子」と呼ばれる子どもの流入もあった。愛媛県の山中から子どもを買ってきて「船子」として使うことが多かったという。こういった子を情島では「梶子」といった。情島付近は海の潮流が速く、漁船は流されないように櫓をたえず押して一定のところにとどめておかねばならない。その櫓を押す者を「梶子」といったのである。はじめは島の子が行っていたが、やがて「買い子」をそれに使うようになった。ちなみにこの情島での「梶子」については「梶子事件」と呼ばれる事件が終戦直後に生じている。[14]

　こういったノンコや「秋仕奉公」、「買い子」はいずれも、大工の出稼ぎと同じように「人の移動」を意味している。明治期以降はこの移動性という傾向がますます激しくなっていき、「海外移民の村」といわれるほど、多くのハワイへの出稼ぎを出すことになる。海外への移住はハワイ以外にも多かったようであり、1876（明治9）年に186戸が居住していた森野村和佐では、1945（昭和20）年にはハワイ以外にアメリカ本土、カナダ、ブラジル、ペルー等への移民が計210人を数えていた。[15]

　これまで概述してきたように、当地の各集落での特質は「一軒前百姓」を基本単位とするといった身分差の少なさや各旧町や集落ごとの自立性とともに、こういった「人の移動性」という点があげられる。当地を故郷とする宮本常一の人生がその移動性を最も明確に示しているともいえよう。そういった特質は、第2節以下で既述する漁業慣行や漁協組織とも関係していると想定される。

　漁協組織とその前身である漁業組合と集落の関係については、その相互性が早くから指摘されてきたところである。[16]むしろ藩政期からの村を単位とし

第3章　境界／越境と「人の移動」

て各漁業組合が成立したといっても過言ではないが、当地では前述したように、各村や集落での職業の多様性が見られる。そうであれば、そういった村や集落と漁協や漁業慣行との関連性も視野に入れて境界性を論じることが必要となろう。

2．周防大島の漁協と漁業

(1)　6漁協と組合員数・水揚高の推移

　周防大島には現在は3漁協が存在する。大島町漁協、久賀漁協、山口県漁協である。前二者と最後の山口県漁協は一見してもその規模の違いは明白であるが、この山口県漁協は2005年8月1日に山口県漁業協同組合連合会の主導のもとで39漁協が合併して成立したものである。この39漁協のなかには当時の島内の東和町漁協、安下庄漁協、日良居漁協、浮島漁協が含まれていた。現在周防大島内には山口県漁協の東和町支店、安下庄支店、日良居支店、浮島支店があるが、それぞれが東和町漁協、安下庄漁協、日良居漁協、浮島漁協の管轄区域を継承している。

　安下庄漁協、日良居漁協、浮島漁協は橘町内の漁協であり、東和町漁協はそれ以前の油田漁協（由宇・情島・伊保田を含む）、和田漁協（和田・内入）、小泊漁協（小泊・和佐）、森野漁協（森・平野・神浦）、白木漁協（外入と船越を含む）、沖家室漁協が1965年に合併したものである。

　1965年に合併した東和町内のこれらの6漁協は、1889（明治22）年の町村制によって成立した町村やそれ以前の藩政村を単位とした漁協であったが、この6漁協も町村制以前に設立されていた次の9漁業組合が合併したものである。すなわち、沖家室漁業組合、家室西方内浦漁業組合（下田、長崎、西方）、外浦漁業組合（船越、外入、伊崎、地家室、佐連）、小積漁業組合（小積、大積）、森平野神浦漁業組合、和佐漁業組合、和田村漁業組合、伊保田漁業組合（伊保田、小伊保田、雨振、両源田、情島）、油宇漁業組合（油宇、日向泊、馬ヶ原）である。[17]

167

この明治期に設立された漁業組合は、藩政村単位や町村制によって成立した行政村単位ではない。むしろ藩政期の各集落の漁業慣行によってこれらの組合は成立したのであり、その漁業組合ごとに専用漁業権が免許されていた。このことは集落と漁業の関係や各地先漁場の「狭さ」を示唆するとともに、その「狭さ」を克服するための漁業組合間の入漁権などによる相互関係を生み出してきた[18]。

　このように、山口県漁協への合併前は周防大島には6漁協が、さらにそれ以前にはそれ以上の多くの漁協や漁業組合があったのだが、このことは当初の各漁村・集落の自立性を示唆するとともに、その後の漁協や漁業組合の合併過程、あるいは入漁慣行からはその自立性と併存する開放性がうかがわれるかもしれない。ともあれ、ここではまず1989（平成元）年以降の、山口県漁協に合併した6漁協（2005年以降は2漁協と4支店）の組合員数や漁獲高の約20年間の推移を示しておこう。

　次の表4からもわかるように、これら6漁協のなかでは東和町漁協（支店）が最も規模の大きい漁協であり、唯一年間属地陸揚量数が1,000トンを超え、組合員数も3桁を維持している。6漁協の合計「属地陸揚量」の約半分が東和町漁協によるものであるが、それでも組合員数をはじめ「陸揚金額」等がこの東和町漁協でも減少してきていることには変わりない。

　「属地陸揚量・金額」と正組合員数から1組合員当たりの陸揚量・金額の変化を見てみると表5のようになる[19]。この数字は必ずしも直ちに組合員の収入に該当するわけではないが、おおよその趨勢は推測できよう。

　1989年と2013年の1正組合員当たりの「属地陸揚量」と「属地陸揚金額」を比較すると、6漁協のうち東和町漁協、安下庄漁協、浮島漁協、久賀漁協は増加しており、日良居漁協と大島町漁協は減少している。久賀漁協は増加しているといっても、もともとの数字が低い。東和町漁協、安下庄漁協、浮島漁協では「陸揚量」や「陸揚金額」の減少とともに正組合員数も減少しているため1正組合員当たりのそれらの増加がみられる。特に安下庄漁協では3.4倍に増加していることは注目されよう。

第3章　境界／越境と「人の移動」

表4　漁協の陸揚数・組合員数

年	漁港名	属地陸揚量 （トン）	属地陸揚金額 （百万円）	登録漁船数	正組合員数	准組合員数	組合員数 （合計）
	東和町漁協	1,988.00	932	1,023	421	449	870
	日良居漁協	186.00	73	85	32	107	139
	安下庄漁協	261.00	183	160	126	150	276
89	浮島漁協	535.00	386	198	86	52	138
	久賀漁協	28.00	20	88	30	27	57
	大島町漁協	513.00	510	161	79	73	152
	合　計	3,511.00	2,104	1,715	774	858	1,632
	東和町漁協	1,965.00	966	905	370	424	794
	日良居漁協	130.00	69	75	28	70	98
	安下庄漁協	330.00	83	139	109	129	238
93	浮島漁協	490.00	450	186	87	52	139
	久賀漁協	28.00	25	85	28	25	53
	大島町漁協	499.00	501	160	67	69	136
	合　計	3,442.00	2,094	1,550	689	769	1,458
	東和町漁協	1,057.00	604	793	311	423	734
	日良居漁協	93.00	82	61	32	67	99
	安下庄漁協	322.00	164	135	45	42	87
98	浮島漁協	475.00	381	189	71	32	103
	久賀漁協	40.00	35	62	22	26	48
	大島町漁協	494.00	495	160	53	60	113
	合　計	2,481.00	1,761	1,400	534	650	1,184
	東和町漁協	1,258.00	479	707	235	406	641
	日良居漁協	120.00	45	43	26	71	97
	安下庄漁協	245.00	136	104	41	32	73
03	浮島漁協	596.00	348	174	70	8	78
	久賀漁協	23.00	19	59	18	25	43
	大島町漁協	302.00	195	157	52	51	103
	合　計	2,544.00	1,222	1,244	442	593	1,035
	東和町漁協	1,228.00	740	641	140	345	485
	日良居漁協	76.00	26	51	19	12	31
	安下庄漁協	362.00	242	90	39	40	79
08	浮島漁協	478.00	322	156	70	10	80
	久賀漁協	15.30	12	40	15	13	28
	大島町漁協	251.00	152	145	53	44	97
	合　計	2,410.30	1,494	1,123	336	464	800
	東和町漁協	1,035.00	640	518	131	304	435
	日良居漁協	13.70	5	45	16	17	33
	安下庄漁協	322.00	193	89	38	26	64
13	浮島漁協	583.00	407	149	63	10	73
	久賀漁協	16.30	15	51	14	7	21
	大島町漁協	157.50	92	108	42	47	89
	合　計	2,127.50	1,352	960	304	411	715

表5　各漁協の1正組合員当たりの陸揚量・金額

漁協名	陸揚量（トン）1989年	陸揚量（トン）2013年	陸揚金額（百万円）1989年	陸揚金額（百万円）2013年
東和町漁協	4.72	7.90	2.21	4.89
日良居漁協	5.81	0.85	2.28	0.31 ▲
安下庄漁協	2.07	8.47	1.45	5.08
浮島漁協	6.22	9.25	4.48	6.46
久賀漁協	0.93	1.16	0.66	1.07
大島町漁協	6.49	3.74	6.45	2.19 ▲
計	4.54	6.99	2.72	4.45

　浮島漁協も1.5倍程度の増加であるが、この漁協の特質は組合員数の変化が少ないということである。これは浮島が離島であることも関係していよう。特に1999年から2009年までは浮島漁協の正組合員数は70人、71人で推移しており、2011年でも63人である。准組合員数も2003年から2011年までの間は8人から10人に増加しているにすぎず、安定した組合員数が維持されている。

　他方で1989年の久賀漁協組合員数は57人であったが、2013年には21人に減少し、しかも正組合員は14人にすぎない。さらに減少率が高いのは日良居漁協であり、1989年に139人の組合員が2013年には33人に減少しているだけでなく、正組合員数は16人にすぎないのである。この減少率の違いが久賀漁協では1正組合員当たりの陸揚数字をわずかながらも増加させたが、日良居漁協では減少という結果をもたらす一要因になっていたとも思われる。

　こういったなかで東和町漁協では組合員数は減少しているとはいえ、2013年でも正組合員131人、准組合員304人の計435人の組合員を擁している。ここでは年間90日以上の操業と16歳以上の年齢が正組合員資格の要件になっており、年齢の上限はない。さらに1戸1組合員方式ではなく、たとえば父親とその息子の2人が同時に組合員になることも可能である。ただし、新規に組合に加入しようとする者は最初の1年間は准組合員であり、しかもかつては「『地元』の了解がなければ組合員にはなれなかった」という。漁協とし

ては、各「地元」から「推薦」された者について加入手続を進めている。

　ここでの「地元」とは油田や和田といった旧町村やその内部の地区を指している。そしてその「了解」の程度も地区ごとに偏差があった。たとえば、油田地区では「約10年前までは、組合員になるのに制限があったが、高齢化とともにその制限が緩んできた」。和田と内入は「建網漁なので組合員数が増加することは避けたい」という意向があったし、小泊も「やや厳しい」制限を設けている。しかし、「森野地区は以前から緩い」が、これは当地区での職業のなかで漁業のもつ比重の低さに影響されているのであろう。白木地区はその内部の地区によって違いがあり、下田と大積、小積は「やや厳しい」程度であるが、船越や佐連は特に「厳しい」と言われていた。

　しかし、近年は既述のように組合員数は減少してきており、従来のような「制限」をかける余裕は少なくなった。漁協としても、県や国の補助事業として新規の組合加入者の公募を行ってきた。国の「新規就業者総合支援事業」と県の「長期漁業技術研修事業」である。現在（2013年度）は県の事業のみを利用しているが、この事業で研修を受けた後１年間は准組合員となり、２年目に正組合員となる。この２年目には山口県漁協からの低金利での貸付金で漁船や漁具を購入することができる。それでもこの制度の利用者は決して多くはない。

(2) 漁業の種類と事例紹介

　６漁協ではそれぞれ中心となる漁業に違いがあるが、浮島漁協では５人の「親方」による５ヶ統のイワシ網漁業が行われている。漁期は６月〜11月と定められており、１ヶ統に付き網を操作する漁船２艘とそれ以外の２艘で操業する。網を操作する漁船には各７、８人が乗り込み、他の２艘のうち１艘は魚群を探知し、残りの１艘はイワシを市場に運搬することになる。浮島では他にはタチウオ漁も行われているが、イワシ網漁での水揚金が大きく、年間３億〜４億円になるという。

　周防大島の東端の属島である情島では鯛網漁と一本釣りが行われ、船越では刺網漁、和田や森では建網漁が中心であるが、刺網漁や建網漁では２名の

人員を必要とする。また、油宇では一本釣りと呉智網漁が中心となっている。

　浮島のイワシ漁では運搬船が用意されていたが、漁獲物の市場への運搬方法は漁業における大きな問題である。当地域ではそのための「生け簀」を海上に設置している地区がある。情島、油宇、外入、沖家室、船越の五カ所である。これは東和町漁協が十数年前の「補助事業」で設置したものであるが、その管理は各地区にゆだねている。各漁船はそれぞれ捕獲した魚類をこの「生け簀」に入れておき、その魚を水産会社が市場に運搬するのである。

　この場合、情島では「値立て方式」で、他の地区では委託方式で魚の売買価格を決めている。「値立て方式」では前月31日に今月1日から15日まで水揚げされた魚の値段を決め、「委託方式」では水産会社が魚を市場に持ち込んでから値段が決まる。漁協は前者だと5％、後者だと3％の歩合金を徴収する。

　さらに東和町漁協での地先300メートルの範囲内では「素もぐり部会」によってアワビ、サザエ、タコなどが採捕されていた。この部会は約40名の正組合員によって構成されている。

　さて、次に大島町漁協と東和町漁協の漁民の事例を若干あげておきたい。これらの事例からは現在の漁民や漁業の具体的様子の一端がうかがわれるであろう。

〈事例１〉大島町漁協の漁民

　これは大島町漁協の正組合員の操業の事例である。A（昭和1□年生）は中学校卒業後に漁業に従事した。当初は父親と２人で操業していたが、昭和4□年に大島町漁協の正組合員になった。それまでは父親（昭和50年代に没）が正組合員であった。これは大島町漁協では１戸１組合員方式であったからである。1995年頃に現在の１個人１組合員方式に変更したが、現在でも女性の組合員はいない。

　現在Aは３トンの漁船を所有し、建網漁とタコ漁を行っている。現住地では建網漁が中心で、毎年10月から３月は「メバルの水揚げが多い」。タコ漁は建網漁が終了した４月から10月までに行われている。現住地では200戸ほどが居住しているが、現在は２戸のみが漁業に従事しているにすぎない。

　1955（昭和30）年頃は80戸ほどが居住し、そのうち20戸ほどがタコ漁に従事し

第 3 章　境界／越境と「人の移動」

ていた。その時期は「10戸ずつ採る場所を分けて行っていた」。場所を分けると採る量に差異が生じることはあったが、「年によって波があったので不満は抑えられていた」。「現在は2戸のみなので、どこでもやり放題である」。

タコ漁は下図のように約1,400メートルの網に約120個のタコ壺をつけておき、2日に1回、満潮の時にそのタコ壺をAとその妻で引き揚げるが、「潮の流れによって引き揚げる時間は変わる」。引き潮の時は渦を巻き、流れが速いので引き揚げることはしないという。

建網漁も現在は「家内と2人でやっている」が、1955年以前は「2人〜3人が乗り込み、1週間ぐらいは戻ることない家船だった」という。水揚げされた漁獲物は柳井市の市場に持っていく。つまり大島町漁協では信用事業を行っていないので、各漁業者が市場で販売することになる。

〈事例2〉東和町漁協の漁業者

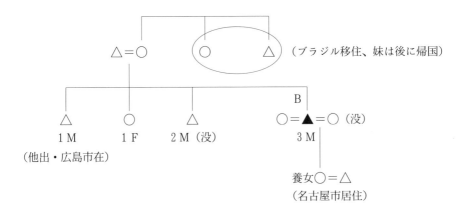

B（上図の▲）は地家室・佐連で昭和2□年に生まれた。生家は漁業と農業に従事する一方で父親は瓦職人として、何人かのグループをつくって山口県の各地を回っていた。農業では所有する約5反の畑とともに、約1町歩の畑を借りてジャ

ガイモや麦を栽培していた。ちなみに宮本常一がその多くの著書で紹介していた
ミカン栽培は「金持ちでなければダメ」ということであった。

　Bの母も地家室出身であったが、瓦職人の父と「一緒に仕事に出かけ、失業保険
のでる期間に戻ってきて百姓をしていた」。母の兄妹は「昭和29年か30年頃に」家
族でブラジルに移住したが、その後に妹は帰国した。母は約10年前に92歳のときに
亡くなったが、父はそれ以前に65歳のときに死亡している。Bの長兄は中学校卒業
後に他出し、現在は広島市に居住している。次兄は比較的若いときに亡くなった。

　Bは三男であった。小学校の頃から地元の漁師とともに3馬力の「焼玉漁船」
に乗って一本釣り漁業を手伝っていたが、中学校卒業とともに他出し、大阪で就
職した。アスベスト関係の仕事に就き、青森県と香川県以外の全国各地を回った。
約10社の大手メーカーが親会社となり、1人の親方のもとでの約280人の職人が親
会社からの仕事を請け負っていた。1カ所につき1週間から10日間程とどまって
仕事をしていたが、「沖縄では約8ヶ月、豊橋では約6ヶ月」滞在していたことが
ある。

　昭和40年代に結婚し、妻は群馬県出身であった。名古屋市に住居をかまえ、生
後6ヶ月の女の子を養取した。その後も妻子を伴って各地を仕事で回ったが、数
ヶ月に1回は自宅に戻ってきていた。十数年前に妻が死亡した後、当地に戻って
きたが、その1年後に佐連出身の女性と再婚した。

　現在の住居の敷地は十数年前に戻ってきた時に「兄からもらった」土地である。
その土地は約14坪の面積があり、当時は倉庫が建っていたが、それを取り壊し現
在の家屋を建てた。「兄には年間500円の税金を20年間借地料として支払う」こと
になっている。この家屋を建て移転してきたときに「沖家室の漁協」の准組合員
になり、1.75トンの船外機付き漁船、網やタコ壷などの漁具を購入した。そして
その8ヵ月後に正組合員となった。

　タコ壷は最初800個ほどを購入したが、現在は100個ほどを保有し沖合でも地先
でも採捕している。建網漁では夕方に網を入れ、朝方に網をあげる。タコは漁協
に持っていくが、建網での漁獲物は「部落の人に売る」こともある。一本釣りの
場合はとった魚は、「港のなかにある生け簀に入れておく」。またひじきの採捕も
行っているが、ひじきは干し場が必要になる。現在の干し場は「地家室の自治会
の許可をとっている」。

第3章　境界／越境と「人の移動」

　〈事例1〉で留意しておきたい点は、1955（昭和30）年頃のタコ漁は、10戸ずつ採捕場所を分けていたという点である。これによって水揚げ量が異なるという結果をもたらように思えるが、実際には「年によって波があった」と言われるごとく、一つの場所で常に同じ水揚げ量があったわけではない。また、かつては20戸ほどがタコ漁に従事していたが、現在は2戸だけということは、前掲の表4での過去20年間の大島漁協の組合員の減少傾向を示す事象であろう。

　〈事例2〉ではBやその両親の他出と帰郷の過程が示されており、前述の「人の移動性」という当地の特質を示す事例ともなろう。また、Bは漁協には当初は「沖家室の漁協」の准組合員として加入し、後に正組合員となったと言っている。この点については、次に2点に留意したい。まず当時はすでに東和町漁協が成立していたが、Bの意識では漁協は地元の「沖家室の漁協」であったという点である。さらに、その地元の漁協には准組合員として加入し、その後に正組合員に「昇格」した。これらは前述の東和町漁協へは各地域からの推薦や地元の「了解」によって加入できるということと相応し、東和町漁協以前の旧漁協ごとの単位性が継続していることのあらわれであろう。

3．東和町漁協の漁業慣行

（1）141号共同漁業権と行使規則

　本節では東和町漁協での共同漁業権行使規則等の漁業慣行について記述していく。既述のように、東和町漁協は2004年に日良居漁協、浮島漁協、安下庄漁協等の39漁協とともに山口県漁協を構成したが、共同漁業権はこの山口県漁協とともに他の漁協に免許されることになった。しかし、相当の広範囲の沿岸を単一の共同漁業権区域として全組合員に操業を等しく認めることはさまざまな不都合が生じやすいであろうし、実際にも難しい。このような場合は、通常は共同漁業権行使規則によって、それぞれの地区や旧漁協ごとに操業範囲や漁業方法、期間などを定め、従前の漁業慣行を反映させることが多い。当地でもそのような行使規則を定めているので、その関連する部分を

引用しながら以下で説明していこう。

〈資料１〉
山口県漁業協同組合　共第141号第二種共同漁業権行使規則
第１条　この規則は、この組合の有する共第141号第二種共同漁業権（以下「共141号」という。）の管理及び行使に関し必要な事項を定めることを目的とする。
第２条　共141号の漁場区域については、距岸300メートル以内の地先区域を次表のように区分するもとする。

地区名称	区　　域
柳井地先	柳井市阿月、伊保庄、柳井市及び南浜の地先区域
平郡地先	柳井市平郡の地先区域
日良居地先	大島郡周防大島町大字由良、大字土居及び大字日前の地先区域
浮島地先	大島郡周防大島町大字浮島の地先区域
安下庄地先	大島郡周防大島町字秋、大字西安下庄及び大字東安下庄の地先区域
東和町地先	大島郡周防大島町大字伊保田、大字和田、大字油宇、大字内入、大字小泊大字神浦、大字和佐、大字森、大字平野、大字西方、大字外入、大字地家室及び大字沖家室の地先

第３条　共141号の適切な管理及び行使を図るため、共141号漁業管理委員会（以下「共141号管理委員会」という。）並びに柳井地区・平郡地区・安下庄地区・浮島地区・日良居地区・東和町地区に地区漁業権管理委員会（以下「地区管理委員会」という。）を置く。
２　（省略）
３　第２条に定める距離300メートルの地先区域については、地区管理委員会がこれを優先的に管理する。
第４条　共141号の内容である次の表のア欄に掲げる漁業について、それぞれイ欄に掲げる漁業の方法により行使する場合、その漁業を営む権利を有する者の資格はそれぞれウ欄に掲げる通りとする。…

第3章　境界/越境と「人の移動」

ア　漁業の名称	イ　漁業の方法	地　区	ウ　漁業を営む権利を有する者
建網漁業	磯建網 かれい建網 えび建網 きす・きざみ建網 こち・れんちょう建網 かに建網	柳井地区	柳井地区（…）内に住所を有する個人である正組合員、その営み又は従事する根拠地が柳井地区にある個人である正組合員
小型定置網漁業	枡網 壷網	平郡地区	平郡地区（…）―・―・―
		日良居地区	日良居地区（…）―・―・―
いか巣網漁業		浮島地区	浮島地区（…）―・―・―
しろうお四手網漁業		安下庄地区	安下庄地区（…）―・―・―
		東和町地区	東和町地区（…）―・―・―

（表中の―・―・―は地区名以外は上欄の柳井地区の文言と同一：筆者）

　　2　前項の漁業を営む権利を有する組合員が死亡した場合において、その相続人が二人以上ある場合において、その協議により当該漁業を営むべき者を定めたときは、その者が組合員となったときは、その者は前項の漁業を営む権利を有する者の資格があるものとみなす。

第5条　（省略）

第6条　次の表（略）のア欄に掲げる漁業は、それぞれのイ欄の漁場の区域及びウ欄の期間でなければ営んではならない。ただし、地区管理委員会は、水産動植物の繁殖保護又は漁業調整上必要と認める場合、共141号管理委員会の了解を経て、漁場の区域又は期間を制限することができる。

　　2　前項の規定にかかわらず、地元地区地先の行使については、従前から他地区及び他組合からの行使実態があるものについては、地元地区はこれを尊重し、関係地区間及び関係組合間の操業協定又は漁場行使協定により、当該漁業の操業を確保するものとする。

（3、4省略）

第7条　次の表のア欄に掲げる漁業は、それをイ欄の漁業の方法により行使する場合、ウ欄の制限事項に従わなければならない。ただし、第2条に定める距岸300

m以内の地先区域を除く大島郡南部海域（…）の漁場で、ローラーを使用して操業する建網漁業はこの限りではない。

ア 漁業の方法	イ 漁業の方法	ウ 制限事項			
		漁　具			漁　法
		網　丈	一統当たりの網の全長	網目	
建網漁業	磯建網	1.5m以下	1,800m以下	5.4cm以上（6.5節以下）	1　威嚇操法をしてはならない。 2　漁具は、潮流に流されないよう固定しなければならない。 3　漁具の繰り下ろしをするなど漁場を占有してはならない。
	かれい建網	全	全	7.5cm以上（5節以下）	
	えび建網	全	全	4.3cm以上（8節以下）	
	きす・ぎざ建網	全	全	3.75cm以上（9節以下）	
	こち・れんちょう建網	全	全	7.5cm以上（5節以下）	
	かに建網	全	全	12cm以上（3.5節以下）	
いか巣網漁業	いかだまの使用個数は200個以内とする。				

　2　小型定置網漁業を新規に着業しようとする場合は、共141号管理委員会の承認を得なければならない。

　3　大島郡南部地域において、第2条に定める距岸300メートル以内の地先区域を除く漁場でローラーを使用する建網漁業は、共141号管理委員会が別に定める取扱規程によらなければ、これを営んではならない。

　4　大島郡南部海域及び大島水道（…）において、前項に掲げる建網漁業以外の建網漁業がローラーを使用する場合は、第2条に定める距岸300メートル以内の地先区域でなければ、これを営んではならない。

第8条　前条に掲げる建網漁業は、別表に掲げる区域においては操業してはならない。

　2　前条に掲げる建網漁業は、小型定置網漁業漁具の両側（前面及び後面）50メ

第3章　境界／越境と「人の移動」

ートル以内で操業してはならない。

第9条　共141号管理委員会又は地区管理委員会は、第4条に規定する漁業について、必要に応じて、次の事項を勘案し当該漁業を行う者を定めることができる。

（1）その者の当該漁業に対する生活依存度

（2）その者の当該漁業の経営能力

（3）その者の資源の繁殖保護に対する意欲の程度

　　2　共第141号管理委員会又は地区管理委員会は前項の決定をしたときは、これを公示しなければならない。

（以下省略）

（別表）行使規則第8条で定める建網漁業の操業禁止区域

漁場名	区　　域
大畑瀬戸周辺漁場	次のA、イ、Cを順次結んだ線及びE、Fを結んだ線と最大高潮時海岸線とによって囲まれた区域（大島郡周防大島町葉崎から北岸沿いに明神鳥居に至る間及び大観荘から西岸沿いに大崩に至る間の瀬端から30メートル以内、及び大崩から西岸沿い大島冷凍（株）に至る瀬端から50メートル以内の区域を除く） ただし、柳井市江尻鼻と周防大島町筆崎を結んだ線以東において、ローラーを使用しない場合はこの限りではない。 基点A　柳井市大畑国元鉄工所 　　　B　大島郡周防大島町小松港A浮桟橋屈折部 　　　C　大島冷凍食品（株） 　　　D　笠佐島東端 　　　E　平岩 　　　F　柳井市神代周東環境衛生組合衛生センター 点イ　AとBを結んだ線と、CとDとを結んだ線との交点
以下略	以下略

　この行使規則第2条や3条にみられるように、山口県漁協として合併した後も合併以前の旧漁協単位での操業区域を定め、それぞれも地区での「管理委員会」を設け、その委員会によって漁場を管理している。そのうえで第4条においてそれぞれの地先区域で漁業を営むことのできる者をその住所によって、すなわち旧漁協の正組合員に限定しているのである。

ただし、第9条では建網漁業や小型定置網漁業などの共同漁業権区域内での漁業（4条参照）を操業できる者に一定の制約を課している。すなわち、正組合員であるだけでなく、当該漁業への「生活依存度」、「経営能力」、さらには「資源保護への意欲」も考慮されている。これらの制約事項からは形式的な要件だけでなく実質的な要件を設け、かつ漁業者の共同性と漁業の持続可能性への志向がうかがわれるが、他方では当該地区の「地区管理委員会」（3条）のみの判断で制約できることになる。

　さらに同規則第6条1項の「次の表」（本稿では略）では、第4条の各漁業の方法ごとの区域と期間を定めている。建網漁業であれば、「距岸300メートル以内の地元組合地先及び距岸300メートル以遠の免許区域」であり、小型定置網漁業では「距岸500メートル以内の地元組合地先」、「いか巣網漁業」と「しろうお四手網漁業」は「管理委員会が公示する区域」となり、期間も「えび建網」では「6月1日から10月31日」、「こち・れんちょう建網」では「5月1日から8月31日」、「いか巣網漁業」では「4月1日から6月30日まで」等と規定されている。すなわち、建網漁業では地先300メートル以内、小型定置網漁業では地先500メートル以内では地元の旧漁協組合員が操業でき、300メートル以遠では各旧漁協組合員はその地先にこだわらずに共同漁業権区域内での建網漁の操業が可能である。

　このように一般的には地元地先での地元の旧漁協の優先性が明示されているが、このことは他地区の漁業者の操業を全面的に排除するということではない。第6条2項で「前項の規定にかかわらず、地元地区地先の行使については、従前から他地区及び他組合からの行使実態があるものについては、地元地区はこれを尊重し、関係地区間及び関係組合間の操業協定又は漁業行使協定により、当該漁業の操業を確保するものとする」という規定からもうかがわれる。

　さらに建網漁業と「いか巣網漁業」については、第7条においてその使用する漁具や漁法について制限を詳細に設けている。すなわち、建網漁業では「網丈」は1.5メートル以下、「一統あたりの網の全長」は1,800メートル以下、

「網目」は「磯建網」では「5.4㎝以上」、かれい建網では「7.5㎝以上」、えび建網では「4.3㎝以上」等であり、「いか巣網漁業」の場合は「いかだまの使用個数は200個以内とする」とされている。

　また、第8条では建網漁の禁止区域を定めているが、その際「笠佐島」等の自然物だけでなく、「大島冷凍食品（株）」等の人工物も範囲確定に利用して「操業禁止区域」を定めている。さらにその建網漁と小型定置網漁の「棲み分け」も同条2項では規定されていた。

　この行使規則では別の規程や他組合との協定にも言及している。同7条3項では「大島郡南部海域において、第2条に定める距岸300メートル以内の地先区域を除く漁場でローラーを使用する建網漁業は共141号管理委員会が別に定める取扱規程によらなければ、これを営んではならない」としているが、この「取扱規程」とは「大島郡南部海域におけるローラーを使用する建網漁業の取扱規程」のことである。

　この「取扱規程」によると「ローラー建網漁業」（「ローラー」とは建網を引き上げるための「大型ローラー」のことである）を営むためには、「山口県知事の建網漁業許可」を受けただけでなく、「共141号共同漁業権管理委員会」（第2条参照）の承認を受けなければならないとし、その操業区域と禁止区域、操業期間、漁具規制も定められている。

　この「ローラー建網漁業」は他の漁業への影響が大きいため、できるだけ制限したいとの意向が漁協にはあったようである。しかし、「既存の権利」を直ちに制約できないので、この「取扱規程」が制定され、かつその承継を「直系3世代において1回のみの更新」（東和町支店長談）を認めることにしている。

　さて、行使規則第6条2項で言及している「他地区及び他組合」は山口県漁協内での「他地区」、「他組合」であるが、「共第141号共同漁業権」は山口県漁協だけでなく、岩国市漁協、和木漁協、桂島漁協、通津漁協、油宇漁協、神代漁協、大畠漁協、大島町漁協、久賀漁協が共有する漁業権である。したがって、これらの漁協間での行使規則の取り決めが必要となる。それが「共141号第一種及び第二種共同漁業権行使契約書」である。

この契約書によれば、これらの10漁協を「共有組合」と称し、第1条で「原則として距岸300メートル以内の区域については、地元漁業協同組合（以下「地元組合」という）がこれを管理、行使し、距岸300メートル以遠の免許区域については、共有組合が共同してこれを管理、行使するものとする」としている。そして第4条で「共第141号の適切な管理行使を図るため、共有組合の代表者19名をもって、共第141号共同漁業権管理委員会（…）を設置する」と規定している。

　その「管理委員会」の構成は以下のようになっているが（表6参照）、ここで注目されるのは、山口県漁協の各支店である旧漁協単位で委員が選出されているだけでなく、東和町支店（漁協）からは3名が選出されている点であろう。この地域の漁業での東和町支店（漁協）の占める地位、すなわち「陸揚量・金額」や所属する組合員数の多さが示唆されている。この3名は東和町を東部地区（油宇・情・伊保田）・中部地区（和田・小泊・森野）・西部地区（白木・沖家室）に分け、それぞれから1名が選出されている。

　前掲の〈資料1〉での「共同漁業権行使規則」が山口県漁協内での旧漁協間での共同性を志向しているとすれば、山口県漁協とそれ以外の漁協間の共同性がこの契約書からうかがわれる。これは本書の共通テーマでもある境界性の問題とも関係してこよう。詳しくは後述するが、「共同漁業権行使規則」第2条での山口県漁協内での各「地先地区」の設定による境界性、さらには

表6　管理委員会の構成

組合名	委員数	組合名	委員数
岩国市漁協	2	久賀漁協	1
和木漁協	1	山口県漁協柳井支店	2
桂島漁協	1	平郡支店	1
通津漁協	1	日良居支店	1
由宇漁協	1	浮島支店	1
神代漁協	1	安下庄支店	1
大畠漁協	1	東和町支店	3
大島町漁協	1	計	19

第3章　境界／越境と「人の移動」

その山口県漁協と他の漁協をそれぞれ「地元組合」として、各「地元組合」が管理する「距岸300メートル以内」の漁場の設定による境界性である。山口県漁協の内外の二重の境界性がここでは指摘されるが、さらに建網漁業と小型定置網漁業の間での「棲み分け」も規定していたが、これも一つの境界の設定として考えられるかもしれない。

(2) 漁協と協定書

　前項でのように、既述の共同漁業権行使規則では地元地先での地元漁協の優勢性を規定し、かつ異なる漁業間での「棲み分け」について規定するとともに、「地元地区」と他の「関係地区間及び関係組合間の操業協定又は漁業行使協定」についても規定していた。この行使規則は同一漁協内での漁業方法間での調整が主たる目的であるともいえるが、こういった規則の存在自体がその調整の必要性を、さらにいえば異なった漁業間や地区間での紛争の可能性を示唆していることになる。つまり各漁業間や「地元地区」間の相互関係や共同性が必ずしも円滑に進んだわけではなく、時として利害対立が表面化する場合もあったのだ。以下ではそういった利害対立に関しての協定の一つの事例をあげよう。

〈資料2〉

協定書

　東和町漁協管内西部海域に於ける釣漁業と建網漁業に付いて漁業秩序を維持し操業の円滑を期す為、昭和59年3月に両漁業者（以下双方と言う）が協議の上締結され、以来今日まで双方が操業の基本としている協定書に付いて改めて双方協議した結果次の通り協定が確定した。

　今後は本協定記載の各条項を遵守し、双方が同一漁場に於いて円滑な操業を継続する事を合意した。

A．メバル建網漁業に付いて

1．沖家室島周辺海域

（1）沖家室島周辺海域は以下に定める海域を除いて、藻場沖30mを建網操業とする。

ア）刈山沖テトラポット離岸堤東端からハンド石迄の海域は建網操業禁止とする。又同東端からハンド石の西にある小波止迄は全ての釣りも禁止とする。

イ）オシ上りからハンド石迄の海域は藻場操業とする。

ウ）エボシ岩を中心に、瀬戸灯台方向へ250mと、長瀬灯台方向100mは藻場操業とする。

エ）瀬戸灯台周辺海域は、灯台を中心に半径100mを操業海域とする。

オ）大波止から刈り山沖テトラポット離岸堤東端迄は、沖合い100mを操業海域とする。

2．大水無瀬島周辺海域

（1）笹の角から州首を回って黒崎鼻迄の海域は、藻場沖70mを操業海域とする。

（2）笹の角から黒崎鼻迄の海域は、藻場沖50mを操業海域とする。

3．小水無瀬島周辺海域

（1）小水無瀬島周辺海域は藻場沖50mを操業海域とする。

（2）イガ磯周辺海域は、中心の岩から半径50mを操業海域とする。

4．牛ヶ首周辺海域

（1）牛ヶ首の突端から西に100mと、北のサマド周辺に至る海域は、藻場沖30mを操業海域とする。

5．外入湾から蛇目鼻に至る海域

（1）伊崎鼻アイトリ岩から伊崎半島東側一帯に至る海域は、藻場沖30mを操業海域とする。

（2）釣る島喰い合いの磯の付近一帯は操業禁止とする。

（3）外入湾内に設置してある（設置予定を含む）魚礁での操業に付いては双方の話し合いにより別途取決めるが、その内容は本協定書に添付するものとする。

B．カレイ建網漁業に付いて

　メバル建網漁業の操業規定に定められた海域を除いた沖合いのカレイ建て網漁業について以下の通り定める。

1．沖家室島周辺海域

（1）メバル建網漁業で藻場操業海域と定められた藻場沖合いは、カレイ建網漁業を自粛する。

（2）エボシ岩を中心に長瀬灯台方向へ100mの地点からナメラ迄の海域は距岸250mを操業海域とする。但しアコ島石沖の魚礁に付いては操業を自粛する。

（3）長瀬灯台付近の海域は釣り漁業の妨げとならない様操業する。

（4）長瀬灯台から穴音迄の海域は距岸200mを操業海域とする。

（5）穴音鼻沖合いから、オシ上り迄の海域は釣り漁業の妨げとならない様操業する。

　カレイ建網漁を操業するに際しては、事前に協定管理委員会に通達するものとし、全てのカレイ建網漁業者はブイで操業者名が識別できるようにする、但しメバル建網漁業の操業範囲内でのカレイ建網漁業に付いては事前通達の必要はないものとする。

（以下省略）

D．本協定運用に関する事項

1．協定管理委員会

本協定の円滑な行使を図る為、委員会を設け操業に伴う全ての問題を処理する。この委員会の名称は協定管理委員会と称し委員の人数は双方6名宛てとし、…

（以下省略）

3．協定違反

沖合い操業違反、操業海域違反をした事実が判明した場合、建網漁業者の内規として定められた、ローラーに使用規則、及び操業の自粛等の罰則を適用するが、その詳細に付いてはその都度建網漁業者内部で決定され、結果は管理委員会に報告されるものとする。建網漁業者の内規による個人的処分とは別に違反事例が生じた場合、違反は所属漁業者全体の責任として捉え、一方の漁業者は協定内容の変更を申し出る事が出来るものとし、このための協議会を拒む事は出来ないものとする。…

平成15年4月1日

協定者（両漁業者）

　一本釣り漁業者　　　　　　　　　　　建網漁業者

　　　　　：　　　　　　　　　　　　　　：

　この協定は2003（平成15）年4月に建網漁業と一本釣漁業の併存を期すために締結されたものであるが、上記にみられよう^に建網漁業への規制が中心である。同じ建網漁でもメバル建網漁とカレイ建網漁の漁場の区分も規定さ

れているが、「協定違反」については「建網漁業者の内規」を適用し、その
詳細は「建網漁業者内部で決定」される。そしてその違反行為は「協定管理
委員会に報告」され、違反を契機とした「協定内容の変更」もあり得るとし
ている。つまり、この協定書では、建網漁業者の規制と違反のみを想定し、
第一次的には建網漁業者の「自主規制」にゆだねている。そのうえでその結
果次第では一本釣漁業者からの協定見直しが実行されることになる。

　さらに建網漁業については、地区（東和町漁協以前の旧漁協単位の地区）ご
との規制もなされている。次の資料はその一例である。

〈資料３〉

平成19年３月12日

油田地区建網生産組合
組合員各位

……

記

１．建網操業について

（１）建網操業箇所について
　情・伊保田地先において油宇組合員は２箇所の操業、伊保田組合員は３箇所の
操業を認めるものとする。但し、カレイ建網は３箇所以外とする。
　＊網高さについては、３枚網は５尺以下とする
　１枚網は６尺以下とする
　＊１箇所の網の長さは１丸半とする

（２）ローラー使用可箇所及び操業禁止区域について
　情地先
　①情島東側はローラーの使用は禁止する。（現在協議中）
　②情島北側大磯の西側から黒崎の鼻まではローラー使用可とする、但し、干潮
　　から50m以内とする。

（省略）
　伊保田地先
　①ヤゲンから伊の崎及びマナイタ・古出鼻はローラー使用可とする。伊の崎か

第3章　境界／越境と「人の移動」

　ら西はローラー使用可とする。但し、干潮から50m以内とする。
（省略）

　この資料の日付は2007（平成19）年であり、すでに山口県漁協への合併後であるが、油田地区での「油宇組合員」と「伊保田組合員」との調整である。これらの組合員の区分は東和町漁協以前の明治期の「油宇漁業組合」と「伊保田漁業組合」の区分にそうものである。つまり、旧漁業組合の区分が2007年当時も油田地区の「情・伊保田地先」に関して継続していたのであり、その境界を前提とした調整ということになろう。
　他方では山口県漁協内での現支店（旧漁協）間の紛争をめぐる「話しあい」も行われている。以下の資料はその一つであり、平郡支店（漁協）と東和町支店（漁協）の協議内容を示している。

〈資料4〉
　　　　　　　　平郡支店と東和町支店の話し合いについて
1．日時　平成18年6月12日　午後2時～午後3時30分
2．場所　平郡漁村センター
3．出席者　平郡支店　○○委員長以下9名
　　　　　　東和町支店　△△委員長以下4名
4．協議内容
　＊平郡側～平成10年に平郡漁業協同組合と東和町漁業協同組合で作った協定書を船越の組合員は守っていないから平郡の地先に来てもらっては困る。（違反行為が2回確認された場合、原則として乙の連帯責任とし、以後甲の地先での乙の建網操業は一切できないものとする。）今まで最低2回確認している。
　＊東和町側～今回ローラーを付けて操業しているとのことで話し合いに来たが、ローラーについては協定項目にない。今回は関係組合は1名しか来ていないため、持ち帰り関係組合員と協議の上、回答する。但し、1ヶ月は自主規制し平郡での操業を禁止する。
5．東和町側関係者との協議
（省略）

以上のように、双方の見解が相反するため、今後大きなトラブルになりかねないと考えられます。

　東和町支店としては、運営委員会で協議した結果、当組合員には厳しく指導をし、今までの協定どおりに操業することが望ましいとの結論に至りました。平郡支店におかれましても運営委員会　等で協議をしていただきご理解、ご指導をいただきますようによろしくお願いいたします。

（以下省略）

　この資料では東和町支店（漁協）と平郡支店（漁協）との協定違反についての話し合いを示している。この東和町支店（漁協）の組合員の違反行為については、東和町支店（漁協）の運営委員会において当該組合員を「厳しく指導」するので、今後の協定継続を希望している。つまり、山口県漁協としての制裁を科すのではなく、旧漁協単位での処置にゆだねている点が留意される。〈資料2〉の建網漁業者の「自主規制」と同じであろう。

　当該地域での漁業組合や漁協は、明治期に成立して以来、幾度かの合併を経験してきた。再三言及してきたように、現在は山口県漁協として東和町漁協以下の旧4漁協を合併しているが、実際には藩政期の漁村・集落を最小単位とし、順次その単位を集積する一方で、その単位内でも異なった漁業間での協定を結んでいる。こういった状況を踏まえ、次節では漁業慣行が法制化された漁業権の歴史を振り返りながら、境界性という観点からこれらの事象を整理してみよう。

4．漁業権と境界性

（1）漁業法と漁業権

　漁協と漁業権の関係は明治漁業法の漁業組合の時代にまで遡る。明治漁業法は何回かの法案提出後に1901（明治34）年に成立した。そして1910（明治43）年の改正、その後の水産団体法の時代を経て、戦後の漁業法と水産協同組合

法の時代に至る。1910年の改正では以下の3点が改正された。①漁業権を物権とみなし、抵当権が設定されるようにした。②入漁制度を設けた。③漁業組合に経済活動を認める。

この1910（明治43）年の漁業法（以下43年漁業法と称する）での漁業権制度は現在の漁業権の基礎であるとされている。43年漁業法が規定する漁業権は定置漁業権、区画漁業権、専用漁業権、特別漁業権の4種類である。定置漁業権とは漁具を定置して漁業を行う権利であり、区画漁業権は水面を区画して漁業を行う権利である。専用漁業権は水面を専用して漁業を行う権利であるが、地先専用漁業権と慣行専用漁業権に区分される。地先専用漁業権は漁業者の団体として漁業組合がその地先の水面での漁業のために申請を行った場合に免許されるものであり、慣行専用漁業権は従来の慣行によって出願者（漁業組合に限定されない）が免許をうけた漁業権である。特別漁業権はこれら三者に該当しないものである。

漁業組合は1886（明治19）年の漁業組合準則によって全国的に設置されたものであり、同準則3条によると、「捕漁採藻（遠海漁業若クハ大地引、臺網、捕鯨、鯡漁、昆布採取ノ類）ノ種類ニ従イ特ニ組合ヲナス」場合と「河海湖沼沿岸ノ地区ニ於テ各種ノ漁業ヲ混同シテ組合ヲナス」場合とに分けられていたが、後者は「部落入會團体としての組合[20]」であった。双方とも組合の規約によって漁具漁法、採藻方法や漁場の制限等を規定していたが、そのほとんどは旧来の慣行を踏襲したものであった。

つまり、旧来の「磯は地付き」という一村専用漁場の入会漁業慣行—漁村の管理のもとに各漁民が採貝、採藻、捕魚をなす—を地先水面専用漁業権として法認し、その権利を漁業組合にのみ免許することによって、管理を組合にまかせる一方で、組合員である「部落漁民」は「各自行使権」の主体であるとした。こうすることによって漁業権の収益は組合員に帰属することになる。民法の入会権は「各地の慣習」に依拠していたが、漁業権については、ゲルマン法的な内容にローマ法の衣を着せた結果がこの専用漁業権である[21]。

第二次大戦後にはGHQによる日本民主化政策の一環として、1949（昭和24）

年に新たな漁業法が制定された。しかし、この1949年の漁業法の仕組みは43年漁業法の仕組みを継承しており、それまでの４種類の漁業権を共同漁業権、定置漁業権、区画漁業権に組み直したものであった。すなわち、従来の専用漁業権のうち浮魚を対象とする漁業を除いたものを共同漁業権第１種、従来の定置漁業権のなかの小規模なものと特別漁業権の第３種から第９種までを共同漁業権第２種と第３種とし、大規模な定置漁業権は新しい定置漁業権とした。

　本稿で注目してきた共同漁業権は専用漁業権を継承しており、1948年制定の水産協同組合法のもとでの漁業協同組合に免許されることになったが、その共同漁業権の立法趣旨については、以下のように述べられていた。

　「共同漁業権は、新法で設けられた新しい概念で、従来の専用漁業権、特別漁業権及び定置漁業権を整理してその一部を内容とし、漁民による漁場管理の形態としての組合有漁業権の本質を典型的に示すものである。

　その本質は、『一定の水面を共同に利用して営む』ということにある（第六条第五項）。『共同に利用して』とは、その地区の漁民総有の入会漁場―一定の取り決めのもとに漁民が原則として平等に利用する漁場―ということを表現したもので、その具体的形態として協同組合が漁業権を持ち、その行使方法を組合員の総意できめ、それに従って組合員に原則として平等にやらせること―協同組合（漁民団体）という形による漁民の漁場管理―であり、法律的には、自営でなくても協同組合が漁業権を持ち（第一四条第六項）、組合員が定款の定めるところにより各自漁業を営む権利を有する（第八条）と規定している。[22]」

　つまり、共同漁業権は入会権と同様な性質を有する「入会漁業権」である。このことは1959年に第八条の「各自漁業を営む権利」が「組合員の漁業を営む権利」に改正された後でも、「組合が管理権限を持ち組合員がそれに従って漁業をするという関係」には変わりはなく、共同漁業権は「入会漁業権」

のままである。[23] このような性質は入漁権や漁協に管理権の認められる区画漁業権についてもいえるであろう。

　戦後、入漁権に関しては、従来の慣行によるものから当事者の契約に基づく入漁権に変更されたほか、共同漁業権以外の一部の区画漁業権についても認められるようになった。しかし、前節でも紹介したように（〈資料１〉６条２項参照）、少なくとも東和町支店（漁協）とその周辺では、実際は従来からの慣行を規程化したというものが多い。

　共同漁業権は1948年制定の水産協同組合法（以下、水協法と称す）によって成立した漁業協同組合に免許されることなるが、この方式も戦前の漁業組合への免許を継承したものである。もともと、漁協は水協法では経済事業を営む法人であったが、その１年後に制定された漁業法よって共同漁業権の管理団体となった。漁協は水協法では近代法のもとでの法人であり、構成員とは別個の存在としての権利主体たり得るが、共同漁業権については入会集団と同様な「実在的総合人」であり構成員とは「不即不離」[24]の関係におかれる。したがって、漁協は二重の性格を有するようになり、それぞれを規律する法規と慣習の適用を受けることになる。

　この二重の性格に関して、熊谷一規は以下の点に留意すべきであると述べる。「より正確に言えば、漁協が二重の性格をもつのは、一関係地区一漁協の場合である。一つの関係地区に二つ以上の漁協が設立された場合や漁協合併を経て二つ以上の関係地区にひとつの漁協が設立されている場合には、漁協は二重の性格をもたず、経済事業団体（近代的法人）の性格のみになる」[25]。

　つまり、複数の漁協の合併によって成立した新たな漁協に共同漁業権が免許され、新たなより広い共同漁業権区域が設定されるとしても、その行使規則等で旧漁協の関係地区や地元地区[26]ごとに漁区や漁場を区分することになる。そして、各漁区、各漁場での漁業は各関係地区や地元地区が管理・規制するし、各関係地区・地元地区間の紛争が生じれば、その地区間での協議が行われることになる。これらのことは、前節で紹介したいくつかの〈資料〉によっても知られよう。

ところで、戦後の漁業法第1条では同法の目的として「水面の総合的高度利用による漁業生産力の発展」を掲げている。これは水面は土地と異なり、区画、分割が不可能であるうえに、同一水面においてはさまざまな漁業が行われていることを踏まえたものであろう。同一水面でも上層を利用する漁業もあれば、中層や下層を利用する漁業もあり得るからである。したがって漁業法が規定する漁業権は土地所有権と同じ性質を有するとはいっても（漁業法23条、43年漁業法7条参照）、「一物一権」的に当該水面に一つの漁業権を認めるのではない。そうではなく、漁業権は特定の種類の漁業を営む権利、漁業行為を保護する権利である。よって、ある一定範囲の水面においても何種類もの漁業権があり得る。そうであれば、前節の〈資料2〉は一定水面での漁業と漁業の境界をめぐる紛争と協定ということもできよう。

　入漁権についてもここでふれておきたい。入漁権は漁業法7条によれば、「設定行為に基づき、他人の共同漁業権…若しくは第三種区画漁業たる貝類養殖業を内容とする区画漁業権…に属する漁場においてその漁業権の内容たる漁業の全部又は一部を営む権利をいう」とされている。したがって入漁には何らかの規程が必要となる。

　戦前の当地では「漁業法の制定と漁業組合令にもとづく各漁業組合の設立によって、一般的には組合ごとに専用漁場とそこにおける漁法が明文化されたのであるが、一方では古くからの入会慣行があり、また他組合の専用漁場への入漁なくしては生活のなりたたない漁村はたくさんあった」と述べられており、明治期でのいくつかの入漁協定書も紹介されている。[27] このような従前の入漁慣行を前提として、前節の〈資料1〉の6条2項が規定されたのである。この入漁は各地先の境界を越える「越境」としても把握できるが、その「越境」は同時に新たな境界の設定ということになるのかもしれない。

　専用漁業権区域や共同漁業権区域である地先漁場の境界性は、漁協の合併や入漁協定によって拡大、ないしは柔軟性を有していくが、従前の境界性が消失するわけではない。入漁協定の場合も、その協定自体が地元地先の境界性を前提としたものであり、そのうえで一方の組合員が「越境」して他地区

の地先漁場で一定の漁業を営むことを認めている。すなわち、漁業権の境界性と漁場の境界性が一致していないのである。

このことは逆にいえば、漁場の境界性は地元地先の境界性であり、当該漁村のムラとしての地理的境界性と関連している故に、容易に揺るがすことができないということにもなろう。そのこともあり、漁協合併に際してはその境界性も維持できるように戦後の漁業法改正も行われてきた。

当初の1949（昭和24）年の漁業法8条では「組合員であって漁民であるものは、定款の定めるところにより、漁協又は漁協を会員とする漁連の有する共同漁業権の範囲内において各自漁業を営む権利を有する」とされていた。よって、この条文のもとでA漁協とB漁協が合併しC漁協が誕生すると、共同漁業権はこのC漁協に免許され、従来の旧A漁協の地先漁場には旧B漁協の組合員が、また旧B漁協の地先漁場に旧A漁協組合員が入り込んで漁業を営むことができることになる。

この場合、A・B漁協がほぼ同等の規模の漁協であるとは限らず、小規模漁協と大規模漁協の合併の場合には小規模漁協にとっては合併によって不利な状態が生まれかねない。そこで、合併を推進するためにも、また安心して当事者が合併できるためにも、同8条は「組合員であり、かつ漁業権行使規則に定める資格に該当する者は共同漁業を営む権利を持つ」と改正された。この「漁業権行使規則」によって、旧A漁協の地先漁場では旧A漁協組合員のみが漁業を営むことができると規定することが可能となり、従前の入会漁業が維持されていくことになる。前節の〈資料1〉での「共第141号第二種共同漁業権行使規則」はこれに該当し、その2条での「地区」と3条での「地区管理委員会」は、従前の漁協単位での「距岸300メートル以内の地先区域」の地先漁場の管理を定めたものであり、共同漁業権141号の区域内での境界の設定といえる。

さらに〈資料3〉で冒頭に記載されている「油田地区」は、その〈資料1〉の第2条での「地区」の1つである「東和町地区」の一部である。そして、この資料では、その「油田地区」をさらに「情地先」と「伊保田地先」に細

分し、それぞれについて「ローラー使用可箇所」と「操業禁止区域」を定めているのである。

　各共同漁業権による各区域の設定、それぞれの共同漁業権区域内での「地区地先」の設定、さらにその「地区地先」内での細分化された「地先」の設定を行うことによって、それぞれのレベルでの境界が生じることになる。この多重な境界は入れ子状に連なることによって、特定のレベルの境界は下位レベルではさらに細分化されつつ、上位レベルでも維持されるということになる。

　このような地区内での細分化は漁場に限らない。漁協の組合員としての加入条件についても、各地区での「推薦」が必要であったことは前節でも言及した。現在は組合員の高齢化や減少によってそういった条件は緩和されてきたが、それでも正組合員になるための「一定の準備期間」が必要とされ、多くの場合はその期間中は准組合員であることは、前節の〈事例2〉においてもみられた通りである。

(2) 境界性と「越境」

　本稿で境界性という語彙で想定しているのは、境界の設定による領域の区分だけなく、その境界を越える契機とそれを越える行為、すなわち「越境」したうえでの新たな境界の出現とその出現による従前の境界の再規定である。さらに、ここでの境界は地上や海上の地理的な境界（地域と海域）だけでなく、漁業の種類の間の境界や同じ漁業でもその操業時期や操業できる者とそうでない者の境界をも視野に入れている。

　再三言及したように、当該地域では藩政期からの藩政村の合併による明治期の行政村の成立、さらにその後の行政村の合併が最近まで続いてきた。こういった合併とともに、漁業組合や漁協も合併を繰り返してきている。この合併は「各漁協の事情」も影響しているが、その結果として漁協に免許される共同漁業権区域の拡大をもたらしてきたことはいうまでもない。

　本節ではこの共同漁業権区域とそこでの漁業を境界性の観点から考察する。

第3章　境界／越境と「人の移動」

　まず、漁協合併後の新たな漁協に免許される共同漁業権区域によって新たな境界が設定されるが、同時に前述のようにその行使規則によって従前の境界を再規定・再確認することにも可能となる。

　このことは前述の〈資料１〉での第２条からもうかがわれよう。換言すれば、それまでは別々の漁協の別々の共同漁業権区域であったものが、新しい漁協の新たな行使規則において列記されることによって、おのおのの区域（漁場）が再規定・再確認されるのである。

　さらに、これまでは共同漁業権区域を一応所与の前提として記述してきたが、そもそもこの区域は当該漁協に隣接する漁協の存在を前提としている点に留意したい。つまり、我が国の沿岸は共同漁業権区域で区分されている。その各区域で組合員によって漁業が営まれているが、既述のように当地ではその内部で地区ごとの漁場（地元地先）が制限されている。さらにその漁場内で漁業ごとの区分がなされることによって別の境界も設けられることになる。区域や漁場の区分の最小単位はムラや集落の領域と結びついている。原則的にはこの「ムラの領域」を海上に伸ばすと区域や漁場となるのであろう。

　この「ムラの領域」は「ムラの土地」とも言い換えられ、そのあり方を「総有」という言葉で表すことがある。しかし、この「総有」については農村社会学や民俗学と法学との間では小さくない齟齬がある[28]。これについては、拙稿でもかつて私見を述べたことがある[29]。拙稿では「総有」の主体である「実在的総合人」の特質の一つを「単一性と複多性の不即不離」に求め、その「不即不離」と「総有」の関連性を指摘した。本稿でも「総有」を法学が想定しているGesamteigentumの翻訳としてのみ把握するのではなく、鳥越皓之や川本彰らの民俗学者や社会学者が指摘する「ムラの土地」を示す言葉としての「総有」をも念頭におきたい。そして、法学と他分野で使用されている「総有」の意味の共通項に注目し、当該集団の集団としての単一性とその構成員の複多性の「不即不離」の関係を前提とした所有形式を「総有」としたい[30]。

　川本彰は「ムラの土地はムラ総有のもとにある。ムラ総有下にある土地は、

195

単なる入会地や共有地のみではない。また道路、用水路のみではない。資本主義社会の私的所有原則が貫徹しているかにみえる私的所有地においてもしかりである。ムラ全体の土地はムラ全体のもの、オレの土地もムラ人全体のオレ達の土地である」[31]としているが、本稿の対象としてきた共同漁業権区域もこの「ムラの土地」や「オレ達の土地」の延長線上に位置する。同様な視点は法社会学者の川島武宜の三重県下の漁村安乗村を対象とする論稿においてもうかがわれる。川島は「安乗村民の総有に属する地先海面」[32]、あるいは「この村の地先海面は村民の総有に属しており、村民は誰でもそこで一本釣り或いはさしあみ漁業を営むことができる」[33]と述べていた。

こういった「ムラの土地」を「ムラの領域」とすると、この領域は福田アジオの「ムラ・ノラ・ヤマ」[34]に相当し、このなかのノラやヤマに「地先海面」や共同漁業権区域が含まれてくる。本稿ではこの領域は隣接する他の「ムラの領域」との境界を伴うことに注目し、領域・境界・「総有」の３つの観点から共同漁業権区域やその内部の細分化された漁場、そこでの漁業を考察したい。ここで漁業にも言及するのは、既述のように当該区域内で営まれる漁業ごとの区分の存在は、漁業ごとの境界の設定をも示唆しているからである。

ともあれ、こういった境界があるので、その境界内の区域や漁場での各漁業が安心して営まれている。境界によって分離されることが、それぞれの漁業を安定させ、安定することによって各区域や漁場単位での各漁民が共生することが可能となる。分離は共生を、共生は分離を生むのであり、「総有」はこの共生と分離のあり方の一つである。

すなわち、境界があり、その境界で区切られた領域があり、その領域内で「総有」が生まれてきたのであるが、この順番は必ずしも時間的な先後関係を表しているわけではない。この境界、領域、「総有」の関係を考えるうえでは、次の守田志郎の指摘が参考になろう。

「部落に境があるのは、隣の部落にそこからこっちにはいってはいけないと言いたいからなのではないようである。部落の境は、私達はこの境

の内側で暮らすのだと、互いにうなずきあっている感じである。この境から一歩もなかにいれないぞ、といった気がまえはない。[35]」

　境界や領域が生まれるのは、隣接するムラが相互に「私達はこの境の内側で暮らすのだと、互いにうなず」いたうえで、この内側の土地や水面の保有形式についての相互了解が「総有」の前提ということになる。このことはその「うなずく」範囲が広がれば、前述のような漁協の合併ということにもなり、「うなずく」範囲が狭まれば、上記の細分化された漁場の設定という結果にもなろう。

　この「互いにうなず」く範囲は領域内での存在や行為に依存している。その行為は人やモノに対する行為であり、この人やモノに対する一定の行為が「総有」という形式をとる。そうであれば、「総有」という所有形式をとることのできる人やモノの範囲が「ムラの領域」であり、境界内であるともいえよう。

　共同漁業権区域とムラの領域が相関し、その境界があるとしても、そういった区域や領域、境界は人びとがその土地や海面を「総有」することと相関しているのだ。そして、ひとたび領域、境界が生じると、今度はこれらが「総有」を再度規制することによって、その所有形式が継続する。漁協の合併や共同漁業権区域の拡大、あるいはその区域内での漁場の割り振りの根底にはこの三者の絡み合いが継続していると考えられる。

　三者の絡み合いはある特定の領域についてのみ生じるのではない。その領域とともに隣接する領域内でも「互いにうなずく」ことが必要であろう。「互いにうなずく」ことによって土地や海面を分離する境界が維持され、境界が維持されることによって対内的な「総有」が生まれるとともに、対外的には「越境」の可能性が生まれる。ここでの「越境」は海面なら入漁、土地（田畑）なら「出作入作」を意味し、どちらも「越境」される側の漁協やムラの了解が必要である。その漁協やムラが「総有」主体である「実在的総合人」であれば、その了解は全構成員の了解となり、これも「互いにうなずく」

ことによって達成される。

　さらに、この「越境」によって新たな境界が設定される。すなわち、「越境」といえども無限ではなく、一定の範囲にとどまるなら、その範囲外との区分、すなわち境界ができあがることになろう。そして、この境界も状況次第でやがて「越境」されることもあり得よう。このようにして境界は「越境」を、「越境」は境界を生むことを繰り返していく。

　こういった境界や「越境」は漁業と漁業の間でも生じるのであろうか。たとえば、「一本釣り漁業」と「建網漁業」ではその操業範囲は限定されているので、「越境」は難しい。しかし、ある漁民が「一本釣り漁業」から「建網漁業」に移行するという意味での「越境」はあり得よう。こういった「越境」は、実は他の共同漁業権区域内への「入漁」も同様である。つまり、「越境」は人の視点にたったときに生じる現象であり、「人の移動」による現象なのである。

　そうであれば、この現象は既述の当地での「秋仕奉公」や「納屋子」、「他所稼ぎ」、海外への出稼ぎ等の「人の移動」とも通底するといえるかもしれない。この場合、出稼ぎや「秋仕奉公」は帰郷することを前提としている。そういった「越境」と帰郷は第2節での〈事例2〉でもみられたように、現在においても継続しているのかもしれない。境界を前提とする「人の移動」は他出という「越境」を生み、「越境」するから帰郷という現象が生じる。「越境」と帰郷の頻度が高まれば、新たな境界が設定され直されることもあり得よう。しかし、そういう場合でも従前の境界が消失したわけではないところに、境界の多重性が生まれてくることが多いのである。

おわりに

　本稿では周防大島の漁業慣行の一部をみてきたにすぎないが、そこから前節の最後では「人の移動」という現象に到達することができた。「人の移動」の前提は領域や区域を分ける境界である。この境界と領域をどこに設定する

かで当該行為を「越境」として捉えるべきか否かが決まるともいえる。

　本稿では共同漁業権区域や「ムラの領域」をその指標の一つとしてとり上げてきたが、論じてきたように前者の区域は入漁という行為によって「越境」されるし、他方では合併以前の漁協や漁業組合単位での漁場に細分されていた。それに応じて多重な境界が設定されることになり、境界があれば「越境」もまた生じるということになろう。

　こういった境界はG.ジンメルの「橋と扉」での「扉」に相当するといえよう。ジンメルの「扉」は「切り離すのと結びつけるのとは、一つの行為の二つの面でしかないということ[36]」、すなわち「結合と分離」を表象しているとするが、同様なことは既述の合併を繰り返してきた漁協の共同漁業権区域や漁区の境界についてもいえるのかもしれない。

　本稿では既存の分離している共同漁業権区域を前提として考察を始めた。そしてその区域と「ムラの領域」、「総有」の関連性を指摘した。「総有」する主体としてのムラや漁協の構成員性は自他の区別を伴うが、これは同時に「他」（の領域や構成員性）の承認にもなる。そこには自他の境界があり得るが、その境界は隣接する領域や区域、あるいは構成員性を分離すると同時に、隣接することによって相互にその境界を維持し、尊重しあうという意味で結びつき、かつ「入漁」や「出作入作」によって双方を包含するより高次の、あるいはより広い領域を設定する可能性を生んでいく。こういった境界の多重性は当該区域の内外に進行していくことができるのであるから、狭い領域としての漁場も現出してこよう。

　つまり、境界は分離だけでなく結合ももたらす。しかし、それらは無限に進行するわけではない。どこにそのレベルや限界を設定するかは、当該地やその時代のさまざまな状況によって左右される側面をもっていよう。広い境界がどこに設定されるかは、「人の移動」、本稿の場合だと漁民の出漁がどこまで可能であったかにもよるであろうし、漁民の意思も関係してこよう。

　最初に言及したように当地は宮本常一の故郷でもある。宮本常一のみに当地の事象を還元することは危険であるが、彼の生涯をかけたフィールドワー

クや故郷他出後の折にふれての帰郷は、少なくとも藩政期末期からの当地の人々のさまざまな他出や「買い子」等にみられる他からの移入、転出という当地の人々の移動性と連動しているといえないであろうか。すなわち、こういった転出や移入も「越境」であるとすれば、当地では「越境」が日常化しており、そのことが漁業慣行にも反映していった結果が、一方での現在の山口県漁協という広範囲の組織と共同漁業権区域の設定、他方での旧来の「ムラの領域」の延長である当該共同漁業権区域内での漁場の設定と入漁慣行を可能にしたといえよう。

　ともあれ、本稿では境界性という視点から漁業慣行を考察してきたが、その境界は「越境」を生むことによって、その区域や領域を拡大し、あるいは縮小してきた。そういったことを可能にしてきたのが「人の移動性」であったのだ。そうであれば、そういった移動性は何故生じてきたのかという問題が残ろう。これついては当地の歴史を詳細に考察する必要があるので別稿で論じる予定であるが、ここでは当地が位置する瀬戸内海という地勢、そこでの漁業を含む海上交通との関連が予想されると述べておくにとどめることによって本稿をとじたい。

【注】

1）G．ジンメル「橋と扉」『ジンメルエッセイ集』（川村二郎編訳　平凡社　1999）

2）宮本常一『私の日本地図9　周防大島』（未來社　2008）53頁

3）宮本常一・岡本定『東和町誌』（山口県大島郡東和町　1982）904頁

4）宮本常一前掲書、60頁

5）宮本常一前掲書、71頁　宮本常一は1970年前後には「終戦直後の頃、島全体の人口が七万近くあったことがある。いま四万弱しかない」ので、「正月も盆もさびれてきた」とも述べていた。（同書　17頁）

6）同校生徒たちとの懇談にあたっては、当時の同校の光田伸幸校長と河村圭教務部長にお世話になった。

7）宮本常一・岡本定前掲書、41頁

8）宮本常一前掲書、27頁

9）同書、31頁

第3章　境界／越境と「人の移動」

10）宮本常一・岡本定前掲書、47頁

11）宮本常一前掲書、31頁

12）宮本常一前掲書、232頁

13）宮本常一『女の民俗誌』（岩波現代文庫　2001）91頁

14）宮本常一前掲書、252頁

15）宮本常一・岡本定前掲書、603頁

16）原暉三は「固より徳川時代の旧村たる部落と漁業協同組合とのつながりにも種々の段階があり、そのなかには、その地区が近代的都市の区域に編入せられ、或は沿岸漁業の衰退によりこれによる生活依存度の減退したため、部落なる共同体的枠を離れて漁業協同組合による地区内の秩序編成替えせられつつありと見るべきものもある。併しその部落の地区に幾何かの漁業権がありこれにより部落住民たる漁民が生活に依存している限りにおいて、部落と組合との間に強靭なつながりをもっている」と述べている。原暉三『日本漁業権制度史論』（国書刊行会　1977）259頁

17）森本孝『東和町誌各論編第三巻漁業誌』（山口県大島郡東和町　1986）93頁

18）森本孝前掲書、95頁

19）「1正組合員当たり」とし準組合員を含めなかった理由は、次節での「共同漁業権行使規則」4条を参考にしたためである。

20）潮見俊隆『日本における漁業法の歴史とその性格』（日本評論社　1951）20頁

21）浜本幸生『共同漁業権論』（まな出版企画　1999）51頁

22）水産庁経済課編『漁業制度の改革』（日本経済新聞社　1950）281頁

23）浜本幸生前掲書、563頁以下

24）中田薫『村及び入會の研究』（岩波書店、1946）、4頁

25）熊本一規『海はだれのものか』（日本評論社　2010）9頁

26）1972（昭和47）年8月7日水産庁長官通達では「関係地区については、法上定義はなされていないが、法11条の地元地区と同様、自然的及び社会的条件により当該漁業の漁場が属すると認められる地区と解すべき」とされている。

27）森本孝前掲書、99頁以下

28）菅豊「平準化システムとしての新しい総有論の試み」寺嶋秀明編『平等と不平等をめぐる人類学的研究』（ナカニシヤ出版　2004）

29）拙稿「下北村落における家の共同性」加藤・戸石・林編著『家の共同性』（日本経済評論社　2016）

30）中田薫によれば、ドイツのGenossenshaftが13世紀以降に多少なりとも法的人格を有するようになり、いわゆるKorpershaftの性格をもつにいたるが、それでもGenossenshaftの性質が消失したのではなく、単一性と複多性の両面をもっていた。すなわち、「Korper-

shaftは總體の人格と組合員の人格とが、互いに不即不離の關係を保持して居る所の總
合人である。總體の單一的總體權と、組合員の複多的特別權との、結合を許す所の團
體である」中田薫『村及び入會の研究』(岩波書店 1946) 40〜41頁
31) 川本彰『ムラの領域と農業』(家の光協会 1983) 243頁
32) 川島武宜「志摩漁村の寝屋婚・自由婚」川島武宜著作集第十巻『家族および家族法』
(岩波書店 1983) 100頁
33) 川島武宜前掲書、131頁〜132頁
34) 福田アジオ『日本村落の民俗的構造』(弘文堂 1982) 38頁
35) 守田志郎『日本の村―小さい部落―』(農山漁村文化協会 2003) 201頁
36) G.ジンメル前掲書、60頁

(追記) 本稿で使用した資料の収集には周防大島町産業建設部水産課瀬川洋介氏 (当時)、
および山口県漁協東和町支店の松本克己支店長の協力を得た。記して深謝の意を表した
い。

第4章

奄美民俗社会における地域社会維持の境界について

——鹿児島県大島郡大和村の事例から——

石川　雅信

はじめに

　本稿は境界的性格をもつ鹿児島県奄美群島の一自治体である大島郡大和村の事例から、離島における人口流出と高齢化への対応について分析しようとするものである。

　一般に社会の境界性、あるいは境界的要素を分析する場合、大別して二通りの視点が考えられる。一つは当該社会が地理的、歴史的、文化・社会的に境界が曖昧、あるいは中間的な状態にあり、かつ、その曖昧性、中間性がかえって当該社会の特質を形成する場合である。この種の視点から行われた鹿児島県奄美領域における近年の研究では高橋孝代（2006）の沖永良部島民のエスニック・アイデンティティに関する研究がある。

　沖永良部島は地理的に日本の周縁地域にあり、日本本土の鹿児島市と沖縄島の間の洋上に位置する。また、歴史的にもかつては琉球王朝の支配を受けていたが、徳川家康が征夷大将軍についた1603年の6年後、1609年には薩摩藩の直轄領となり圧政に苦しむ。琉球王朝と本土日本の薩摩藩の双方から政治的にも文化的にも強い影響を受けたという経緯がある。第二次世界大戦後は日本から切り離されアメリカ軍政府の支配下に置かれるが、日本復帰運動の結果、1953年に日本に復帰する。気候や生活環境は沖縄県に近く沖縄に親近感をもつが、行政的には鹿児島県に属す。こうした状況のなかで、沖永良

部島の住民はどのように自らのエスニック・アイデンティティを形成するのかという視点から沖永良部社会の分析が行われている。この視点はパークのマージナルマンの概念を淵源とするものであり、研究対象の属性にみられる中間性、曖昧性、二重性に着目し、そこから導かれる社会の特質を分析しようとするものである。この中間性、曖昧性、二重性は地理的、歴史的にも共通の文化圏に属する大和村においても通ずるものとみることができる。

　これに対して、第二の境界性に関する視点は、さまざまな社会変化の過程で、特定の集団あるいは社会における生活機能が維持されている状態から喪失状態へ移行する境界に着目するものである。高齢化、過疎化によって地域社会の生活が維持できなくなる境界を示す見解に大野晃の限界集落論がある。この場合の境界を示すとき「限界」の語を当てることがあるが、ほぼ同様の意味と解すことができる。大野の見解は高知県の山村の事例から65歳以上の人口が住民の50％を超えると集落＝地域社会は生活空間としての機能を失い、やがては消滅に向かうという推論を導いたものである。

　大野の論文は1991年に発表されたものである。当時、現実に65歳以上の人口が50％を超える集落や自治体はほんのわずかだったが、人口の都市部への流入と地方からの流出の二極化が進むなか、農山村、離島部の高齢化、過疎化は著しく、ある種の危機意識とともに、限界集落論は大きく取り上げられた。

　大野の見解には賛否両論、さまざまな議論が提示されたが、特に農山村、離島の過疎と高齢化は深刻な社会問題とみられるようになり、2000年前後から、地域の高齢化や人口減少、過疎化、地域おこしに関するドキュメントや調査研究が次々に発表されるようになった。過疎化を市町村合併との関連で論じた藤井（2006）、発表当時、日本で最も高齢化が進んでいた山口県周防大島町をとりあげた佐野（1997）、中国地方、瀬戸内海の離島など複数の過疎地を取材した曽根（2010）、岩手、秋田、新潟、京都、島根、高知、鹿児島と広範囲な事例から限界集落論を再検討しようとする山下（2012）などがあげられる。これらには深刻な過疎と人口の高齢化の過程で、地域の人々が社会生活を維持していこうとする種々の努力の様相が描かれている。

元総務相・増田寛也が座長を務めた「日本創成会議」の少子化、人口減少に関する報告書（通称増田レポート・2014年）はさらに衝撃的であった。この報告書は「消滅可能性都市」を実名で公表したのである。「消滅可能性都市」とは2010年から20年の間に出産年齢である20歳から39歳の女性の人口が50%以上減少すると推計される自治体のことで、少子化や人口流出で存続できなくなるおそれのある自治体のことを指す。現在約1,800ある自治体のうち、半数に近い896がこれに当たり、特に人口1万人以下の自治体は消滅の可能性が高いとされた。

この報告書に呼応するように自治体や地域社会の「消滅」に対して種々の見解が示された。たとえば2011年の東日本大震災以降、顕著になった若者世代の地方への移住による地域再生の可能性を重視する小田切（2014）、小田切他（2015）や相川（2015）、ダム建設や自然災害などによって集落を移動せざるを得なくなった事例を分析した植田（2016）などがある。

これらの著作は自治体や地域社会の消滅は単に人口流出や高齢化だけで起こるのではなく、小さな過疎地域でも維持再生の可能性があることを主張している。現実の地域社会を観察すると、境界的（限界的）な状況は、行政、住民双方の種々の工夫と努力で日常生活の機能が維持され、地域社会の消滅が回避されている場合が多いのである。この点に関しては近年さらに実証的研究が進められるにしたがって、高齢者人口が高くなっても地域社会の生活が十分に維持されている事例がいくつも見出されている。

1．離島 （奄美群島） における過疎化、高齢化の特徴

南西諸島の人口減少や地域社会の消滅に関する先行研究では鹿児島県十島村の集落の社会変容を追った皆村（2006）、屋久島、沖縄島北部、西表島の廃村の分析を行った安渓（2017）などがある。本稿が対象としている奄美群島に関するものでは市町村合併、定住条例、財政、経済振興、家族・産育など広範囲の分析を行った山田（2005）、市町村合併の経緯とその小自治体へ

の影響を追った久岡（2002、2005a、2005b、2017）がある。

　奄美群島は鹿児島市の南方洋上380kmから500kmにわたって並ぶ奄美大島、喜界島、徳之島、沖永良部島、与論島などの島嶼からなる。群島全体にわたって人口は減少傾向にある。前述の日本創成会議の報告書では、龍郷町、和泊町をのぞくすべての自治体が「消滅可能性都市」に分類されている。群島中最大の面積と人口をもつ奄美大島は行政的には奄美市、瀬戸内町、竜郷町、宇検村、大和村にわかれる。このうち奄美市は2006年に旧名瀬市、旧笠利町、旧住用村が合併して成立した自治体である。いわゆる「平成の大合併」の時期に成立したもので、この過程で大和村も合併の候補として検討されたが、大和村は住民投票の結果、合併はせず、独立した道を歩む選択をした。

　奄美群島には統計上、際立った特徴が2つある。1つは出生率が高いこと、いま1つは人口減少が激しく高齢化率が高いことである。厚生労働省が発表した2007年から2014年の市区町村別合計特殊出生率では、奄美群島内のほとんどの市町村が2.00前後の数値を示している。大和村は1.78で、2014年の全国平均は1.41であるから、全国平均を26％上回っている。一般に人口の高齢化は少子化によって促進されるものだが、奄美群島は出生率が高いが、それを超えて若年人口の流出が激しく、高齢化が進んでいる状況にある。

　このような特徴について、特に高出生率については当初は人口規模の小さい離島の特殊性とみられ、その要因について詳しく検討されることが少なかった。ところが2000年前後を境に、少子高齢化に関心が高まるにしたがって、特に高出生率に関連する調査研究がなされるようになった。たとえば坪井（2000、2001）は奄美大島の保育所通園児の母親を対象とした調査により当該地域の子育て環境について分析し、また坪井（2003）は同様に子育てに関する母親の意識を調査した。このほか沖永良部島の産育に関する地域と家族の関係を分析した片桐（2005）、子育て支援について論じた下敷領他（2006）などがある。これらの研究は総じて過疎地域における保育の問題点を指摘すると同時に、家族、親族、集落など地域社会の人間関係による種々の支援による相互扶助の様相を指摘している。子育てに関するものではないが、相互

扶助を重視するものとしては大和村の中高年者に対する調査をまとめた田畑（2017）がある。

それではなぜ人口流出と高齢化が進む一方で、高い出生率と互助的な生活が維持されているのだろうか。奄美大島大和村の実態調査の事例から、地域社会の維持・再生の方策について考察する。

2. 大和村の概況

大和村は群島中の主島である奄美大島の中部、東シナ海側に面する自治体で、2015年の国勢調査では人口は1,518人、869世帯、高齢化率は38.9％である。奄美群島のなかで最も人口の少ない自治体である。統計的な記録が得られる範囲で大和村の人口が最も多かったのは1950年の6,374人である。第二次世界大戦後、引き揚げ者が島に戻った時期で、それ以後、人口は継続的に減少を続け、65年間に人口は4分の1以下になっている。

大和村は人口減少と高齢化の数値だけをみれば境界（限界）に向かいつつあるとみることができるかもしれない。しかし、地域社会としての機能が境界に近いかという点については、筆者の調査および田畑（2017）の調査結果からは大和村が地域社会の境界状態に向かって社会的な機能を喪失する過程にあるとはみられなかった。大和村はこれまで「小さな村ならでは」の施策を講じて人口減少に歯止めをかけようとしてきた経緯がある。なかでも1994年から定住促進条例を施行して村外からの転入者に対して補助金を給付する制度をつくった。また村営住宅の建設や村出身者が経営する電気部品会社の工場を誘致し、若者の働く場と住宅を提供してきた。都会の生活になじめない子どもを集落の住民が里親になって預かる制度をつくるなどして2000年の国勢調査では、わずかではあったが国勢調査が始まって以来減少を続けていた人口が前調査より増加する経験をしている。その後は、やはり減少傾向にもどったが、人口が減少してゆくなかでも種々の活動によって地域社会を維持、再生させていこうとする努力が続けられている。

大和村は11の集落からなる村落社会である。村域にいわゆる商店街、繁華街はなく、日用品は個人商店によるか、自動車でやってくる移動販売店、または住民が自ら自動車で隣接する奄美市の商店、スーパーマーケットなどへ行って購入している。奄美大島は急峻な地形であるため多くの集落は海岸線に沿った平地に成立しているが、大和村の11集落はすべて海に面している。集落の世帯数は最大の大棚（おおだな）集落の146世帯、250人、最小は志戸勘（しどかん）集落の6世帯、7人、平均では78.4世帯、135.1人、である（2019年1月31日現在：村ホームページ）。

　現在、集落間を結ぶ交通は海岸線に沿うように走る県道79号が主要な経路になっている。島内の県道や農道、林道などが舗装され整備されたのは、戦後の米軍統治時代を経て日本へ復帰した後、1954年の奄美復興特別措置法の施行以降のことである。それ以前の島内の行き来は細い山道を通るか船によっていた。集落間の交流は一定の制約を受けるわけで、各集落は独立した生活空間として独立性、個別性の強い性格をもっている。

　主要な産業は農業で、主にタンカン、ポンカンなどの柑橘類とスモモの栽培に力を入れている。かつては漁業、林業、大島紬の生産が大きな収入源になっていた時期があるが、いずれも近年は生産額が小さくなっている。この他、大和村では照明器具などの製造業の工場が村と村出身者との協力で誘致されている。

3．行政レベルの人口減少対策

　大和村は人口減少に歯止めをかけるため種々の施策を講じてきた。以下にそのいくつかの例をみてみよう。

（1）移住者に対する住宅施策

　Uターン、Iターンなどで大和村に移住しようとする人たちに対する行政からの支援策には次のようなものがある。

第4章　奄美民俗社会における地域社会維持の境界について

　大和村が提供する住宅にはアパート型の村営住宅、一戸建ての定住促進住宅、単身者用の単身者住宅の3種がある。費用、面積、補助その他は以下のとおりである。

　　村　営　住　宅：鉄筋コンクリート造り、4戸建て、3DK、面積：63.5～
　　　　　　　　　　86.8㎡、家賃は建設年、面積、世帯収入によって算定、
　　　　　　　　　　1ケ月4万円以上には補助がある。
　　　　　　　　　　平均家賃　約1万5,000円～2万5,000円
　　定住促進住宅：木造一戸建て、間取りは2K～3DK、面積：39.0～75.0㎡
　　　　　　　　　　家賃は立地する集落と住宅の面積によって算定、固定家賃
　　　　　　　　　　平均家賃：1万1,000円～2万8,000円
　　単身者住宅：木造一戸建て、ワンルーム、面積：約20.0㎡
　　　　　　　　　　家賃は立地する集落と住宅の面積によって算定、固定家
　　　　　　　　　　賃：40歳までの年齢制限あり。
　　平　均　家　賃：1万8,000円～2万円
　　新築住宅助成金：移住者が村内で床面積50㎡以上の住宅を新築する場合、
　　　　　　　　　　1件当たり100万円を助成する。

　このほか、村内の空き家情報や移住のための情報提供などは村役場企画観光課移住定住係が窓口になっている。定住促進条例がはじまった初期のころは、村外、島外に住む大和村出身者が定年退職後に出身集落にUターンする例が多かったが、近年、数は多くはないものの30歳前後の若者層や外国からの移住者が現れている。また、それらの移住者のなかには村内で飲食店や民泊を経営する例もでてきた。

(2) 子育て・教育支援

　大和村から人口が流出する契機は、出産や子どもの進学時期にかかわる場合が多い。子どもが生まれると、病院や保育所の条件のよい奄美市名瀬に転

209

出する例が多かった。また、大和村内には小学校4校・中学校1校があるが、高等学校がないため、中学を卒業した後、子どもの高等学校進学をきっかけに一家族が転出するという例が多かった。村では大和村に住みながら高校や専門学校に通えるよう種々の助成を創設した。

・妊婦検診助成
　定期検診の費用を全額助成、検診は妊娠23週までは4週間に1回、妊娠24週〜35週は2週間に1回、妊娠36週以降は1週間に1回実施する。

・妊産婦、新生児訪問
　妊産婦の希望に応じて保健師が妊産婦宅を無料で訪問する。

・出産祝い金
　村内定住者が出産した場合は、第1子：20万円、第2子：30万円、第3子以降：50万円を贈呈する。

・保育所
　大和村では村営のへき地保育所を4ヵ所設置している。へき地保育所とは人口減少地域で認可保育所の設置が著しく困難な地域に設置される保育施設であり、一番の特徴は父母が就労していなくても子どもを預けられことである。4ヵ所の保育所のうち3ヵ所は2〜5歳児が対象、定員はいずれも30名である。1ヵ所は0〜1歳児を対象とする定員9名の保育所である。調査当時、待機児童はなく、希望すれば利用できる状態であった。利用料は無料である。

・児童助成金就学援助費
　村内の小中学校に通う児童生徒を養育している人に就学援助金を小学生は年額3万5,000円、中学生は年額5万円支給する。大和村内に高等学校は

ないため、奄美大島内の高等学校にバス通学する生徒の定期券購入費の全額を助成する。さらに村内に居住し奄美看護福祉専門学校、または奄美情報処理専門学校へ通学する人へ通学距離に応じて月額8,800円〜2万3,700円の範囲で助成する。

・こども医療費助成

村内の高等学校生以下の子どもを対象に、各種健康保険法の規定により支払った保険分負担額を全額助成する。

・高齢者支援

〈老人ホーム〉

大和村には村営の特別養護老人ホーム「大和の園」が1施設設置されている。入居定員は50名、介護保険認定要介護3〜5の利用者を受け付けている。調査時点の待機者は2名である。このほか高齢者人口の多い大和村は各種の高齢者支援の制度を整えている。

〈高齢者バス乗車券〉

70歳以上の村内在住者に年間90枚を上限に村内無料乗車券を支給。

〈緊急通報システム貸与〉

緊急通報装置を必要とする高齢者宅に貸与する制度。緊急時に非常ボタンを押すと、民間介護サービス事業者に通報できるシステム。装置設置料金は有償だが通信料は無料。

〈敬老年金の支給〉

村内に住む75〜89歳に年額1万8,000円、90〜99歳には年額3万6,000円、100歳以上は年額12万円が支給される。大和村には100歳以上が4名いて、これは10万人当たりに換算すると245人となる。日本全国の平均値は53人（2017年）であるから、大和村にいかに長寿者が多いかわかる。

〈敬老祝金〉

100歳を迎える村内在住者（村内に10年以上）の誕生日には10万円を支給

する。このような公的な祝い金の他に、奄美大島では「歳の祝い」と呼ばれる通過儀礼が人生の各段階に設定されており高齢者の生きがいにもつながっていると考えられる。（後述）

〈介護者手当〉

40歳以上で要介護度3[1]以上、および認知症高齢者の日常生活自立度B以上、または障害高齢者の日常生活自立度B以上[2]の世帯に介護者手当を支給する。公的介護サービスを受けている世帯は月額2万円、受けていない世帯は月額3万円である。

4．儀礼的空間としての集落

　多くの儀礼が行なわれている生活空間としての集落についてみてみよう。大和村に限らず南西諸島では徳之島、佐渡島などの島嶼を「シマ」と呼ぶと同時に、集落のことも「シマ」と呼ぶ。集落は行政単位であるだけでなく生活共同体としての性格をもつ。人々の集落に対する帰属意識はたいへんに強く、居住者の大部分が相互に個人を認識できる関係にある。集落内にある子ども会、青年団、壮年団、婦人会、老人会などは公的組織であると同時に集落の自主的集まりとしての性格が強い。また、集落の人間関係は単に地縁的なものだけではなく、緊密な親族関係によって結ばれている[3]。これは伝統的に婚姻関係が地理的に近いもの同士の間で結ばれることが多かったからである。筆者の調査では同じ集落の者同士の結婚が歓迎されていて、実際にそのような縁組が世代を超えて繰り返され、結果的に集落内のほとんどの人が親族的に結びついている例があった[4]。

　集落では稲作などの農業が衰退し、人口の高齢化が進んだ現在、農業における共同労働、共同作業の機会は減ってきたが、さまざまな年中行事、人生儀礼は現在でも活発に行われている。たとえば奄美の人生儀礼は、「年祝い」と呼ばれる出生7日目からはじまって、成長にしたがって百歳以上にまで祝い事が設定されている。学校教育が普及してからはこれに入園、入学、卒業

が加わった。こうした労働交換や行事は集落や近親者との連帯を強める契機になるし、特に高齢者の祝い事は年齢が高いほど盛大に行われ、高齢者の生きがいにもつながるものと考えられる。

　集落と小中学校の関係は緊密である。教職員は集落内や集落の近くの教職員用住宅に住む場合がしばしばで、早朝の体操やランニング、有線放送をつかった朗読、放課後の生活指導など、教職員が集落内で子どもとふれあう機会は多い。青年団の年齢層に当たる教職員が青年団活動に参加している例もみられた。また、教職員は年中行事などに来賓として招待されるのが通例で行事に積極的に参加している。子どもたちは家族、集落、学校のいずれの範疇においても密接な人間関係のなかで育てられている。

　鹿児島大学医学部の下敷領須美子他（2006）の調査によると「保育所の利用が活発、町村、社会福祉協議会が協力して運営、乳児保育から対応し、待機児童はほとんどいない、学童保育はないが、母親たちが協力しあっている」。また「地区（集落）を中心とした子ども会・婦人会活動、育児教室、家族ぐるみの活動が活発」と保育施設の充実と住民の自主的な活動によって集落内が良好な保育環境にあることを指摘している[5]。

　ただし、その一方で「乳児検診の受診率が低い、母親学級、育児学級への参加が少ない、妊娠届けが遅く、妊娠28週以後の届け出が多い」など公的な支援制度があまり積極的に利用されていないという指摘があった。これは公的支援以上に、地域や母親たちの互助協力によるインフォーマルな支援が優先されているとみるのが妥当かもしれない。いずれにしても集落の人間関係に公的支援を補完する機能が存在すると考えることができるだろう。

5．家族・親族の紐帯

　家族、親族による子育て支援は充実している。伝統的に農業地域で家族、親族のつながりが密接であるというと、家族形態は三世代同居の大家族がイメージされるかもしれないが、奄美群島の世帯規模は小さく、核家族的構成

が主流をしめている。成人した子どもとその親が同居する率は低く、同じ集落に住んでいても、親子は別世帯を構えるのが普通で、世帯の独立性は高い。しかし、近くに住む親子孫の交流は密接である。奄美群島の場合、家族の独立性と世代間の連帯がいいバランスで実現しているようにみえる。前述のように集落内が密接な人間関係にあるため、親世代は子どもたちと別居しても孤立したり孤独を感じることが少ないのかもしれない。

　下敷領他（2006年）でも「家族、親族、近隣からの子育て支援が豊富」であるとしている。その内容は「子どもを預けることができる、野菜や惣菜をとどけてくれる、相談できる人がたくさんいる」などである。また「大らかな子育て観・妊娠出産観」が存在するとし、「子どもはのびのび育てばよい、妊娠出産を特別なこととは考えず、子育て中のちょっとしたことについて心配ない、問題ないと認識する人が多い」という。これは周囲に支えられながら子育てが行われているがゆえにもてる育児観といえるだろう。

　また、「子は宝」「子どもは多いほうがいい」という価値観の存在が指摘されている。奄美群島の場合、この価値観については祖先崇拝との関係を考える必要がある。奄美では祖先供養をたいへん重視する。毎日の位牌の供養はもちろん、墓地が集落に隣接している場合が多く、毎月旧暦の１日と15日には墓参りが行われる。盆行事、年忌供養も同様に大切にされている。これは仏教的な祖先観とは異なる奄美・沖縄に固有の祖先観に由来するもので、死者は子孫による33年間の供養を経て、初めてカミ（神）になり、祖霊として死後の世界の安定を得るという観念である。したがって、人々は親をはじめとする祖先の供養を大切にするし、また自らの死後は子孫による供養を受けることを強く期待する。子どもをもつことは祖先のためでもあり、逆に子どもがないことは祖先に申し訳ないことであるという認識にもつながる。

　さまざまな機会に行われる祖先供養の行事は離れて暮らしている家族員を結集させる機会をつくるし、異なる世代や近隣の人々との結びつきの契機をもつくる。また年長者を尊重する価値観、ひいては敬老の精神にもつながる。こうした行事は多くの都市生活者が失った地域的連帯の機会となっている。

第4章　奄美民俗社会における地域社会維持の境界について

　配偶者（夫）の育児参加については、大和村の男性は総じて子育てに積極的である。それは夫婦関係のあり方とも関わるようで、奄美の夫婦関係は「農家の嫁」という言葉に象徴されるような夫や舅・姑の支配と嫁の従属といった上下関係とは異質である。相対的に対等な立場で家族生活を送っているように見受けられた。夫婦関係が対等である要因の一つとして特産品である大島紬の生産が主に女性によって担われていたため、奄美の女性には早くから現金収入への途が開かれていたことが考えられる。

　また縁組が地域的にも親族的にも近いところで行われてきたので、夫婦は幼なじみや同級生、あるいはイトコ、フタイトコなど親族的関係者である場合が少なくない。そして古くから奄美沖縄に伝わってきたオナリ神信仰という宗教観念のなかに女性（姉妹）は男性（兄弟）の守り神であり、男性は日常生活で女性を守り大切にしなくてはならないという規範があったことがあげられる。男の子が女の子をいじめたり、針箱のような女性が使うものを男の子が跨いだりすると厳しく戒められたという。家族生活上の互助共同は支配と従属の関係のなかからは生まれにくいものである。

　下敷領他（2006）では「性役割分業の意識は強い」としながらも「男性も子育ての生活を共有し合っていて、母子が孤立している状態ではない」という。子育て中の母親に対する調査からは、「家事の分担」「育児の手伝い」「仕事を休んで子どもを病院に連れて行く」などの支援を夫から受け、「夫がさまざまな形での一番の支援者である」という結果が報告されている。上述のように家族と地域＝集落が一丸となって子どもたちを育てていこうとする意識が強いものと考えられる。「子育てが楽しいか」という質問に88.5％の母親たちが「子育てを楽しみながらしている」と答えている。

6．伝統的年中行事の実修

　大和村では、伝統的な行事を通じて地域社会の交友や連帯を維持、強化している例を見出すことができる。それでは実際に、どのように年中行事が実

践され、住民は種々の行事にどのように参加するのだろうか。大和村の大和浜集落の十五夜祭り（豊年祭）の事例をみてみよう。

　大和浜集落は村内第二の人口規模の集落である。古くから港が開かれ、奄美大島全体に道路が通じる以前には、大和村の海の玄関としての役割を担っていた。現在の村役場も大和浜集落内にあり、行政的にも文化・歴史的にも村の中心的な位置を占めてきた地域である。

　大和村で集落ごとに行われる豊年祭は二つの時期に分かれて開催される。一つは旧暦の 8 月15日に行われる八月十五夜である。大和浜をはじめ、7 つの集落が 8 月15日に豊年祭を行う。もう一方のグループは旧暦 9 月 9 日に行う。こちらは「クガツクンチ」と呼ばれている。

　奄美大島では 1 年を通じて数多くの年中行事が行われるが、豊年祭はそのなかでも最大の行事である。農業社会における収穫と播種の境に行われる祭りで、豊作と集落の 1 年の無事を祈る意味をもつ。基本的には集落内のすべての世帯の参加が求められ、かつては祭りの準備や必要な食物、薪などの燃料も各戸から均等に集められ、年齢性別によって種々の役割が割り振られた。高齢化が進んだ現在では祭りへの寄付という形で金銭が集められている。

　集落の人口が減少した現在は集落外に住む集落出身者たちが参加しやすいように、旧暦 8 月15日に近い日曜日に行われている。

　奄美大島における八月十五夜は個人的な家族単位での月見の行事ではなく、集落全体で行う豊作祈願と 1 年の無事を祈る行事である。祭り当日、奉納相撲を始める前に行われる儀礼は、集落の神役の家で行われる「ガンノーシ」（願直し・昨年に立てた「願」を解くこと）と「ガンタテ」（願立て・新たにこれからの 1 年の「願」を立てること）、集落の聖地である泉で行う安全祈願、それに隣接する思勝（おんがち）集落にある高千穂神社での祈願などである。相撲を行う力士は、小学生以下の幼児から壮青年団までまわし姿でこれらの儀礼に立ち会う。それぞれの儀礼の場所へは決められた道順で行列して移動する。この行列を「フリダシ」と呼ぶ。「イヤー、ヨイヤー、ヨイヤー」の掛け声や太鼓、ホラ貝の音とともに行進し、集落の邪気を払う意味があると

いう。行列に並ぶ順序は年齢や役割によって定められている。

　豊年祭の中心となる行事は集落の土俵で行われる相撲の対戦である。参加するのは幼児から50歳代までの男子で、集落の男子ばかりでなく、他集落や、大和浜出身で他地域に住む人たちが出場することもある。取り組みは幼児、児童などから年齢順に行われ、個人戦、団体戦、集落対抗戦、親子兄弟戦などの対戦が組まれる。その年に初めて土俵に上がる男の子に化粧まわしを付けて土俵を踏ませる儀式なども行われる。集落の一員としてのお披露目の意味をもつ。好成績をおさめた者には賞金賞品が用意されている。

　奄美大島は相撲が盛んな土地柄だが、これは集落の行事としての意味合いが強い。どこの豊年祭の相撲でも白熱した対戦がくりひろげられるという。奄美大島出身の男性の多くはまわしを締めて土俵で相撲をとった経験があり、大和村在住の男性の多くは自分専用のまわしを持っているという。

　祭りの日が近づくと日時を決めて練習を行い、年長の指導者が年少者たちに稽古をつける。相撲は身体がぶつかりあう激しい競技であるため、けがをしないように厳しく指導される。祭りの前々日には、稽古の後、集落から参加者に焼き肉などがふるまわれ、子どもたちと壮青年団の大人たちとの交流の場にもなっていた。

　相撲の取り組みの半ばになると、仮装した女性たちの行列が歌い踊りながら握り飯やサトイモ、魚や鳥の唐揚げなどの食物を盆に入れ、頭の上に掲げて土俵の周りに運んでくる。これを「ナカイリ」という。運ばれてきた食物は第一には力士たちのためのものであるが、土俵のまわりの観衆にもふるまわれる。握り飯は「チカラウバン」と呼ばれ、力の出るもの、妊婦が食べると安産になる、元気な子どもが生まれるなどの言い伝えがある。また、この時間に女性たちの歌や踊りなどの余興が披露される。ここで滑稽な姿形をするなどして座を盛り上げることは邪気を払うことにつながると信じられていて、ナカイリは豊年祭における女性の活躍の場となっている。

　近年、集落の人口減少が激しく、相撲の対戦の数も減ったため、豊年祭の進行が相撲だけでは難しくなり、対戦の間に行われる余興や芸能の数が多く

なっているという。

　棒踊りの披露は大和村のなかでは大和浜集落のみで行われる行事である。棒踊りは武術をもとにした舞踏であるが、大和浜での起源は1902（明治35）年に大和浜出身の井原甚四郎という人物が若者の士気の高揚と規律保持のために伝授したと伝えられている。舞踏は三部からなり、第一部は六尺棒、第二部は六尺棒と三尺棒、第三部は鎌と薙刀を使って踊る。白の鉢巻き、赤青のたすき、手甲脚絆に草鞋といった装束で、「君が代」「霧島」「白帆」の歌に合わせて踊る。大和浜では中学生になると男子は青年団、壮年団のメンバーとともに棒踊り隊の一員になる。集落での加入儀礼の意味ももっている。調査時の十五夜では中学生から47歳の壮年団員までの16人が踊った。４人が一組になり、樫の木でできた棒を激しく打ち合わせて危険も伴うので相当の練習を要する。踊りのメンバーは数週間前から土俵の周りに集まって練習を行う。経験の浅い中学生たちは、高校生や青年団の年長者に指導を受ける。また、その練習には子どもたちや年配の高齢者も観衆として加わり、日没後の時間を過ごす。年配者からは踊りの所作や棒の持ち方、振り方などに指導の声がかかる。

　八月踊りは奄美群島の旧暦８月に行われるアラセチ、シバサシ、ドンガという３つの祭り（総称してミハチガツという、いずれも豊作祈願と祖先祭祀に関わる祭り）や十五夜などの行事の折りに踊られるもので、それまでの１年の収穫と平穏に感謝し、これから始まる次の１年の豊饒と無事を祈る意味をもつという。十五夜の奉納相撲終了後に集落全員が参加して八月踊りが踊られる。八月踊りの踊り始めは盆のときで、これを「ウチハジメ」といい、盆からシバサシまでの間の踊りは八月踊りの練習にあたり「アシナレ」と呼ばれる。かつて、八月踊りは「ヤーマワリ」、あるいは「ヤースキ」といって、集落のなかの一軒一軒の前で踊り回ったものであったが、人口の減少に伴って簡略化されるようになり、集落の少数の決められた場所で踊るようになった。八月踊りの歌詞は方言であるため、若い世代には理解できない者が多く、八月踊りは衰退する一方であった。しかし、最近になって、この状況に危機

感を感じた青年団らが中心になって、昔ながらの踊りを知っている高齢者から踊り方を習ったり、歌詞を聞き取り記録するなどの活動を始め、八月踊りの保存に力をいれる集落が現われた。

　豊年祭りへの参加の経験は、集落住民にとってどのような意味があるのだろうか。集落における行事への参加は、個人の主体的な選択というよりも、集落からの有形無形の要請によってなされるという側面がある。実際には多くの住民は豊年祭りの相撲や棒踊りを楽しみにしているのであるが、集落内の付き合いや協力という観点からすれば、参加してもしなくても自由というものではない。

　相撲も棒踊りも老人会を招いて披露する形で行われるので、参加の仕方が集落内での社会的評価につながる。熱心に行事に参加することで住民は集落や年長者からの承認あるいは支持を得ることができる。種々の儀礼への参加は、集落が伝統的に保ってきた価値観を学ぶ場ともなる。

　大和浜集落には神聖な泉、道、祭司を行う家、宗教的に立ち入りが禁じられている場所など、さまざまな伝承がある。集落内のそれぞれの場所への意味づけを知ることが郷土への愛着にもつながる。また、儀礼への参加は年齢に応じた役割の推移を認知する場でもあり、加入儀礼の意味をもつ。フリダシの行列で、小学生低学年のときには一番後ろの方に並んでいたものが、学年が進むにしたがって、前の方へ、さらにそれは青年団、壮年団へつながり、ホラ貝を吹く役、泉の水を運ぶ役、太鼓をたたく役など主要な役割へと進んでいく。それは集落内での社会的な位置を象徴している。

　相撲の練習、ナカイレの準備、棒踊りの練習、八月踊りのアシナレはいずれも子どもたちが異なる年齢の者と共同で、直接身体を使って活動する場を提供する。そこには年長者の指導のもとに一定の規律が求められる。またそれは伝統文化を学習、継承する過程でもある。年中行事に限らず、儀礼的な活動に積極的に参加することは、地域の人間関係、社会関係の強化につながる。伝統的儀礼の実修から生まれた人と人の結びつきが、近年、活発になってきている地域支え合い活動の条件ともなっている。そこから生まれる互助

的な社会関係が地域における種々の役割創出を促進し、地域社会の維持・強化に貢献している。

7．青壮年団活動と新たに創設された行事

　上述の伝統的な民俗行事のほかに、近年、大和村では新しい行事が次々に創設されている。そのなかで最も盛大に行われる祭事が「ひらとみ祭り」である。ひらとみ祭りは1992年夏に大和村連合青年団の主催で新たにはじめられた夏祭りである。

　大和村には戦前、戦中にも青年団は組織されていたが、戦前、戦中のそれは若者が主体的につくった組織というよりは、「上意下達の御用団体的」な性格が強かったという。戦後になって1946（昭和21）年に新たに再建された青年団は、まず集落別の組織がつくられ、同年中に村単位の連合青年団が組織された。発足当時の団員数は男子450名、女子363名、合計813名で当時の大和村の人口の16％を占めていて、活動も非常に活発であったという。大和村の人口は、敗戦直後の引揚者が集落に戻った時期が最も多かったと伝えられる。敗戦後、奄美群島はアメリカ軍政府の管轄下におかれ、日本に復帰するのは1953年である。戦後、一貫して人口は減少を続け、人口の減少とともに、急速な過疎化と人口の高齢化が進んだ。活発だった青年団の活動は人口の減少と並行するように徐々に活動性を失っていき、やがて連合青年団として大和村全体で活動する機会がなくなっていった。

　ひらとみ祭りはそうした折に1992年、少数になりつつある若者たちが主体になって、村での生活に生きがいを感じられるようにと始めたものであるという。当時の村広報によれば、「この祭りは『青年団が一つの目的に向かって団結し、若さと情熱をアピール、各種団体の協調を礎に、小さな村の夢と可能性を次代につなごう』と村連合青年団が主催したものです」とある。

　戦後、奄美群島内ではそれぞれの自治体で独自の夏祭りが開催されるようになっていた。これら他地域の夏祭りは、自治体や商工会主導で町おこし、

村おこし、あるいは商店街の振興などを目的とした祭りという性格が強かった。大和村では他地域とは異なり、青年団が自分たちでつくる独自の夏祭りを構想した[8]。

　ひらとみ祭りは、2018年8月で第27回目を迎えた。この間、種々の事情で行事の内容に多少の変化があったものの、全体としては発展的に継続してきている。現在では村民ばかりでなく、村外からも多くの見物客を集める夏祭りとして定着している。この26年の過程で、ひらとみ祭りは連合青年団の活動として充実してきたばかりでなく、大和村全体に、あるいは村を構成する11の集落での生活の種々の側面に影響を与えてきた。ここではひらとみ祭りが、どのような条件のなかで始められ継続してきたか、またどのような社会的資源を活用してきたか、そして、この祭りが村の生活に何をもたらしているかを考察する。

　ひらとみ祭りの運営は連合青年団の活動のなかで、最大のものである。大和村連合青年団の成員は大和村に住む高校卒業後から31歳までの男女である。団員の数は1992年当時、100人前後であったが現在、実質的に活動している団員は20数名程度である。寄付集め、会場の準備、祭り当日の舟漕ぎ競争のための会場づくり、花火師の手配、ステージアトラクションのゲストの招聘、司会進行など、すべて連合青年団が担当している。

　奄美大島内の他の夏祭りが、自治体や商工会などが中心になって運営されているのに対し、ひらとみ祭りは連合青年団の主催で行われている。奄美大島のなかでは青年団が主催者になっている唯一の祭りである。現在の祭りの予算は村、商工会などの補助金、企業や商店、個人からの寄付によっている。

　ひらとみ祭りは、発足当時は新暦9月の第一日曜日に、その後、新暦8月の最終土曜日に変更されたが、2015年から新暦8月最終日曜日に行われるようになった。奄美群島で最後に行われる夏祭りという位置づけで続けてきた。

　祭りの名称の「ひらとみ」とは思勝集落のなかにある開饒（ひらとみ）神社からとったものである。この神社はサトウキビを奄美大島に伝えた大和村出身の直川智（すなおかわち）翁を祀った神社である。1992年時点で大和村

ではサトウキビは栽培されていなかったが、産業振興と、祭りの安全祈願の意味でひらとみ神社への参拝から始まる。近年は、村内外の糖業関係者から届く「豊作祈願書」とともに玉ぐしをささげている。新しい祭りを始めるにあたって大和村のシンボルとして開饒神社を選び、参拝しているという意味合いが強い。

ひらとみ祭り第1回から7回まではこの神社参拝の前に黒糖焼酎のひょうたん型の瓶や高倉を模してつくった神輿などを使ったパレードが行われた。パレードの進行順路も、思勝集落のクガツクンチの行列の道順にそって行われる。このパレードは青年団員の減少で、第8回からは行われなくなって今日に至っている。

祭りの内容は大別して舟漕ぎ競争、ステージアトラクション、花火大会の3つである。舟漕ぎ競争は古くからフナシュブ（舟勝負）といわれ、旧藩時代から盛んに行われた舟の競技である。使う船はアイノコと呼ばれる奄美群島独特の木製の手漕ぎ舟である。大正期以前、奄美群島で使われていた舟はイタッケ船であった。その後、沖縄の糸満漁師のサバニの長所を取り入れて、奄美群島在来のイタッケ舟の長所を折衷した形の舟が使われるようになった。ひらとみ祭りで用いられるものは、全長約5メートル、舟の最後尾に舵取り役が1名、漕ぎ手がその前に左右1人ずつ3列、合計7名が乗る形式のものである。舟によっては先頭に櫂のリズムをそろえるための掛け声をかける係をさらに1名乗せる場合がある。ひらとみ祭りではこのアイノコを4艘使い、スタート地点から沖に浮かべたブイを回って、スタート地点に戻るまでの300メートルで順位を競う。レースはエンガ（男性）の部、メラブ（女性）の部、同様に集落対抗の部がある。参加費は1チーム5,000円、賞金は1位10万円、2位5万円、3位3万円、4位1万円、1～3位には賞品も出る。

観客席は思勝漁港の船着き場に沿って、各集落別に設置される。応援も盛んで、チジンと呼ばれる八月踊りなどで使う太鼓をたたき、自集落の舟や親しい者たちへ声援を送る。旧藩時代から明治期までは名瀬湾で行われるフナシュブは各村対抗で行われ、それぞれの村民の力の入れようはたいへんなも

のだったという。その後、動力船の普及で手漕ぎのアイノコは実際の漁業には使われなくなったが、マーネ（旧暦最初の午の日、この日に仕事をするとハブに咬まれると伝えられる）や旧暦5月5日（五月節句）などの祭事の折りにはしばしばフナシュブが行われたという。ひらとみ祭りにもその気風が残っている。

　最近のひらとみ祭りではフナシュブは朝9時から始められ、すべてのレースが終了するのは昼過ぎになることが多い。フナシュブに続く行事は午後5時以降に始められるステージショーである。ひらとみ祭り創設当初、しばらくはフナシュブの会場近くに仮設のステージがつくられていたが、2000年に思勝港の広場に常設のステージが完成し、以降はこのステージでショーが催された。出演者はゲストとして呼ばれた芸能人、テレビ番組のキャラクターショー、島唄の歌手などに加えて、村内の保育園児や小中学生の舞踏、村住民による阿波踊り、フラダンス、バンド演奏、和太鼓の演奏など、多種多様の出し物が披露される。

　観客席はステージの前の芝生で、観客はビニールシートに飲み物、食べ物を携えて集まる。観客席の周囲には村外から集まった夜店の屋台が立ち並ぶ。村外からの子や孫、親類縁者なども集まり、観客席は幼児から高齢者までが集まるにぎやかな交歓の場となる。また、この場はステージのアトラクションに続く花火大会の会場でもある。花火大会は、例年午後9時前には終了する。近年の来場者数は約3,000人で、村人口の約2倍の数である。

　連合青年団はこの後、会場の後片付け、清掃、諸施設の点検などを行う。ほぼ午後11時頃に終了。この後、連合青年団と花火業者やステージショーの出演者などを交えて反省会を兼ねた宴が催される。

　ひらとみ祭りは連合青年団を中心に村民全体が出場者、出演者であると同時に観客でもある、まさにワキャシマ（我々のムラ）の祭りとして継続してきているのである。

8．住民主体の新たな動き

　近年、大和村では住民が主体になって進める事業が次々に創設されている。その一つに「NPO法人タマス」の創設がある。役場を早期退職した国直集落出身のN氏が、地元に「観光を利用した健全な地域をつくること」を目標に設立したNPO法人である。法人名である「タマス」とは奄美大島の方言で利益の共有とか均等配分を意味する言葉だという。N氏は役場の退職金を資本にNPO法人を設立した。国直集落に生まれ育ったN氏の父は漁師、母は民宿の経営をしていた。島内の高校を卒業後、関東地方に就職したが、数年後、大和村役場に勤務することになり、主に広報の仕事で優れた業績を残した。役場には20年間勤務したが、40歳代後半になって、大和村出身の若者たちが次々に都会に出てゆき、帰ってこない現状をなんとかしたいという思いを強くし、参加型観光を中心にして、雇用を創出するNPO法人の設立を考えたという。周囲を説得し、役場を退職して新しい事業を始めることにした。参加型観光とは、観光客がただ景勝地の景色を見てまわるだけでなく、地域の風土に根づいた文化を体験し、集落住民とも交流できるような観光事業を指している。具体的にはシーカヤックやシュノーケリング、SUP（スタンドアップパドル）、釣り、トビウオ漁、手長エビ採り、郷土料理作り、ウミガメウォッチングなど「国直集落まるごと体験交流」と銘打ったツアーを多数用意している。すでに、これらはモニターツアーを行い、現在、インターネット上で参加者募集を行い、営業を開始している。

　タマスのホームページによれば主な事業は3つ、奄美大島の多様な自然環境や伝統文化の保全事業、観光の振興および情報の発信による都市と農村の交流事業、人材の地域資源を活用したコミュニティビジネスの展開による地域活性化事業である。

　こうした動きのなかで成果をあげているものの一つに2010年に始められた

「宮古崎つつじウォーク」があるが、これはNPO法人タマス設立のきっかけになったものである。国直集落にある宮古崎は大和村内の景勝の地、ここに自生していたタイワンヤマツツジは盗掘のために絶滅状態になった。これを復活させようと国直青年団を中心にした有志によって実行委員会がつくられ、苗木を栽培し、植樹のための準備を整え、2010年に植樹とウォーキングの会を実行した。NPO法人設立後はタマスが中心になって運営し、村、集落婦人会などの協力を得て、これは毎年続けられ、2018年3月には第9回目が催された。

　実際の運営スタッフは青年団有志と移住してきた若者層の人たち、集落婦人会、役場職員などである。ウォーキングの出発会場は集落公民館とその前庭にある豊年祭のときに使う土俵である。2018年に行われたウォーキングには500人ほどの参加者があった。壮年団有志が、方言でゴシャンと呼ばれる杖になる枝を山から切り出して用意している。ウォーキングの行程は約5キロメートルで植樹や記念写真の撮影などを含めて2時間ほどである。帰ってきた参加者には集落公民館で婦人会が用意したカレーライスが提供される。年によっては狩猟をする住民がとったシシ汁（イノシシの吸い物）がふるまわれることもあった。例年、ウォーキング終了後は土俵が野外ステージになり地元有志によるコンサートが行われている。このほかに、まほろば大和ウォーキング大会、大和村ジョギング大会などのスポーツ行事など、自主的に始められた行事が次々に創設された。これらの活動は着実に社会的連帯を強める契機になっていると考えられる。

　こうした活動のほかに大和村は2011年から地域支えあい体制づくり事業を始めた。これは大和村保健福祉課が中心となって鹿児島県地域支え合い体制づくり事業を活用して興した地域支援事業である。村が『ユイの心』＝（相互扶助）で助け合って暮らす生活を推進する活動を行う団体を募集したところ、初年度、4つの集落から4団体が応募して活発な活動を展開した。4つの団体の活動は、独居高齢者への声かけ運動、見守り活動、農産物の販売促進や地域の居場所づくりなど多様な活動であるが、みな住民のもつ能力や資

源を使って「できる人ができることをする」活動である。行政はそれを側面からサポートしている。2017年度までにさらに6団体が加入し、10団体が活動している。

　この他、大和村は2016年から地域おこし協力隊の採用を始めた。これは総務省が2009年から始めた取り組みで、過疎債などを受けている条件不利地域や3大都市圏以外の地方自治体が都市部在住の人を非常勤や嘱託職員として採用し地域興し活動を委嘱するもので、任期は1〜3年、隊員の報酬、活動費、起業する場合はその経費がそれぞれの規定によって地方交付金として自治体に入ることになっている。初年度は新潟県出身の30歳代の出版編集経験者1名を採用した。隊員は「外からみた大和村」について村広報で報告し、地域興しのアイディアを提起した。次年度はさらに3名を採用し、合同会社「ひらとみ」を設立して農業振興、農産物販売促進、雇用創出などに取り組んでいる。

結びにかえて

　大和村の人口減少と高齢化の速度は数字だけをみれば、地域社会存続の境界（限界）に向かいつつあるようにみえるかもしれない。しかし、現実の地域の生活をつぶさに観察すると、人口減少や高齢化の進行に反比例するかのように集落内で種々の活動が創出されて地域住民の連帯を強化し、日々の生活を生き生きとしたものにしている。また、それらの活動は数多く行われる年中行事や各種の儀礼の実修と強い関わりがあり、大和村の高い出生率や長寿者が多いことと結びついているようにうかがわれる。

　大和村の集落で行われる行事や儀礼の特徴は、集落の住民自身が祭りの準備をし、当日は祭りの主人公として祭りをとり行い、そして、それらを観客として楽しむのも住民自身なのである。祭りをとり行うことが、集落に住み暮らす住民としての存在を自ら確認し、周囲からの承認を得ることにつながる。また、このことは、祭りの準備を長い時間をかけて行うこととも関連す

る。八月十五夜の例であれば相撲の稽古、棒踊りの練習、仮装行列の準備、八月踊りのアシナレと、いずれも、祭り当日の1ヵ月以上前から、集落の成員と一緒に準備しなくてはならないものである。祭りを行うことが結果として集落内の人間関係を維持、強化することにつながっていると考えられる。さらに、人生儀礼についてみれば、「イジャシハジメ」と呼ばれる出生7日目の祝いからはじまって、成長にしたがって百歳以上にまで続く「年の祝い」など数多くの祝い事が設定されている。学校教育が普及してからはこれに入園、入学、卒業が加わった。

これらの行事は家族、親族で行うだけでなく、各集落に設置されている公民館を使用して集落合同で行うことが多い。これらは住民の連帯を強める契機になるし、特に高齢者の祝い事は年齢が高いほど盛大に行われ、高齢者の生きがいにもつながるものと考えられる。

ひらとみ祭りは新しく創設された祭りであるが、この祭りの内容は多分に大和村と奄美群島の伝統文化の要素を取り入れたプログラムで構成されている。単にスポーツ大会を行うのなら、その開始のときには開会宣言をするだけでいいわけだが、ひらとみ祭りの開始は、開饒神社への参拝と祈願から始まる。祭り創設の初期のころに行われていたパレードも、豊年祭のフリダシの道順を踏襲し、神輿も高倉や黒糖焼酎の瓶を模した奄美の伝統文化を象徴するものを用いている。

メインイベントの競技もフナシュブを選んでいる。昭和初期の1920年代半ばころから大和村では商工会主催の産業祭が行われていて、そのメインイベントがフナシュブであった。旧藩時代からの伝統ある競技であるが、長い間途絶えていたものをひらとみ祭りは大和村の海に復活させた。かつて、大和村のフナシュブのチームは奄美大島全体の大会などでも好成績をおさめた強豪であったと伝えられる。フナシュブの復活を知ったかつての選手たちは、きっと心躍る思いをしたことと察せられる。

また、フナシュブに続くステージショーも、会場の設定から司会進行、出演者の選択、契約その他の運営すべてを青年団が行う。出演者は村外から招

いた芸能人も出演するが、村内の保育園児や、村民のグループが多数出演する。まさに自分たちでつくる、自分たちのための祭りという色彩が明らかである。また、大和浜の豊年祭と同じように、ひらとみ祭りの準備も長い時間をかけて行われる。たとえば和太鼓の演奏をする主婦のグループがあるが、これは数ヵ月前からひらとみ祭りのステージでの演奏を目標にグループをつくり、練習を始めた。出演を果たした後は、別の催事のステージにも出演するようになり活動の場を広げた。このような自主的な活動にはある種の波及効果がある。

　さらに近年はこうした活動を経験して育った若者たちが種々の新しい活動を始めている。そこに村外からやってきた新たな住民や地域興し協力隊が合流して新たなコミュニティづくりが始まっている。

　人口が減少し、高齢化が進むなか、さまざまな工夫と努力が生きがいのある生活に結びついている。上述のように新たな行事や活動が次々に創出されるのは、人口減少、高齢化の進行への適応とみることができるかもしれない。小さな社会でも結束し支え合えば生きがいのある生活が可能である。またこのような活動が次々に起こるのは、住民の多くが、伝統的な行事に参加した経験をもち、地域が連帯することの重要性を認識していることが条件となっているのかもしれない。

　Uターン、Iターンなどによる移住者について付言すると、集落の生活における行事や儀礼を契機とした連帯の重要性を強調したが、これらの行事、儀礼はそれらを煩わしいと思う人には大きな負担になる。また、一般に行事や儀礼の準備段階を観察すると男性よりも女性の方に負担が重いことがわかる。また、将来にわたって移住者を受け入れるとき、これらの事情をよく移住者に理解してもらう努力と同時に、負担が過重にならないように配慮する工夫が必要である。集落の住民でも高齢者のなかには数多く行われる祝い事の祝儀が経済的な負担になっているという意見があった。

　また移住者の転入に際しては地域住民から多くの助力や援助を受けることがしばしばである。これらの助力や援助は移住者が一方的に受けるだけです

まされるものではない。『ユイの心』とは相互の関係であり、集落は互酬性の支配する生活空間である。受けたものは地域における長い生活のなかで有形無形のうちに返していかなくてはならないものであることの理解が必要である。移住者を含めた新しい地域社会の構築には移住者に集落の人間関係、社会関係の理解を求めると同時に移住者の生活感覚にも寄り添う姿勢が必要かもしれない。

　最後に地域社会存続の境界について言及するならば、小田切徳美は農山村の集落の動向を３つのプロセスに分けてまとめている。第一には農山村の集落は強靭で強い持続性をもっていて、それは地域を守り次世代へつなげようとする農山村家族の強い意志によると指摘する。これは大和村の事例からも共同労働、親族的紐帯、各種の儀礼の実修などを通じて共通の様相をみてとれる。しかし、第二に「元気そうに見える集落でも、急速に活動が停滞することは各所でみられる現象である」として、この事態を「臨界点」と呼んでいるが、これは「境界」や「限界」とほぼ同義とみられる。集落が臨界点を超えるのは農山村家族の強い意志が何らかのインパクトにより「諦め」に変ることによって起こり、そのインパクトはしばしば水害や地震等の自然災害であるという。

　そして、第三として、農山村集落は「強くて、弱い」という矛盾的統合体であるという。つまり、人口が減り、高齢化が進んでも、いわゆる都市社会よりは密接な人間関係や互助的生活習慣の存在で、「打たれ強い社会」ではあるが、人口規模が小さかったり、地理的、経済的に不利な場合が多く、何らかのインパクトにより「臨界点」を超える可能性があることは否定できないということである。[9]

　大和村も大きな自然災害に遭遇している。2010年10月に起こった奄美豪雨である。奄美大島全体では死者３名、家屋の全半壊603棟、床上床下浸水886棟、被害総額115億円という甚大な被害が出た。大和村でも複数個所で土石流が発生し、各集落をつなぐ県道は十数カ所で崖崩れが起こり、停電、断水に加えて交通の遮断によって５日間孤立状態におかれた。しかし、各集落で

は災害発生初期から住民の主体的な避難、救護活動が行われた。普段の集落内のつきあいから、どこに高齢者など救護の必要な人がいるかよく認知されていた。結果的に大和村では1人の死傷者を出すこともなく復旧に取りかかることができた。

　大和村では著しい人口減少と高齢化のなかで、この災害が小田切の言う「諦め」の契機につながらず、「臨界点」＝境界に近づくことに向かわなかった。行政と住民が種々の工夫と努力と続けているのは前述の通りである。これまでみてきた先行研究と大和村の事例からいえることは地域社会の維持と消滅の境界は実に多様で、限界集落論のいう「65歳以上が住民の50％を超える」、あるいは増田レポートのいう「20年間に出産年齢の女性が50％以上減少」といった数値だけで一律に地域社会の存亡の境界を示すことは困難であるということである。

　大和村は人口減少と高齢化の進む小自治体において安定的な生活を維持する努力を続けている事例として、多くの示唆を提供するものと考える。

【注】

1) 要介護度3とは「立ち上がりや歩行などが自力ではできない。排泄や入浴などに一部、または全面的な介助が必要」な状態を指す。

2) 日常生活自立度Bとは「屋内での生活は何らかの介助を要し、日中もベッドの上での生活が主体であるが、座位を保つ。車椅子に移乗し、食事、排泄はベッドから離れて行う。介助により車椅子に移乗する。」平成3年11月1日、老健第102-2号　厚生省大臣官房老人健康福祉部長通知より

3) 石川雅信　1983年「奄美大島大和村の社会組織」『南島史学』第21・22号　南島史学会

4) 石川雅信　1986年「奄美大島の老人問題」『家族問題研究』第12号

5) 下敷領須美子他、2006

6) 幸田博夫　1997年『青春の軌跡―大和村連合青年団文書―』広報社　p.30

7) 大和村役場企画課編　1992年　縮刷版『広報やまと　105号』p.365

8) 奄美大島は奄美市、瀬戸内町、竜郷町、宇検村、大和村の1市、2町、2村からなる。奄美市は2008年、名瀬市、笠利町、住用町が合併したもので、夏祭りは合併以前の自治体ごとに行われ、現在も続いている。それらの名称と2015年時点での継続回数

第4章　奄美民俗社会における地域社会維持の境界について

を記すと、名瀬市・奄美祭り・52回、笠利町・あやまる祭り26回、住用町・三太郎祭り・29回、竜郷町・竜郷ふるさと祭り・23回、瀬戸内町・みなと祭り・33回、宇検村・やけうちどんと祭り・37回である。

9）小田切　2015、pp.40-43

【参考文献】

相川俊英　2015『奇跡の村─地方は「人」で再生する』集英社

安渓遊地　2017『廃村続出の時代を生きる─南の島じまからの視点─』南方新社

石川雅信　1983「奄美大島大和村の社会組織」『南島史学』第21・22号　南島史学会

─────　1986「奄美大島の老人問題」『家族問題研究』第12号　家族問題研究学会

植田今日子　2016『存続の岐路に立つむら─ダム・災害・限界集落の先に─』昭和堂

大野晃　2005『山村環境社会学序説─現代山村の限界集落化と流域共同管理─』農山漁村文化協会

─────　1991「山村の高齢化と限界集落」『経済』7月号　新日本出版社

─────　2015『山・川・海の流域社会学─「山」の荒廃問題から「流域」の環境保全へ─』文理閣

小田切徳美　2104『農山村は消滅しない』岩波書店

小田切徳美・藤山浩・石橋良治・土屋紀子　2015『はじまった田園回帰─現場からの報告』農山漁村文化協会

片桐資津子　2005「奄美の出産と育児に関する地域・家族研究─少子化時代の相互扶助としての〈沖永良部的家族関係〉とパラサイト出産─」山田誠編　2005『奄美の多層圏域と離島政策─島嶼圏市町村分析のフレームワーク─』九州大学出版会所収

佐野眞一　1997『大往生の島』文藝春秋社

下敷領須美子・宇都弘美・佐々木くみ子・井上尚美・嶋田紀鷹子・藤野敏則　2006「奄美群島における子育て支援の実態─保健師・母親への聞き取り調査を基に」『母性衛生』47-1　日本母性衛生学会

関満博　2013『鹿児島地域産業の未来』評論社

曽根英二　2010『限界集落─吾の村なれば─』日本経済新聞出版社

高橋孝代　2006『境界性の人類学─重層する沖永良部島民のアイデンティティ─』弘文堂

田畑洋一　2017『琉球弧の島嶼集落における保健福祉と地域再生』南方書房

坪井敏純　2000「母親の子育て意識と育児環境─鹿児島県名瀬市（奄美大島）における保育所通園児の母親を対象とした調査報告─」『鹿児島女子短期大学紀要』第35号　鹿児島女子短期大学

─────　2001「奄美大島における子育て環境　第一報　─奄美大島における保育所通園児

の母親を対象とした調査報告―」『鹿児島女子短期大学紀要』第36号 鹿児島女子短期大学

―――― 2003「奄美大島における子育て環境 第二報 ―名瀬市以外の認可保育所及びへき地保育所通園児の母親を対象にした調査報告―」『鹿児島女子短期大学紀要』鹿児島女子短期大学

久岡学 2002『田舎の町村を消せ―市町村合併に抗うムラの論理―』南方新社

―――― 2005a「復帰50年を迎えた奄美」奄美学刊行委員会編『奄美学―その地平と彼方―』南方新社

―――― 2005b「奄美市誕生の経緯」鹿児島県地方自治研究所編『戦後奄美史―揺れる奄美、変容の諸相―』所収 南方新社

―――― 2017年「通史編Ⅳ 第5章 平成の大合併」宇検村誌編集委員会編『宇検村誌―自然・通史編―』宇検村教育委員会

藤井満 2006『消える村生き残るムラ―市町村合併にゆれる山村―』アットワークス

皆村武一 2006『村落共同体崩壊の構造―トカラの島じまと臥蛇島無人島への歴史』南方新社

山下祐介 2012『限界集落の真実―過疎の村は消えるか―』筑摩書房

山﨑義人・佐久間康富 2017『住み継がれる集落をつくる―交流・移住・通いで生き抜く地域―』学芸出版社

山田誠 2005『奄美の多層圏域と離島政策―島嶼圏市町村分析のフレームワーク―』九州大学出版会

幸田博夫 1997年『青春の軌跡―大和村連合青年団文書―』広報社

第5章

市町村合併をめぐる境界性の問題
── 山形県金山町・鹿児島県南さつま市坊津町の事例から──

大胡　修

はじめに

　現在、日本の将来にさまざまな不安が押し寄せている。外交問題もさることながら、国内に目を向ければ、高齢社会と少子化、人口問題、過疎等々、どれもが対策を誤れば国の将来を危うくする問題である。たとえば、高齢社会。一般に、「総人口に占める65歳位以上の高齢者人口の比率が次第に増えていく社会」を高齢社会というが、その比率が7％を超えると高齢化社会、14％になると高齢社会、さらに21％を超えると超高齢社会とされる。[1] わが国は1970年に高齢化社会を迎え、1994年に高齢社会、2007年に超高齢社会へとなり、2017年現在、高齢化率は27.7％であり（『平成30年度版高齢者社会白書（概要版）』総務省）、4人に1人が高齢者となっている。

　1999年4月、日本民俗学会の50周年記念事業として曳舟文化センター（東京）で開催された「老い─その豊かさを求めて」のシンポジウムは民俗学会が〈老い〉の問題にどのように取り組んできたかを示した意義深い大会であった。高齢社会を見据えた行政側の対策は、ともすれば老人を社会的弱者としてのみ捉え、精神的あるいは物質的なケアーを必要とする対象としてきたことは否めない。高齢者へのケアーが必要であることは言うまでもないことだが、このシンポジウムでは、老人を「豊富な人生体験を持ち、文化を担い、若い人たちに生活の知恵や技術を伝え、教育に参画してきた意味ある存在」[2]

として位置づけ、〈老い〉を長老制、隠居制、長寿儀礼、昔話などに登場する老人像から、弱者として社会から排除される老人ではなく、強く豊富な知恵があり、時として鬼や神にすらなる多様な老人として捉えている[3]。

　それはまた高齢社会への新たな提言として、従来の老人観、老人像を見直し、多様で豊かな老人の存在意義を積極的に捉え直そうとするものであった。

　フィールドワークは文化人類学にとって欠かせぬものだが、フィールドに赴きその伝統文化について聞き取り調査をするときに豊富な情報を与えてくれる「先生」として、老人は格別な存在であった。なによりもキースがいうように、フィールドにおける老人は「人類学者と長い間にわたって同盟関係を結び、異文化にいるわれわれにたいして伝統文化の案内役をはたしてくれた」からであった[4]。そこにはその土地に生まれ育ち、そこで働いてきた彼らは、当然、村の歴史や昔話をよく知っており、祭祀儀礼などでも中心的役割を果たすことも多く、文化の伝承者としてうってつけであるという研究者側の思いがあった。

　しかし、その思いは、インフォーマント（情報提供者）としての老人であり、かれらの体験にまで目を向けることはなかった。老人そのものを対象とした研究が文化人類学で真剣に取り組まれるようになったのは1970年代以降のことであり、いつ老人になり、いつそれを意識し、どんなときに老人として扱われるようになるのかについて、それぞれの文化的脈絡を視野に入れながら、老人の概念にむけての新たな動きが始まった。

　一方、老人研究に大きな位置を占めている老化の研究も生物学的・医学的側面、精神・心理学的側面、社会学的側面から多面的にされてきたが、片多は第4の側面として、どの文化にもその成員たちに各年齢段階、性別に応じて、ある特定の責任、義務、特権などが付与され、それにふさわしい行動の仕方や、考え方のあることから、老化の文化的側面の研究を提唱している[5]。たとえば白髪について、それを単に肉体的衰えのひとつとみなす社会もあれば、知恵の象徴とみなしたり、病気と考える社会もある。あるいは、年齢の経過とともに獲得していくものがある替わりに失っていくものもあり、老人

第5章　市町村合併をめぐる境界性の問題

に対する考え方は孤独、役割喪失、弱者といった紋切り型的捉え方ではなく、伝統文化の伝承者として、あるいは他の年齢層と同じようにきわめて多様なニーズをもった存在として捉えようとするものであった。このように老人がおかれている複雑な環境、状況をいかに多面的に捉えるかによって、あらたな老人の姿を把握していこうという動きは、たとえば内閣府の「高齢社会対策大綱」（2012（平成24）年9月7日閣議決定）などでも最重要課題として指摘されている。

　この高齢者（老人）問題と対をなしているのが少子化である。「少子化」の言葉が使用されるようになったのは、1992年に当時の経済企画庁が公表した『平成4年版国民生活白書』においてであった。同書は「少子化社会の到来、その影響と対応」という副題が示すように、少子化現象が、結婚、家族、教育など国民生活にどのような影響をもたらし、どのような問題を生んでいるかについて分析・考察したものであった。

　また同書において少子化を「出生率の低下やそれに伴う家庭や社会における子供数の低下傾向にある状態」と説明している。少子化は出生数、出生率（合計特殊出生率）とかかわるが、その推移をみると、わが国の年間の出生数は第1次ベビーブーム期には約270万人、第2次ベビーブーム期には約200万人であったが、1984年には150万人を割り込み、1991年以降は増加と減少を繰り返しながら緩やかな減少傾向になっている。とはいえ、少子化がもたらす将来への不安は、すでに現実の問題となっている。

　ちなみに、2015年の出生数はおよそ100万人であり、前年より2,000人ほど増加した。しかし、厚生労働省「平成28年（2016）人口動態統計の年間推計」によれば、2016年の出生数は98万1,000人と推計され、100万人を割り込んだことが大きなニュースとなった。このことはわが国の総人口にも顕著に表れ、2010年のおよそ1億2,000万人から以後、長期にわたる人口減少期が始まり、2030年に1億1,000万人、2048年には9,000万人台と1億人を割り、2060年には8,000万人台になると推定されている。

　戦後、おおむね2.1の数値で推移していた出生率が、1966年のいわゆる丙

午の年に1.58という戦後最も低い出生率を記録したことに政府は驚いたが、国民の大方は「丙午の年に生まれた女児は長じて夫を食い殺す」という古来の迷信を信じて、多くの若い夫婦が出産を控えたという事実にむしろ驚いた。しかし、その年の前後の出生率はそれまでの水準に回復していることから、この出生率は一時的な例外と受け止められていた。ところが、1989年に起こった「1.57ショック」は、丙午といった特別な事情や理由もなく1966年の出生率を下回ったことになり、そうした意味で政府に大きな衝撃を与え、その原因と対策に追われることとなった。とはいえ、戦後の出生率は一貫して減少傾向を続けており、低出生率が突然表れたわけではなかった[6]。

　近年の出生率低下の主な要因として、人口問題審議会は1997年の答申で、すでに2点を指摘している。

　（1）未婚率の上昇（晩婚化の進行と生涯未婚率の上昇）

　（2）夫婦の平均出生児数（2.2人）と平均理想子ども数（2.6人）との開き

　そして（1）の要因として、育児に対する負担感、仕事との両立に対する負担感があること、個人の結婚観、価値観の変化、親から自立して結婚生活を営むことへのためらいがあるとした。また、（2）については、子育てに関する直接的費用の増加に加え、子どものよりよい生活への願望があることを指摘している[7]。

　このことは出生率の低下を少子化と規定したさきの『国民生活白書』でも、少子化が非婚化、晩婚化とともに有配偶者女性の出生率低下に起因しているとされた。この『白書』が作成された1992年から4半世紀が経過した現在、現状はさらに深刻さを増している。少子化とは親世代よりも子世代が少なくなることであるが、それは、社会全体のさまざまな局面において、計り知れない大きな影響を与え、多くが将来の社会に対して不安を抱いている。これら少子化の原因としてあげられてきた諸点の背景には、社会の成熟化にともなう個人の多様な生き方の表れ、女性の社会進出とそれを阻む固定的な男女の役割分業意識と雇用慣行、それを支える企業風土の存在、快適な生活の下での自立に対するためらいなどが指摘されている。

第5章　市町村合併をめぐる境界性の問題

　現在、厚生労働省による少子化対策推進基本方針によって、仕事と子育て
の両立、安心して子育てができるようなさまざまな環境整備が進められ、子
どもの成長と子育て家庭を支援する社会を目指す少子化対策が行われている。
皮肉にも、社会の成熟が少子化を生むこととなったが、社会問題はさまざま
な要因が重なり合って深刻化している。この少子化問題と先述の高齢化問題
が重なり合うと少子・高齢化問題となり、そこには過疎化というもう一つの
難問が重なってくる。

　顕著な人口流出によってムラの社会構造が変質し、その機能に深刻な影響
を与える現象は「過疎」ないし「過疎化」と表現されるが、「過疎」という
言葉が公式に登場したのは、経済審議会地域部会が1967年に発表した『地域
会報告—高密度経済社会への地域課題』（昭和42年3月）においてであった。[8]

　当時、日本は昭和30年代に始まる、いわゆる高度経済成長への道を進み、
人口の都市集中による地域格差が深刻な問題となっていた。報告書では、そ
うした都市への急激な人口移動が、一方では人口減少地域に深刻な問題を引
き起こしている実情にふれ、その地に起こっているさまざまな問題を「過密
問題」の対極にあるという意味で、「過疎問題」として捉え、「過疎」を人口
減少によって一定水準の生活を維持することが困難になった状態であると定
義した。そして、地域社会の維持に不可欠な防災、教育、保険などを継続す
ることや自然・社会的資源の活用が困難となり、地域の生産機能が著しく低
下している状況を具体的事例をあげて報告した。さらに急激な人口減少が人
口密度の低下を生み、結果として年齢構成の老齢化が助長され、それまでの
生活水準を維持することが困難となった地域を「過疎地」とした。

　この経済審議会の報告から半世紀が過ぎた今日、過疎・少子高齢化は加速
度的に進み、地域間格差も一段と拡大した。政府も1970年に「過疎対策緊急
措置法」（過疎法）を制定して以来、10年おきに過疎法、過疎地域活性化特
別措置法として更新し、人口減少に起因する地域社会の抱える問題に対処し
てきた。[9] しかし、人口減少に歯止めがかからず、高齢化と若年層の流出は続
き、耕作地の荒廃は本来のあるべき原風景を一変させた。

237

「過疎」の概念について、農村経済学者の渡辺兵力は若者の流出にともなう出生力の低下によって起こる人口自然減（あるいは自然増加率の減少）を意味する人口論的過疎と、人口減少によって引き起こされる地域の社会・経済的機能の停滞あるいは低下状態をさす地域論的過疎とに区別し、過疎といってもそのなかに含まれる質的差に注目すべきであると指摘した。また、地域論的過疎には人と家〈世帯〉の減少で地域社会の生活が困難になっている社会的過疎と、労働力減少のために一定の地域社会の生産活動が停滞し、資源利用の粗放化、次いで利用放棄が現出する経済的過疎とがあることにもふれている[10]。

　これに対して、「過疎」の根底にあるものは何か、その有効な対策はといった問題に関心を寄せた社会学者もいたが、その取り組みは農村経済学のそれに比してだいぶ劣るものであった[11]。

　このことについて、鈴木栄太郎は戦後日本の農村社会に起こったさまざまな変化や農民の抱えた困難な問題について、農村研究者たちはそれを深く追究することもなかったと辛辣に批判している（鈴木 1970、354-355頁）。それでは人類学はこの問題にどのように取り組んでいたのであろうか。このことについては文化人類学者、米山俊直の見解が参考になろう（米山 1969）。

　過疎問題を「まったくなまなましい人間の問題である」ととらえた米山は「それ（過疎の問題）は、第二次大戦のあとというひとつの時代に、たまたま日本人として、たまたま山村の人間として存在しているという、そういう人間のひとりひとりの問題であるように思う。その人がムラを離れるのも、またムラにとどまるのも、いわばこうした個人の決断の問題である」と述べている（米山 前掲書、29頁）。

　ムラを出るも残るも個人の問題であるとする米山の主張は、個人の決断だけで動くには、ムラの伝統やイエのしきたりが強かった時代、つまり米山が言うところの、個人の問題に還元しきれない要素があった時代から（前掲書）、いまや個人が簡単にそうした拘束を破ることができる時代が来ていることを意味していた。それゆえ、過疎を解くカギはもはや、ムラやイエにではなく、

まして伝統的な共同体論や共同体解体論の枠組みでは論じられない、まったく新しい、今日的課題となっていると米山は主張する。

21世紀に入った今日、エネルギー資源、食糧、人口問題と次なる世紀に向けての問題が山積している。加えて、地球温暖化も課題として浮上している。日本社会に目を転じれば、急速に進む少子・高齢化問題、食糧自給率等々、解決すべき問題は多い。とりわけ、過疎と過密、地域間格差の問題は、有効な方策を見つけられぬまま時間のみが経過している。

たとえば、過疎地域の人口はわが国の人口の8.6％を占めているにすぎないが、面積では59.7％と国土の約6割を、また市町村数では半数近くを占める（『平成28年度過疎対策の現況（概要版）』総務省）。また総人口に対する過疎地域の人口減少率の推移をみると、過疎問題が顕在化した1960年には21.1％と顕著であったが、その後は鈍化し、1975〜1980年には2.22％と著しく改善された。しかし、1985〜1990年以降には再び増加傾向となり、2010年には8.9％になった。これら人口増減の要因は、1988年度以前は自然増を上回る社会減による減少が、また1989年度以降は社会減と自然減の両方が減少の要因となるものであった。この傾向は2008年度になると社会減が拡大から縮小に転じ、2009年度以降は自然減が社会減を上回るようになっている。

1960年と2010年の年齢構成をみると、0〜14歳の年齢構成比は34.9％から11.4％と大幅に減少し、生産年齢人口である15〜64歳人口の割合も減少している。他方、65歳以上の高齢者階層は構成比が6.7％から32.8％へと大きく増加し、わが国が超高齢社会となっている現状を示している。この年齢別人口構成比を全国と比較しても、64歳以下のすべての年齢構成で、過疎地域が全国よりも低く、15〜29歳との構成比の差も大きい。他方、65歳以上をみると、過疎地域は全国に比べて10ポイント（32.8％）多くなっている（『平成27年度版過疎対策の現況』1〜3頁　総務省）。

ここから読み取れることは、人口減少が若年層の流出を助長し、結果として高齢化社会を生み出していることである。そのことは、当該社会を維持していく生産活動に影響を与えるであろうし、さまざまな行事の継承と持続性

を低下させることにもなろう。人がいなくなるということは、単に人口が減少するということだけではなく、たとえば、本来であれば祭礼で神輿を担ぎ、道普請をすべき人間がいなくなることであり、それゆえ、ムラの行事から引退した住民が駆り出され、ムラの秩序が崩れていくことを意味している。たしかに、米山の言うように、ムラを出る、出ないという選択は個人の選択に帰すべきことである。その土地を去る住民にもさまざまな理由があっただろうが、おそらく伝統やイエを超えて個人として決断し、選択した結果であった。

　過疎化現象を図式的に描くとすれば、若年層、とくに労働年齢の中核となるべき青年男女層の村外流出に始まり、その結果は労働力の減少と地域社会の維持・継承力の低下を引き起こし、当該社会に大きな影響をもたらした。人が移動するにはそれなりの理由があり、個人の決断・選択であるが、それを誘因するひとつにインターネット社会特有のさまざまな情報の流入がある。かつて都会生活にあこがれ、多くの青年男女が都会をめざしてふるさとを去った。それは、就業、就学の機会を求めて都会に流出するという、いわば「社会的現象」であった。そのかれら（団塊の世代）もすでに定年を迎えた。しかし、今やいながらにしてインターネットを通じて多くの情報を得ることができ、必ずしも都会生活が至上の目的とはならない環境があるように思える。にもかかわらず、過疎に歯止めがかからない。

　筆者がこれまで訪れた鹿児島、瀬戸内海の離島のなかには、遠くない将来、無人島化することが懸念される島が少なからずあった。そこには社会的減少では括れない、出生数の減少と死亡数が出生数を上回るというあらたな社会的状況が生まれている。それは社会的減少に対する「自然減少」という問題であり、都市の過密によってもたらされたという従来のとらえ方ではなく、過疎社会自身のなかで起こっている出生率の減少による過疎化進行の問題としてとらえねばならないことを示している。

　本稿の主題である市町村合併も、なぜ合併するのかという問いに対して、おそらくはこれまで記してきた少子・高齢、人口減少、過疎化といった問題

がその根源にあるからと、当該社会の多くの人が語る。もちろん、それだけで合併が起こるわけではなく、財政、教育問題、福祉・医療など住民サービスなどの効率化など多岐にわたる。ただ合併に至るまでには各自治体の長としての思いだけでなく、地域住民の切なる願いがあることも事実である。ただ、その願いにも賛成、反対があり、一様ではない。さらに、当該地域に住む人々が、日々の暮らしのなかでつくりあげてきた生活圏という目に見えない空間（境界）があることに注意せねばならない。

　以下では平成の市町村合併に焦点をあて、合併がなった事例とならなかった事例を取り上げながら市町村合併の意味を考え、また、人々の生活圏を"境界"という視点からみたとき、合併問題によって生じた生活圏の変更がどのような意味をもつのかについてふれていきたい。そこで、まず明治以降に行われた市町村合併の概要を記し、次いで平成の大合併についてふれていこう。

1．平成の市町村合併

（1）平成以前の市町村合併

　近代日本の黎明期であった明治初期、わが国には、いまだ江戸時代からの地縁社会の性格を残した町村が多く存在し、人々の生活の基盤となっていた。そのため新政府は、1878（明治11）年にいわゆる三新法（郡区町村編成法、府県会規則、地方税規則）を制定し、近代的地方自治制度確立に向けて一歩を踏みだした。これが後の明治の大合併の基礎となり、やがて日本の近代的地方自治制度成立へとつながっていくことになった。

　明治以降、昭和にかけて2度の市町村の大合併が行われた。「明治の大合併」は1888（明治21）年に公布された市制町村制の施行に伴い実施されたもので、第一には行政上の目的に合った規模の自治体を実現すること、および、教育、徴税、土木、救済、戸籍の事務処理など、近代国家に相応しい地方自治行政を実現するための基盤整備を目的としたものであり、加えて小学校や

戸籍の事務処理を迅速に行うために約300〜500戸を標準規模として全国的に実施された。その結果、1888年におよそ7万あった市町村が翌1889年には1万5,000に大きく減少した（表1）。

表1　市町村数の変遷

年　月	市	町	村	計
1888（明治21）年	—	(71,314)		71,314
1889（明治22）年	39	(15,820)		15,859
1922（大正11）年	91	1,242	10,982	12,315
1945（昭和20）年10月	205	1,797	8,518	10,520
1947（昭和22）年8月	210	1,784	8,511	10,505
1953（昭和28）年10月	286	1,966	7,616	9,868
1956（昭和31）年4月	495	1,870	2,303	4,668
1956（昭和31）年9月	498	1,903	1,574	3,975
1961（昭和36）年6月	556	1,935	981	3,472
1962（昭和37）年10月	558	1,982	913	3,453
1965（昭和40）年4月	560	2,005	827	3,392
1975（昭和50）年4月	643	1,974	640	3,257
1985（昭和60）年4月	651	2,001	601	3,253
1995（平成7）年4月	663	1,994	577	3,234
1999（平成11）年4月	671	1,990	568	3,229
2002（平成14）年4月	675	1,981	562	3,218
2004（平成16）年5月	695	1,872	533	3,100
2005（平成17）年4月	739	1,317	339	2,395
2006（平成18）年3月	777	846	198	1,821
2010（平成22）年4月	786	757	184	1,727
2014（平成26）年4月	790	745	183	1,718

「明治〜平成の市町村数の推移」
（総務省　http://www.soumu.go.jp/gapei/gapei2.html　最終閲覧2017年11月25日）

第 5 章　市町村合併をめぐる境界性の問題

　「昭和の大合併」は戦後の新しい地方自治の確立のための行財政の合理化と市町村の役割を強化する必要性から町村合併促進基本計画の達成を目指して行われた。それには1945年に税制改革と地方自治の強化を求めたシャウプ勧告をもとに、当時の地方行政調査委員会が1950年に行政事務の再配分と町村の合併を提言したという背景があった。その結果、1953年の〈町村はおおむね8,000人以上の住民を標準とする〉ことを骨子とした「町村合併促進法」と1956年の〈町村数を約 3 分の 1 とする〉ことを求めた「新市町村建設促進法」の達成を図るため進められたのが「昭和の大合併」であった。

　その結果、市町村の規模は新制中学校の設置が決定されるのにともない、中学校 1 校を維持するのに必要な人口8,000人以上を目安とする合併が促進され、それまでおよそ 1 万あった市町村数は3,472（約 3 分の 1 ）となった。そして合併によって新たに誕生した新市町村には、新制中学校の設置管理、市町村消防や自治体警察の創設事務、社会福祉、保健衛生関係など行政サービスの向上と行政の効率化が求められた。

　この大合併以後、わが国は高度経済成長時代からいわゆるバブル社会へと移り、国民の社会・生活環境も大きく変貌し、飽食時代へと成熟社会となっていくのだが、一方で、市町村数は昭和の合併から半世紀を経てもほとんど変わらなかった。東京一極集中化もさらに進んだが、札幌、大阪、博多など地方の大都市においても一極集中が進んでいった。それは人々の生活様式や価値観の多様化を生み、アニメなどに代表される多様な文化を創出させたが、地方の人口流出を加速させ、地域社会での住民同士の支え合いや家族を取り巻く人間関係を希薄にし、コミュニティの機能を大きく変貌させることにもなった。それはまた、それまで公共サービスの担い手となってきた自治体の負担も増大させることになった。

　バブル崩壊後は、それまでの右肩上がりの経済成長から長期低迷期へとなっていったことは周知のとおりである。いうまでもなく人口減少、少子・高齢化も急速に進み、地方はもとより国自体の巨額債務は深刻な財政状況を生む一方で、複雑・多様化する住民へのサービス、財政の健全化などが市町村

に厳しく求められるなど、自治体を取り巻く環境は一段と厳しさを増してきた。そして地方自治体に対する一層の行財政基盤の確立が求められる状況は、1999年を初年度として全国的に積極的に推進されてきた市町村合併、すなわち「平成の大合併」へとつながっていくのである。

(2) 平成の市町村合併

　平成の大合併とは、「市町村合併後の自治体数を1,000とする」方針[12]と1999年に改正された「合併特例法」(市町村の合併の特例に関する法律)に基づき、2005年をピークに同年施行された合併新法の期限である2010年まで行われた市町村の合併のことである。それには、厳しい財政下にあった当時の国、地方自治体にさらなる行財政運営の効率化が求められ、地方分権・構造改革を推進するとともに、より高度な行政サービスの提供が課題となっていたという状況があった。さらには予想をはるかに上回る人口減少は、いかに効率よい人口の集約化を図るかという問題を提起させ、行政サービスの一定水準の確保が求められた。

　また、地域住民の生活圏の広域化と行政革新の推進などを背景に、基礎自治体である市町村の規模や能力の充実、行財政の基盤強化を図るという思惑もあった。それはまたライフスタイルなどの変化により居住地域を越えてますます拡大する住民の生活圏の広がりに対応し、その利便性を向上させるためには、一つの市町村の枠組みを越えた広域的広がりのなかでのまちづくりや施策が当該の自治体行政に不可欠の取り組みとなることを示すものであった。さらには人口減少とともに急速に進行した少子高齢化は、労働力人口の減少を生み、地域経済の活力低下を招いた半面、保健、医療、福祉サービスなどの社会保障費などの増加につながった。このように、地域住民の価値観・生活スタイルの多様化は行政ニーズの多様化となり、行政にとって国際化や情報化など新たな対応の重要性にもつながるものであった。ここに市町村の行政需要を質・量ともに大きく変えねばならない理由があった。

　市町村合併は表向きには自主的な合併を推進するものとされていたが、実

際はアメとムチの併用による合併推進策であった。アメは2005年までに合併手続きを完了すれば合併特例債（合併した自治体が10年間特別に許される借金）や合併算定替の大幅な延長を認めるといった手厚い財政支援措置であり、ムチは三位一体改革（国庫補助負担金改革、税源移譲、地方交付税改革）による地方交付税の大幅な削減であった。

　しかし、今次の合併推進で政府が目指したのは地方自治体に対する地方交付税交付金や各種補助金などの歳出削減と、いかに地方行政のリストラ化を進めるかにあった。合併する市町村を合併特例債で優遇する一方で、合併しない市町村に対しては財政支援や権限の制限を掲げるといったアメとムチを政府が使い分けたのもそうした理由からであった。

　その結果、1999年3月末時点で3,232（670市、1,994町、568村）あった市町村は、2010年3月には1,727（786市、757町、184村）と、ほぼ半減した。つまり市は増加したが、町は半分以下、村にいたっては三分の一に大幅に減少した。合併件数は642件で、合併に関係した市町村は2,147あり、合併には至らなかったが合併協議会に参加した市町村を含めると、全国の大半の市町村がこの平成の大合併に関係した。

　ところで、この合併はこの特例法に従って、次のような手続きで実施された。

①市町村長・議会議員、住民からの発議に基づいて市町村長や議会議員が研究会や協議会を設置し合併を提案

↓

②有権者の50分の1以上の署名をもって当該市町村議会に合併協議会設置協議を請求し、議会の可決を経て合併協議会（法定合併協議会）を設置する[13]

↓

③当該合併市町村の基本計画を作成し、合併協定書を調印する

↓

④合併協議会でまとまった次項および基本計画について市町村議会は議決
　を行う
　　　↓
⑤当該市町村長は議会の可決をもって、都道府県知事に合併の申請を行う
　　　↓
⑥知事は議会の議決を得て合併の決定を行い、所管する総務大臣に合併決
　定の旨を届ける
　　　↓
⑦この届出に基づき、国は当該合併に関する告示を行い、これをもって合
　併の効力が発生することになった。

　そもそも合併する背景には、上述したように地方分権社会の到来、市町村
行政の広域対応の必要性、少子高齢化対策、逼迫した財政状況、住民ニーズ
の複雑・多様化に対応した行政機構の広域化と行政改革の必要性といった課
題があり[14]、それらの改善には、基礎的自治体である市町村の行財政基盤の強
化と、より効率的な行政運営を実現させる必要があった。
　では、この合併はどのような結果をもたらしたのであろうか。以下ではそ
のことについてふれていく。

（3）平成の大合併が遺したもの

　平成大合併によって市町村は半減したが、それはまた、およそ1,500もの
市町村が統合・廃止されたことを意味した。新たに合併した市町村の内容を
みると、後述する山形県金山町の例にみるように、中山間地域同士の合併が
少なからずあった[15]。
　それらの自治体のなかには財政基盤が脆弱ゆえに合併したケースも多くふ
くまれていたが、合併によって財政基盤が改善されたという話はあまり聞こ
えてこないのが実情である。このことについては、合併の是非（プラス・マ
イナス）ということで数多くの検証が進められてきた。その結果、プラス効

果として専門職員の配置など住民へのサービス体制が充実し強化されたこと、少子高齢化への対応がきめ細かくなったこと、広域的なまちづくりの推進による利便性、適正な職員の配置および公共施設の統廃合などによる行財政の効率化があげられた。

　他方、マイナス面としては周辺部の旧市町村の活力が失われたこと[16]、行政と住民の距離が遠のき、声が届きにくくなったこと、職員数の減少による住民サービスの低下、旧市町村地域の伝統・文化・歴史的地名などの喪失することによる新市町村へのアイデンティティの希薄さなどがあげられた。とりわけ、行政と住民の距離感のズレは、言い換えれば両者間にある境界、つまり壁の問題であるのではないかと思う。

　なによりも行政と住民の関係で重要なことは、地域コミュニティの果たす役割である。とりわけ、行政の末端組織としての自治会・町内会等の住民組織は、単に行政の上意下達としてのみ機能しているわけではなく、地域社会での互助協働や農地、山林などの共同管理など、地域共同体としての伝統を保持、継承していく大きな役割を担ってきたという経緯がある。そうしたことが合併によって機能不全にとなるとしたら、喪失感、アイデンティティの希薄化は十分に予想できたことであった。

　以下では、山形県金山町、鹿児島県南さつま市を事例としながら、合併について生じた諸問題について境界をキーワードとしながら記述・考察していきたい。

2．山形県金山町の合併をめぐる問題

(1) 金山町の現況

　山形県の最東北部に位置する金山町は、北部・西部は真室川町、南部は新庄市、東部は秋田県湯沢市に隣接し、東西約18km、南北14kmにわたる総面積161.79km²、森林面積が78.8％を占める県境の町である。町の西南部は平野がひらけ、東北部一体は神室山系を中心とする山岳地帯がつらなっている。町

の総面積の約8割近くを山林が占め、全世帯の2割が林業を生業としており、古くから金山杉を産出してきた。

　気候は盆地のために夏暑く、冬は多雪で2mあまりの積雪になり、年間降雨量が2,000㎜前後の多雨多湿地帯である。人口5,829人（男2,819人、女3,010人）・1,643世帯で、人口数では最上郡内（7町村）で4位であるが、前回調査より536人減少している。そのうち、15歳未満の人口が654人（11％）、15歳から64歳の人口は3,193人（55％）、65歳以上の人口が1,950人、高齢化率33％の過疎・高齢化が進んだ町である（2017年10月1日現在）。主要な産業は林業、農業であるが、近年の人口減少による担い手不足が深刻となり、将来に向けての後継者育成が大きな課題となっている。

　今から135年前、一人のイギリス人女性がこの地を訪れた。彼女の名前はイザベラ・バードといった。山深い村で村人からの温かいもてなしを受けたバードは、金山のことを「ロマンチックな雰囲気の場所」と絶賛し、峠から見た村の景色を「ピラミッド形の丘陵が半円を描いており、その山頂までピラミッド形の杉の林で覆われ…」とも記している（イザベラ・バード『日本紀行』334頁）。この「ピラミッド形の杉の林で覆われ…」と書かれている場所について、岩本は、おそらく戦後、金山杉のシンボルとされた同町有屋地区の大杉林であろうと記している（岩本由輝『東北地域産業史』2002、150頁）。

　この有屋地区の大杉林について、『金山町史』には1948年に農林省林業試験場によって正確な測量が行われ、樹齢130年、1,452ha、689本、材積3,749㎥という結果となったこと、そして、これは1町歩当たりの材積はおよそ1万石となり、杉の先進地域であった吉野、秋田などの杉林をしのぎ、山梨の身延山の千本杉と並ぶものであり、人工林としては日本一と判定されたことが記されている。この山林は国立林業試験場の学術参考林に指定され、杉の大美林として全国各地からの見学者が来るなど、金山林業の大きな看板の役割を果たしたが、1961年にほとんどが皆伐、売却された（『金山町史』、788-789頁）。

　ここで、金山町の主要な産業である林業について、簡単な歴史にふれてお

きたい。

　幕藩時代の1776年当時、金山郷は16カ村からなり、幕末まで続いた。金山は羽州街道沿いの宿場町として参勤交代の大名の本陣などもあり、早い時期から商業経済が浸透し、〈だんな衆〉と呼ばれる富裕家がいた。山林の大半は藩有林で、私有林は家屋敷の周りや寺社境内に限られていた。しかし、藩有林であっても所定の手続きをすれば農民も自由に植林や雑木伐採や草刈りは許された。とくに、藩は農民が植林したものが成木となって伐採するとき、植え主が半分、藩が半分とする制度を定めて造林を奨励した。ただし、ケヤキ、ヒノキ、スギ、ウルシなど11種の木については許可なく伐採することを禁じ、材木利用にあたっても冥加金や運上金などの細かい制限も設けた。

　この制度を円滑に実施するために、藩は山奉行の下に山手代をおき、さらに大山守、山守、苗木守などを配して山林の保護育成を行った（岩本　前掲書、152-153頁）。さらに天保年間（1830〜43）になると、「造林適地を民間が見つけ、山奉行の許可を得て植林し、成木伐採時に運上金を納めれば、以後もこの土地を返上しないで再び植林し成木にさせる」ことを認めるという新たな制度を設けた。この制度はほとんど私有林といってもよいものであり、これを利用したのが〈だんな衆〉たちだった。そして、これが現在、金山町の山々に蓄積されている金山杉のもとになるのである。

　1871年の廃藩置県によって、藩有林は廃止され、1873年の地租改正では林野に官・民有林の区分が実施された。また1889年の町村制施行で金山郷16カ村は最上郡金山村となった。現在の金山町となるのは1927年である。

　林野の官民有区分は1876年に始まり1883年に終了したが、その結果、旧藩有林のほとんど（約80％）は官有林となった。ただ官有林の多くが奥山にあったのに対して、民有林は植栽杉林など主要なものは里山にあり、杉材などの林産物の商品化の多くが民有林で行われていた。このことは1877年に金山村から山形県に出された官民有林の区分願いの史料からも相当数の民有林があったことがわかり、それらを所有する村民のなかからやがて山林地主が出てくることになる。しかし、政府の官民有区分はかなり強引に行われたため

不満が噴出し、政府も1883年から1904年にかけて民有林の引直し処分あるいは民有林の引戻し処分をせざるを得なくなった。ただ、この官有地の地戻は金山村にとっては、あまり恩恵はなく、1899年に実施された「不要存置国有林」の払い下げによる恩恵が金山村にとって大きな意味をもった。

「不要存置国有林」とは、国が国有林野の本格的経営に乗り出すのに際して不要・不便な山林を地元に払い下げるというものであった。金山村には明治期に275カ所（1,111町歩）、大正から昭和期にかけて208カ所（682町歩）が払い下げられた（岩本 前掲書、158頁）。それにより、金山に岸家、川崎家、近岡家などの山林地主が誕生することになる。なかでも岸三郎兵衛家は1904年の納税額が、酒田の本間家、西田川郡加茂の秋野家についで第3位であった。日本一の本間家、水田地主であった秋野家を除けば、経済的価値の高い美林を有していた岸家は県内一の山林地主であったことになる（岩本 前掲書、160頁）。

宇井はこれらの山林地主を山林の集積状況から、①かつて大庄屋を務め、祖先伝来の土地に植林投資によって内容を充実した地主（近岡家）、②土地を集積し、酒造業の利潤によって杉の植林を行った地主（川崎家）、③植林済みの幼・壮齢林を買い集めた地主（岸家）の3つの型に分類している（宇井 1978）。

近岡家はもともと大庄屋の家柄で、町内に600ha、県外（新潟県、宮城県）に580haをもつ大山林地主で住地の山林以外のすべては植林された山林を購入したという。川崎家は呉服商、酒造業を兼ね、村政にも関わった。最盛期は500haの植林を所有したが、1930年代半ば以降に岸家に売却した。岸家は新庄藩で代々の御用商人をしていた本家からの分れで、酒屋、呉服商を営み、財を成した。町内に800ha、そのほか400ha余の山林を有し、1951年に三英興業を設立し山林経営を行っている。その初代は天保の大飢饉のとき、仕事のない窮民に食を与え植林させ、困窮した農民から山林を買うなどしたものが今日の美林のもとになったという。

このように現在でも山林の4割以上を占める民有林の大半は、一部の大規

模山林主が所有し、いまでも土地の人からは〈だんな衆〉と呼ばれている。岸家のように、一族から町長を出してきた家もあるが、町政を牛耳ってきたという話は聞かれない。初代が仕事のない人々に食を提供し、働き場所として植林事業に従事させたり、生活に困窮していた農家から山林を買うなどしたという逸話が遺されているように、町のリーダーとして住民から信頼され、町政を託されていたといったほうが適切であろう。

　現町長もそうした町政を引き継ぎながら、新たな施策を打ち出している。2006年には「金山町自立のまちづくり基本条例」を制定し、その基本原則に「情報の共有」「情報への権利」「説明責任」「参加原則」「自然との共生」を掲げ、とくに町の目指すまちづくりには、自ら考え行動するという自治の理念が大事であるとして、町民の権利と責任に対する自覚を促し、住民自治の確立を謳った。条例で掲げられた「自立（律）心」が最終的に今回の合併への不参加の理由のひとつになるのだが、それについては後述する。

　さらに2020年度を目標年次とする『第4次金山町新総合発展計画』を2011年に策定し、「住み続けたい町・誇りを持てる町」を基本目標とし、「オンリーワンの心地良い町」「未来にきらめく元気な町」「優しさあふれる健康と福祉の町」「自然と共生する人にやさしい町」「学び・感動・創造を生む町」「創郷力を育む町」の施策を掲げた。

　町の地域構成は31地区に分かれているが、それは藩政時代の金山郷にあった16カ村をもとにして明治になって一部を統合して再編したものである。金山町自体、大正期の合併以来、他市町村との合併をしてこなかったため、これら31地区には、16カ村当時の住民の気風が遺され、住民同士の結びつきも強いといわれている。町が重点施策として取り組んでいる自立した町づくりの根幹には、こうした地区の強い連帯感があり、町も住民の自治意識を促し、町とそれら地区の関係強化を図っている。

　しかしながら、超高齢社会となっている現在、国立社会保障・人口問題研究所の「日本の将来推計人口」（2012年1月）によれば、日本の将来推計人口は少子・高齢化傾向が続き、総人口は今後長期にわたって減少傾向となると

される。金山町も例外ではない。少子高齢化の影響を受け、町の財政が厳しい現在、過疎化の認定を受ければ過疎化地域自立促進特別措置法（過疎法）[16]が適用され、地域の自立促進を図り、住民福祉の向上、雇用の増大、地域格差の是正を可能にするための補助金を受け取ることができる。[18]

　ところが、金山町は過疎の認定要件を満たさず（人口減少率・若年者比率）、認定は受けられなかった。しかし、現町長は過疎地域に指定されなかったことにそれほどの落胆はみせていない。むしろ、「過疎地域ではない」ことを対外的に売りにしているようにもみえた。とはいえ、過疎地域に指定されなかったことで不利益を被った住民もいるはずである。しかし、少なくとも筆者が聞いた限りでは不満の声はあまり聞かなかった。このように町民の意思がきちんと共有されているところにも金山町の強さを感じた。

　では、なぜこのように町民の意思がきちんと共有されているのであろうか。恐らくそれは何か大きな問題に直面したとき、あるいは重大な決定事項を決めるときに、役場と町民とで集まって納得いくまで何度も何度も話しているからであろうと思う。そうすることで住民も不安や疑問点などを解消でき、役場も町民が何を考え、何を望んでいるのかを正確に把握し、それを政策に反映することができるのであろう。そこには行政が積極的に取り組んできた「情報公開制度」と「公民館活動」が大きな存在としてあった。

（2）情報公開と公民館活動

　金山町は、全国に先駆けて最初に情報公開を定めた自治体であった。その「公文書公開条例」の第1条で、この条例の目的を「公文書の公開に関し必要な事項を定め、民主的にして効率的な行政運営を図り、健全な町の発展に寄与すること」とし、第2条で「公文書の公開は、住民と行政が一体となって地方自治に関する理解と認識を深め、より開かれた行政の確立をめざし、もって健康で文化的な町づくりを推進する」ことをその基本理念とすると謳っている（金山町ホームページ「金山町の情報公開制度」）。

　そこで役場は町民から請求があった行政情報のうち、個人のプライバシー

を侵害するおそれのあるもの、法律などで非公開とされているものなどを除き、原則としてすべての情報を公開している。この制度が施行されたことで町民は、自分の住んでいる町が今どのような状況にあるのかをいつでも知ることができるようになり、情報の共有もでき、町民同士の連帯感が生まれるようになった。また、役場の職員一人ひとりも情報を公にされることによって、政策実現への責任感も生まれた。住民と行政の距離感が、言い換えれば住民が行政に対して抱くお上的なイメージ、つまり境界という意識が薄れる役目を果たしているといえよう。この情報公開条例とともに、金山町にとって大きな存在が公民館であった。

　金山町の公民館は、住民と直接結びついた「茶の間」の役割を目指して、生活改善、台所改善、便所改善などの新生活運動の拠点として1952年に役場内に本館が併設された。当初は職員も兼務であったことから看板だけの公民館などと揶揄された。また条例で「分館」と位置づけられた各地区の公民館も老朽化した集会所などがあてられ、多難なスタートとなったが、当時は出稼ぎで地区内に公民館活動に従事する人材を欠く状態であった。しかし1955年に金山町公民館連絡協議会が設立されたことにより、組織強化が図られ、地区公民館との連絡提携も改善されるようになり、地区公民館と中央公民館とのより一層の連携、行政組織（町役場）と公民館組織、各地区内の自治組織等の再整備も徐々に行われ、地区組織、地区公民館の一体整備にも一応のめどが立った。

　1958年に第1回金山町公民館大会が県立金山高等学校で開催され、700人の町民が参加した。大会会長であった当時の町長の開会の挨拶には公民館活動の原点ともいうべきものがあった（2007年11月号の『広報かねやま』）。

　岸町長は「公民館」の登場は、戦後の日本が新たな道を歩むための最もすぐれた、そして今こそ必要なものであるとの考えを示し、公民館とは、①みんなの集まる場、②自由な立場で話し合える場、③生活に役にたつことをみんなで考え与えあう場、④生活をよくするためにみんなで行う場であると明確に定義づけられ、公民館活動の4つの柱とした。

そして、これからは物事を決めるためには誰もが自由に話せて、地位とか家柄とか学問といった境界をはずして、みんなで英知を出し合って実行することが大事と訴え、公民館はそれのできる場所であることを話した。それには行政と住民が垣根をつくらず、お互いがしっかりと手を結び合い、さまざまな問題の発見とその解決に当たることが必要であり、公民館の価値はそうした場を提供することにあることを訴えた。それは住民にとって最も身近で、しかも何よりも大事な事柄を因習にとらわれず、流行に走ることなく、じっくりと家庭から地区・地域へ、そして町へとみんなの力で工夫、解決して進めていくことで実現できるのであり、「公民館」の本当のよさもそこにあるという町長の結びのことばに公民館活動への大きな期待がにじみ出ている。たしかに、公民館活動の第一歩となる大会を今後継続していくためには多数の町民が集うことがなにより必要であろうし、自由な語り合いを経てみんなの意思が統一されることが大事である。そのためにも「作為し、作為されることを最も戒めなければならない」という町長の言葉に公民館大会を続ける決意が見て取れる。

　この第1回大会ではじめて「町の将来の礎である子どものしあわせのためにおこなう」「民主的な生活の基として青年・婦人の学習を深める」「生活を豊かにする明るい町づくりのため、新生活運動を展開する」「町の産業の発展のため、生産活動をする」という公民館の役割と活動方針が決定された。1961年には役場内にあった本館から独立した公民館が完成し、専任職員も配置され、1970年には長年の夢であった金山町中央公民館が完成して今日に至っている（『金山町史』835-836頁）。

　歴代の公民館大会のテーマをみて気がつくことは、「町づくり」を基本的コンセプトとしながら、町づくりに欠かせない「人づくり・人材育成」に大きな比重をもたせている点である。過疎化の大きな問題は、単に人の数が減ることだけでなく、有為な人材が流出してしまうことにある。どの自治体も必死になって過疎化現象に歯止めをかけようとしているのも、まさにこの点にある。それは金山町でも例外ではない。地区公民館の活動に力を入れ、毎

第5章　市町村合併をめぐる境界性の問題

年、中央公民館でその成果を報告する場を設けて、それぞれの地区の活動を確認し、情報を共有しているのである。現在、金山町は大きく5地区（金山、東郷、西郷、有屋、中田）に分けられているが、それぞれの地区は金山の10地区をはじめ、5〜6地区に細分されている。[19] 大会では5地区の代表で1年間の活動報告をする。

　おそらく公民館が地域社会のなかで期待されている役割は、地域社会の文化振興にどのように寄与するかであろうし、地域の生涯学習推進の中核としての役割を果たすことであろう。文部科学省はその具体的内容について、2003（平成15）年次の告示「公民館の設置及び運営に関する基準」（平成15年次）で、(1) 公民館活動の多様化・活発化、(2) 学習情報提供・相談機能の充実、(3) 地域活動の拠点としての役割、(4) 生涯学習関連施設等との連携の項目をあげ、それには多様な学習機会の提供、自発的な学習活動の支援、学習成果活用の場の配慮、学習情報の提供、相談機能の充実が必要であると指針を示した。

　しかし同省（当時は文部省）はすでに、1991年に生涯学習審議会社会教育分科審議会施設部会が『公民館の整備・運営の在り方について』と題して、多様化する学習ニーズや現代的課題に対応した公民館運営には地域の学習拠点としての機能、地域の家庭教育支援拠点としての機能、奉仕活動・体験活動の推進、学校、家庭、および地域社会との連携の推進が必要であるとした内容の部会報告を提出している。これら一連の告示から読み取れることは、公民館には地域の学習支援の拠点となることが期待されているということであり、昨今の状況からNPOなどとの連携による多様な学習機会の提供や、情報通信ネットワークによる情報提供などが例示されている。

　公民館が地域社会で果たす役割は、まず「地域における学習支援」としての多様な学習機会の提供、自主的な学習活動や学習成果活用の支援、学習情報の提供、学習相談であり、新しい情報通信技術等の活用なども求められている。次いで「地域づくり・まちづくりへの支援」という地域づくりに関わる活動の支援や地域連帯意識の向上などへの寄与ということになる。とはい

っても、どのようにして公民館が地域づくりを支援していけばよいかについて、どの自治体も試行錯誤を重ねているのが実情である。

なによりも、①公民館の役割とは何か、②地域づくりとは何か、③公民館の役割と地域づくりの関係などの問題を明らかにする必要がある。

第1の「公民館の役割」の具体的な役割として、学習機会の提供、自主的な学習活動の支援、学習情報提供、学習相談、地域活動の拠点としての役割があげられる。

第2の「地域づくりとは何か」であるが、地域づくり、まちづくりについての共通した見解を得る段階にはまだないように思われる。しかし、地域づくりに必要とされる内容を整理すると、教育・学習、文化、芸術活動の促進、職業生活の充実、居住意識、地区の連帯感の向上、交流の促進、家庭生活の充実が考えられる。また〈教育・学習、文化、芸術活動〉の具体的内容としては《地区の指導者・ボランティアの養成・活動支援》《地域での学習の充実》《地区の文化、芸術、特色の創出・向上》などがあげられる。

第3の「公民館の役割と地域づくり」は、公民館の役割がそうした活動の拠点となることが地域づくり支援と思われがちだが、地域づくりに必要な内容を上記のようにとらえるならば、たとえば、学習機会の提供を通じて地区の指導者・ボランティアの養成、居住意識や地区の連帯感の向上を図ることなどが地域づくり支援の重要な活動につながるだろう。

そして、この点こそ、金山町が半世紀を超えて公民館大会を続け、また、日ごろの活動を通じて各地区の住民の声を拾い、人材育成に時間をかけてきた意味があるし、町長が各地区を回って実践してきた地区懇談会（町づくりフォーラム）も住民と行政が一体感をもって、つまり双方の垣根を外して町づくりを推進していることの証左ではないかと思う。

2012年11月3日に開催された「第54回金山町公民会大会」では「見つめてみよう自分の住んでいる地域を！」を共通テーマとして、5地区の代表がそれぞれ1年間取り組んできた課題を報告したが、これらの報告に共通しているのは高齢化とともに深刻な少子化に対してどのように取り組めばよいかと

いうことであった。

　この公民館大会の共通テーマが、第1回以来、「町の活性化」であり「人づくり」であるところに、町の抱えている課題に対する良薬が依然として見つからないことを示しているのだが、それ以上に積極的に取り組んでいこうとする町と住民の姿勢が伝わってくる。少なくとも、金山町にとって、行政と住民の境界、つまり垣根、壁は高くはないということでもあり、これまでふれてきた町が推進している公民館活動も、行政と住民との境界をなくす一助となっているといえる。

（3）最上地域の状況

　ここで本町が合併問題で揺れることになる最上郡（地域）の状況にふれておきたい。最上地域は県北東内陸部に位置し、北を秋田県南部、東を宮城県北西部と接している。地域の総面積は、県全体の19.34％を占め、大阪府、香川県の面積にほぼ匹敵する。金山町・最上町・舟形町・真室川町・大蔵村・鮭川村・戸沢村の7町村からなる最上郡と、山形新幹線の終着駅でもある新庄市を中核として最上生活圏を形成している。

　最上地域は高く険しい山々に囲まれ、南部から西部にかけて最上川が貫流している。最上川の扇状地として新庄盆地、向町盆地などの平地が形成され、そこに農地や集落が散在している。8市町村は新庄市が地域のほぼ中央に位置し、4町3村が放射状に展開するという地理的位置にあり、農用地10.5％、森林78.6％、道路・宅地3.0％、その他7.8％の土地利用状況（2008年10月1日現在）となっている。

　2017年の人口は7万5,011人・世帯数は2万4,953世帯で、人口は県人口の6.8％を占めている。また人口推移をみると1955年の12万8,597人をピークに減少が続き、前年比では1,358人（1.78％）の減少となっている。世帯数は前年から16世帯減少した。1世帯当たりの人員は3.01人で、県平均の2.78人を上回っている。核家族世帯の割合（2015年10月1日現在）は、県平均の49.9％に対して、最上地域は45.2％と4ポイント低くなっている。なお、将来人口

では、2030年には現在よりも35％以上減少すると予測されている。

　年齢区分ごとにみる生産年齢人口比は、15〜64歳の全体に占める割合は54.2％で、県平均の56.0％を下回っているのに対して、65歳以上の老年人口比率は34.5％と県平均の32.3％を上回っている。特に新庄市を除く町村部の比率は37.4％ときわめて高い数値となっている（2017年）。

　産業では県内他地域に比べ、第1、第2次産業従事者の割合が高く50％近く占めている。ただ当該地域は特別豪雪地域に指定されており、日常生活や産業活動での雪の負担が大きい。

　金山町が最上郡8市町村との合併問題に関わるようになるには、県主導の合併推進構想があり、最上地域の合併組み合わせについて考え方が示された（『山形県市町村合併推進構想』2006年 山形県）が、もともとこの地域には次のような共通する状況があった。

　最上地域は、江戸時代から新庄藩として城下町の新庄を中心とした生活・文化圏があった。さらに、近年、新幹線の新庄乗り入れにともない道路網などの整備が進み、新庄市を中核とした広域生活圏が生まれ結びつきが強まっている。8市町村で構成された最上広域市町村圏事務組合が運用され、消防・救急業務、ごみ、し尿処理等の行政サービスが共同処理されていること、最上エコポリス構想に基づき、環境と人が共生する地域社会の形成を目指した取り組みが共同で展開されていることなどである。今後の急速な人口減少と[20]高齢化が予想され、小規模市町村が多い当該地域でのさらなる事務の共同処理化が急務となっている。市町村の意見等をみると、合併するなら最上は一つという考えで一致している。

　しかし、新庄市を中心として持続可能な地域社会の実現をめざした最上地域8市町村合併の構想は、2005年に総務省が告示した『自主的な市町村の合併を推進するための基本的な指針』（総務省告示第648号）を踏まえた県主導ですすめられた結果、当事者である各自治体の受け止め方に温度差が生じ、相互の意思疎通も十分ではなかったことなど、後に混乱を起こすこととなった。加えて2001年には三位一体改革がスタートし、地方自治体への交付金が

減額され、地方の疲弊も顕著になっていたという状況があった。そのために
も最上地域が一つになり、脆弱な財政基盤を補完し安定した行財政基盤の確
立が急務であり、NPOや各種団体と協働しながら都市（新庄市）と農山村地
域（7町村）が相互に助け合うことの必要性が叫ばれたわけである。そして
合併に向けた協議が2003年にスタートしたが、新庄市を除いた7町村が時期
尚早と判断し、当面は自律（立）の道を選ぶという県と新庄市にとって想定
外のことが起きた。そこで、2005年に施行された「新合併特例法」の期限が
2010年に迫っていたことから、合併推進派の県知事は未合併の市町村に合併
推進の要望書を配るなどして、最上地域の合併推進を後押しした。

　最上地域の中核となっている新庄市は、2014年6月現在、人口3万8,224
人（県内8位）、1万3,469世帯である。金山の人も「新庄が最上の中心地」
と思っていて、新庄に"出稼ぎ"に行く人も多い。事実、「今はバラバラな
最上だけど条件やタイミングさえ合えば、いずれは新庄を中心として最上は
ひとつになるだろう」という話はよく聞き、そうしたことへの期待感はあっ
た。しかし、その一方で「シャッター商店街に住んでみる—山形県新庄市—」
という日本経済新聞の連載記事（夕刊2010年7～9月）で、新庄市街でのシ
ャッター通り商店街の実情が報じられた。

　シャッター通り商店街化の問題が深刻化してから久しいが、いまは加速度
的に増え続いている。12回にわたる連載で、記者は新庄市の商店街がシャッ
ター通りとなっている現状を伝え、万策尽きて店をたたむ人、店の再生に奮
闘する人、新たな挑戦に活路を見いだそうとしている人など、さまざまな人
々が記事中に登場する。その姿は、そのまま日本の地方都市の商店街でごく
普通に見られるものだが、新庄市のこうした現状は果たして金山町をはじめ
として最上地域の町村の人々にはどのように映るのだろうか。この新庄市の
逼迫した財政状況が、結局、合併構想に影を落とすことになる。

　当時、金山町でもプロジェクトチームを編成して、政府の三位一体改革に
よって町はどうなるかについて、合併する場合としない場合を想定して、何
がどう違うのか、人口は維持できるかどうかなどをシミュレーションがなさ

『山形県市町村合併推進構想』（山形県ホームページ）

（最終閲覧2017年12月10日https://www.pref.yamagata.jp/）

れていた。その結果は合併するしないにかかわらず、厳しい状況であるという現状の認識の確認であった。

（4）合併の経緯

　金山町は結局、合併協議に参加しなかった。これはなぜであろうか。それにはさまざまな理由があったが、とりわけ新庄市と金山町とにあった越えられぬ境界線の存在が大きかったように思える。そのことにふれる前に、以下で「山形県市町村合併推進機構」、「県内における市町村合併協議の状況」（山形県庁作成資料）などの資料から最上地域の市町村合併の経緯をみていこう。

　合併に向けての協議会は2003年にスタートしたが、実は前年5月に最上地域各市町村議会議長宛に「新庄・最上市町村合併調査研究会設立について」の会議を開催する旨の文書が郵送され、合併に関する最初の動きが始まっていた。続いて2002年6月に「第2回研究会」が開催され、①新庄・最上市町村合併調査研究会設置要項（案）、②具体的な取り組み等の議案が審議された。さらに7月の第3回研究会で住民へのアンケートの実施が決まり、各自治体では合併の是非についてアンケート調査が実施され、2002年11月にその結果を公表した[21]（表2）。それによれば最上地域8市町村のうち、金山町、最上町、真室川町の3町が合併反対（太数字）、他は賛成という結果となった。

表2　新庄・最上市町村合併関するアンケート調査

市町村名	賛成　%	反対　%	対象人数（人）	回収率　%
新庄市	53.0	20.3	21.0	60.1
金山町	20.6	**56.0**	73.4	66.6
最上町	31.1	**44.6**	11.0	48.5
舟形町	44.8	29.0	20.0	54.6
真室川町	35.6	**38.6**	86.7	56.7
大蔵村	45.7	30.0	72.0	62.2
鮭川村	54.3	24.1	58.8	49.5
戸沢村	38.7	29.0	63.0	67.3

※賛成、反対にはそれぞれ「どちらかといえば賛成」「どちらかといえば反対」を含む

表3　最上地域8市町村の人口・世帯数

市町村名	面積（k㎡）	人口（人）	世帯数
新庄市	223.08	42,151	13,042
最上町	330.27	11,483	2,865
真室川町	374.29	10,592	2,811
金山町	161.79	7,381	1,742
舟形町	119.03	6,996	1,712
戸沢村	261.25	6,450	1,522
鮭川村	122.32	5,829	1,329
大蔵村	211.59	4,528	1,088
計	1,8034.59	95,410	26,110

資料：「県内における市町村合併協議の状況（2003年）」（山形県ホームページ　2018.2.5　閲覧）

　8市町村が任意協議会設立に向けた準備会を発足させた当時、各市町村の状況をみると、新庄市は人口約4万2,000人（約1万3,000世帯）、金山町7,300人（1,700世帯）、真室川町1万0,592人（2,800世帯）、鮭川町5,800人（500世帯）、戸沢村6,400人（1,500世帯）、大蔵村4,500人（1,000世帯）、舟形町6,300人（1,700世帯）、最上町1万1,000人（2,800世帯）であった。もし合併すれば、新市の人口は約9万5,000人（約2万6,000世帯）、面積も約1,800k㎡となり、ほぼ大阪府・香川県に匹敵する巨大な市となるはずであった。

　2003年2月に「新庄・最上合併検討協議会」が設置されたが、態度を決めかねていた鮭川村が不参加のため7市町村での発足となった。その後、鮭川村も正式に参加を決め、結局8市町村でのスタートとなったが、当初は「法定協議会」ではなく「任意協議会」でのスタートとなった[22]。それは参加した各自治体が「まずは様子見」の気持ちが強かったことと、合併をするかどうかを含めて、合併時に予想されるさまざまな問題も見極めたいという気持ちがあったせいでもあった。

　任意協議会では、（1）合併協定項目[23]を選ぶ、（2）合併協定項目に関係する事柄について各市町村の現状を調べる、（3）合併後の地域の将来の姿を検討

する、（4）法定協議会設立に向けた準備などが検討された。

2003年2月の第1回任意協議会では、「新庄・最上市町村合併任意協議会準備設立要項」「同任意協議会の規約」などの原案が審議され、全11条からなる「新庄・最上合併検討協議会規約」が決まった。これによって8市町村が合併に関する諸問題を協議することが確認され、新庄・最上合併検討協議会を設置することが決定した。3月の第2回協議会では以下のことが話しあわれた。なお山形県がこの会議に合わせるかのように、最上8市町村を「合併重点支援地域」に指定したのは県が側面で応援していることへのアピールであった。

1）合併する際に調整が必要な内容について各市町村の事務事業の現況調査
2）合併後の新市の将来像を描く構想の策定
3）上記将来構想策定のための組織と各市町村電算システムの調整のための組織の立ち上げ
4）合併検討協議会は毎月1回開催する

ところで、このような状況のなか、産経新聞山形版に「2003市町村議選―合併への波動」の見出しで金山町長選挙について次のような取材記事が載った。

「（合併は）町の命運を決める重要なこと。この選挙はその意味で大きな位置づけとなる」（立候補者談）。町は大正14年の町制施行以来、合併の歴史はない。平成14年の住民アンケートでは、合併反対56％で賛成の20％を大きく上回った。松田貢町長（当時）も合併には慎重な姿勢を示しているが、他市町村と歩調を合わせ任意協議会に参加してきた。このことについて、町長は「いろいろな視点からぎりぎりのところまで模索を続ける」と述べている。合併反対の候補者は「自立した町政」「合併によって行政サービスの低下が心配」「町には独自に取り組んできた施策がある」と訴えた。なによりも合併後の市の面積は大阪府や香川県に匹敵する大きさとなるのに、人口は95,000人しかなく、広大な市域を行政がどれほどカバー出来るかという不安もあった。（2003年4月18日朝刊）

この記事で指摘されているように、今回の合併は当初から危ぶまれていたが、5月になって金山町が実施した第2回のアンケート調査（対象者は20歳以上の町民2,195人、回収率60.5％）では賛成22.4％、反対60.7％の結果となり、町は法定協議会への参加を見送った。さらに鮭川村も不参加を決定し、最終的には新庄市と舟形町のみが法定協議会に移行することとなり、8月に「新庄市・舟形町合併協議会（法定協議会）」を設置した。それに伴い、県も合併重点支援地域を最上8市町村から新庄市と舟形町の2市町に変更した。その後、第2回協議会で合併方式を新設し、事務所を新庄市役所内に置くこと、新市名称を「新庄市」とすることが合意された。ところが2004年6月に舟形町で新庄市との合併に対する賛否を問う住民投票を実施したところ、賛成1,259票、反対3,466票という結果となり、7月に新庄市・舟形町合併協議会は解散し、県も合併重点支援地域の指定を解除した。

　その後、2005年4月に「合併特例新法」が制定されると、あらためて8市町村長が合併を視野に入れた地域の問題点を協議する「最上地域将来像検討会」の設置が2008年1月に決定した。その後、シンポジウム、市町村長による懇談会などが開催され、9月に各市町村長が合併への意思表示を行い、新庄市は合併を明言したが、金山町、最上町、舟形町、大蔵村は不参加もしくは現状では困難、戸沢村は参加に意欲的、真室川町、鮭川町はぎりぎりまで議論するといったように各市町村の合併に対するスタンスにかなりの温度差がでた。

　金山町はこの結果を受けて新庄市、真室川町、鮭川村、戸沢村の4市町村で「最上地域合併研究会（任意）」を2008年9月に設置した。さらに11月には「新庄・最上地域合併検討協議会（任意協議会）」が設置され、県もそれを「やまがた夢未来合併支援地域」に指定して合併促進の後押しをした。

　ところが、9月になると新聞各紙に「全域合併なくなる」（毎日新聞9月5日）、「部分合併が焦点、最上は1つは困難」（山形新聞9月5日）、「8市町村の枠組み困難」（河北新報9月25日）といった見出しで合併が頓挫したとの記事が載った。特に山形新聞と河北新報の記事が目を引いた。いずれも各市町

村のコメントを載せたが、山形新聞が9月5日付け、河北新報が9月25日付けで両紙に20日ほどの時間差があり、それぞれのコメントにも合併への見方に違いがあった。

たとえば、山形新聞では「特例法期限内の合併実現へ全力を尽くす」（新庄市）、「特例法の期限内に将来ビジョンを示すのは困難」（金山町）、「広域連携の推進をはかりながら自立をめざす」（最上町）、「特例法期限内の合併は時期尚早」（舟形町）、「特例法期限内の合併に向けぎりぎりまで話し合いたい」（真室川町）、「現段階では特例法期限内の合併には不参加」（大蔵村）、「ぎりぎりまで合併への努力をしたい」（鮭川村）、「一歩すすめたい、部分合併もある」（戸沢村）というコメントを載せ、この時点で金山町、最上町、大蔵村が脱退していると報じた。

しかし河北新報では戸沢村は「村の大勢は合併推進」と積極的姿勢をみせているが、真室川町、鮭川村は「ぎりぎりまで検討したい」、最上町は「広域連携の強化を優先」、金山町、舟形町、大蔵村はそれぞれ「時期尚早」「行財政改革が先」と報じ、両紙にはトーンにあきらかな違いがみられた。ニュースソースの違いか、あるいはコメントを求めた相手のニュアンスについての記者の受け止め方の違いであるかは判然としないが、各自治体自身の混乱もあったかもしれない。

12月になると、鮭川村議会が法定協議会への不参加を決定し、結局、新庄市、真室川町、戸沢村の3市町村で「新庄最上地域合併協議会（法定協議会）」を2009年1月に設置した。その後、真室川町が全世帯を対象とした「町民意識調査」を実施した（対象世帯数2,756、回収率69.3%）結果、賛成17.5%、反対62.0%、どちらともいえない19.4%となり、合併協議会から離脱した。

そこで、新庄市と戸沢村が「新庄市・戸沢村合併協議会（法定協議会）」を設置し、県も合併支援地域の指定地域をそれまでの4市町村から新庄市、戸沢村の2市村に変更した。しかし、戸沢村でも合併反対派住民が同村選挙管理委員会に反対署名簿（署名数2,527人、選挙人名簿登録者数の52.6%）を提出し、戸沢村長に「合併の是非を問う住民投票条例」の制定を請求する事態

となり、同村長は7月に村民意向調査を実施した（対象者数4,694人、回収率94.4%）。「村の大勢は合併推進」との新聞報道に反して、合併賛成37.9%、反対51.5%（わからない10.1%）となり、新庄市議会と戸沢村議会は合併協議会の廃止を可決し、2009年8月に「新庄市・戸沢村合併協議会」は解消された。

　このように当初は最上全地域の市町村合併に向けての動きが推進されたかのようにみえた合併協議会も、紆余曲折を経て結局は廃止されてしまった。これはなぜであろうか。そして、なぜ金山町では合併に反対であったのであろうか。

　合併協議会が廃止となるにはさまざまな理由があるが、一般的には①市役所や町村役場が遠くなることや公共施設の統廃合などへの不便さ、②住民の声が届きにくくなる、③中心地域と周辺地域との格差の拡大、④各地域の歴史・伝統文化などが失われる、⑤きめ細かなサービスが失われるなどへの不安が指摘されている。おそらく今回の合併が破綻した背景にもそれらの理由があったと思われるが、第一には法定協議会設置などの手続き上の協議に終始してしまい、将来ビジョンを住民に示せなかったというスタート時点でのつまずきがあったことが大きかったのではないかと思う。つまり、行政サービスのあり方など、合併に対して住民が抱いていた懸念や不安への説明が不十分で、合併後の将来構想も提示できず、入り口論に終始してしまったことである。その結果、実質的協議に入れないまま住民に合併後の青写真を示せなかった。第二に、各首長の多くが自立志向が強く合併に消極的であった点である。それは、言い換えればそれぞれの境界のどこまでを受け入れるか、あるいは譲れるかという、せめぎあいでもあった。

　金山町では当然、町民と町役場との間で何度も合併するか否か、合併する際のメリットやデメリットなどが町広域行政懇談会、町民座談会などを開催して話し合われた。それ以外にも区長会、青年団、婦人団体、公民館等を中心としたフォーラムやシンポジウムなども開催された。そうした経緯を踏まえ、2008年8月に町職員で構成された金山町将来像調査検討専門委員会がそれまでの経過と結論を報告書（ダイジェスト版）[24]として町長に答申した。

第5章　市町村合併をめぐる境界性の問題

　同報告書は、冒頭で町の人口の将来推計を2012年6,319人から2022年には5,259人とおよそ1,000人減少すると予測し、合併によるメリットを①住民の利便性の向上（住民サービス窓口の増加、図書館、スポーツ施設など公共施設の利用）、②サービスの高度化・多様化が図られる、③重点的基盤整備の推進、④地域のイメージアップがあるとしながらも、デメリットとして①新市役所（新庄市）が遠くなる、②行政サービスの低下、③地域の歴史・文化・伝統の衰退、④住民の声が届きにくくなる、⑤新市（現新庄市）中心となり、地産地消が崩れる、⑥特徴的なまちづくりの継続が難しくなる、⑦厳しい財政状況の市町村が合併しても合併後の将来ビジョンが描きにくいとなどをあげ、次のように「まとめ」た。

1. 当町は「合併そのものを否定せず、近隣市町村ともいままでと同様に連携していくというスタンスは堅持し、行財政改革、財政の健全化に取り組む」。
2. 平成18年3月に「金山町自立のまちづくり基本条例」を制定し、町民との「共有」と「協働」を柱とした町づくりをすすめている。
3. 現実的な課題として本町の財政運営には、現行の地方交付税制度が継続されること、特別会計及び一部事務組合の収支見通しに大きな変動がないこと、町立診療所のさらなる経営努力が必須条件となる。
4. 合併後の対応で懸念されている諸懸案事項が解消されるか疑問がある。とくに中心部（新庄）以外の周辺の旧町村の斜陽化
5. 合併に伴う財政的優遇策について効果的運用が見込まれず、むしろ公債費残高の拡大が懸念され、長期にわたる元利償還が続く。つまり合併による財政的優遇策が財政面の懸念を一掃できないのではないか。
6. 金山町が実施してきた「オンリーワンをめざす町づくり」が合併により、その意欲と誇りが失われるのではないか。

　以上のことから、町民の福祉の向上と適切な行政サービスの提供のためには金山町としては現在すすめられている合併新法期限内の合併には参画せず、自立のまちづくりをさらに推し進めることが望ましいのではないかと考える。

しかし、同時に、隣接市町村との広域連携や協力体制の拡大などにより行財政の効率化を図る必要がある。

　この報告書を踏まえて鈴木洋町長は、最終的に合併協議に不参加を表明したのだが、あらためて『広報かねやま』（2008年9月号）紙上にその経緯を載せ、町民の理解を求めた。

　町長自身も最上地域8市町村合併について新庄市が中心となることは他の町村の首長と同様に異論はなかった。ただ、合併するなら合併後の将来ビジョンについてのシミュレーションが不可欠であると考えていた町長にとって、「最上地域将来像検討委員会」における新庄市長の「なによりも合併するかしないかを決定することが先決」という合併ありきの姿勢には違和感を覚えていた。

　このことについて、市長は広報で「合併特例法の期限内での合併ありき論が先行し、新庄・最上地域の中・長期の将来像を町民のみなさんにお示しできる状態に至らなかったため、金山町としましては、このたびの特例法を軸とした協議には新庄市が提唱しております合併研究会やそのための予備会議も含めて参加しないという決断をしました」と市広報で述べている（『広報かねやま』2008年9月号）。とりわけ、合併後の地域の将来像や課題がどうなるかわからないまま「期限内の合併を目指す」という手法はとるべきではないと新庄市長の考えに懸念をみせた。そして「合併ありき」をスタートとするのではなく、将来像を事前に話し合い、合併にこだわらず広域連携、協力も視野に入れながら特例法の期限にこだわらずに検討すべきと提言したが、十分な検討はなされず、先の離脱となったわけである。加えて、圏内ワースト1位の新庄市の財務状況に対する不安もあった。

　ちなみに、過疎地域指定をもらえなかった金山町も財政状況はワースト3位であった。それゆえ、合併によってどんな将来像が描けるのかシミュレーションし、それを踏まえて2008年9月までに任意協議会に参加するかどうかを決めねばならない状況にあった。ただ、当時は任意協議会への参加は法定協議会に入ることを前提としていて、そうなると脱退することが難しい状況

だった。そのため各町村の対応にも温度差が生じ、前述したように、最上町、舟形町、金山町、大蔵村は不参加、戸沢村は法定協議会までいったが、結局は破談となった。

　もともと8市町村内では行政サービスにバラつきがあり、それがネックとなった。しかし合併はできなかったが、8地域を盛り立てることはできないかということから、2012年7月に「最上地域政策研究所」を立ち上げた。研究所は8市町村に加え、県の最上総合支庁、最上広域市町村圏事務組合の10機関が参加し、各市町村も職員2名を派遣した。また、これに先立って、2005年に各市町村の事務共同化を目指すことを目標に、まず金山町、真室川町、鮭川村、戸沢村の4町村で国民健康保険の共同事務化がスタートした。

　このように最上地域の合併はできなかったが、これまでにもふれてきたように、金山町が合併を行わない理由としては①合併することによってテーマ〈まちづくり100年計画〉に支障をきたす恐れがあった、②合併をする際に中心となる新庄市が当時財政的に厳しかったなどがあった。しかし、おそらく最も大きい理由は、中核となる新庄市が発展して、自分たちは取り残されるのではないかという不安があったのではないか。だから、合併して国からの助成金を得たとしても、苦しい思いをするのは自分たちではという心配もあった。そのため、「どうせ大変なら自分たちで頑張ったほうが頑張れる」という思いが町民にはあったのではないかと思う。

　ちなみに明治から平成までに行われた市町村合併をみると、1888（明治21）年から実施された明治の大合併では、山形県は1,458市町村あったものを222市町村に激減させ、減少率84.5%であった。また1953〜56（昭和28〜31）年に実施された昭和の大合併でも222市町村から56市町村へと、74.8%の減少率は全国1位であった。しかし、平成の合併では県が積極的に合併推進したにもかかわらず、44市町村から35市町村の減少にとどまった。

　これは、明治〜昭和の大合併で大幅に減少し、これ以上統合することに住民の賛成を得られなかったことによるが、上述したように県主導で作成された合併モデル自体が地域特性や歴史文化といったことを考慮せずに、単純に

地図上の境界線で区切るような組み合わせであったことが大きかったように思える。それは、沿岸部の庄内地域での合併にとどまり、最上地域を含め内陸部での合併がゼロという結果に端的に表われている。なかでも金山町は1889年に金山村、1925年に金山町となって以来、一度も合併することなく現在に至っている。このことと、今回の合併に不参加を表明したこととは無関係ではないように思える。

　先述したように、金山町は1925年以来、合併をしてこなかったが、現在、積極的に町おこしを展開し、街並みと景観とを一体化した「街並みづくり100年運動」を実施している。しかし、その反面、過疎地域の指定を受けることを良しとせず、財政的には苦労の連続であるという。そのため新たな事業を展開するときに大きなネックとなっているのが企業誘致にともなう「物流・立地」の問題とともに、行政サービス実施に不可欠な「財政基盤」のもろさである。しかし、「若者の雇用を生む原動力」が皆無というわけでない。

3．鹿児島県南さつま市と坊津町における市町村合併

（1）坊津町をめぐる市町村合併の動き

　鹿児島県では平成の大合併で96市町村のうち75市町村が合併し、21市町村は合併しなかった。坊津町の合併は2003年8月にスタートするのだが、合併に向けての協議は2002年に枕崎市、頴娃町、坊津町、知覧町、川辺町の1市4町で「南薩中央地区任意協議会」が設置されたことから始まった。しかし、頴娃町は住民アンケートで合併反対が多数となり離脱し、任意協議会は早々に解散した。その後2004年には枕崎市・知覧町合併協議会（法定）が設置されたがこれも解散となり、結局、枕崎市は単独での存続の道を選んだ。それによって川辺、知覧、頴娃の3町も合併の道が閉ざされることになったが、いずれも財政状況は厳しく、財政改革を推進するために連携して「頴娃町、知覧町、川辺町行政改革検討会」を設置し、さらに2005年に合併協議会を設置したのちに合併新法のもとで知覧町に本庁舎を置く南九州市が誕生した。

第5章　市町村合併をめぐる境界性の問題

　こうした周囲の動きに対して、坊津町は南九州市構想から離脱した。また南九州市との合併を拒否された枕崎市（人口2.6万人、財政力指数0.34）も、最終的に単独存続となった。参考資料1は、坊津町が2003年2月に作成した1市4町（加世田市、笠沙町、大浦町、坊津町、川辺町）での合併協議会に加わる以前の動きを示したものである。そのことにふれておきたい。

（参考資料1）

年月日	協議状況・経過等
2001 6/7	枕崎市、知覧町、川辺町と8市町村で勉強会「南薩広域市町村圏協議会市町村合併に関する勉強会」設置
11/20	金峰町は串木野市、日置郡9市町で研究会「日置地区市町村合併調査研究会」設置
2002 2/28	枕崎市、頴娃町、坊津町、知覧町、川辺町は5市町での合併を検討へ
4/19	坊津町は枕崎市、川辺郡知覧町、川辺町、揖宿郡頴娃町と5市町で任意協議会「南薩中央地区任意合併協議会」設置
4/22	金峰町は串木野市、日置郡の9市町で検討会「日置地区合併検討協議会」設置
6/21	枕崎市、知覧町、川辺町と8市町で研究会「南薩地区市町合併協議会」設置
8/30	金峰町は日置郡市来町、東市来町、伊集院町、日吉町、吹上町と6町で準備会「日置6町合併協議準備会」設置
9/2	加世田市、笠沙町、大浦町、金峰町の4市町で準備会「研究組織設立準備会」設置
9/30	加世田市、笠沙町、大浦町、金峰町の4市町で研究会「1市3町合併研究会」設置
11/7	加世田市、笠沙町、大浦町、金峰町の4市町で任意協議「南薩西部地区任意合併協議会」設置
11	金峰町の合併の枠組みを問う住民アンケートの結果「日置地区（58.3%）」「南薩西部（40.6%）」
12/4	金峰町は日置地区の法定協議会参加を表明
12/24	任意協議会「南薩西部地区任意合併協議会」を解散

4／2	加世田市、笠沙町、大浦町、坊津町は枕崎市、知覧町、川辺町と7市町で検討会「2市5町合併実務者レベル検討会」設置
5／30	加世田市、笠沙町、大浦町、坊津町は枕崎市、知覧町、川辺町と7市町で研究会「川辺地区合併協議会設立研究会」設置
7月	大浦町の合併に関する住民アンケートの結果「賛成（87.1％）」「反対（8.1％）」
	川辺町の合併に関する住民アンケートの結果
	合併の是非（枕崎市、知覧町を含む7市町）：「賛成（86.7％）」「反対（13.3％）」
	合併の是非（7市町の枠組みに不参加の自治体があった場合）：「賛成（81.8％）」「反対（18.2％）」
8／1	枕崎市、知覧町が7市町での合併協議不参加を表明、加世田市、笠沙町、大浦町、坊津町、川辺町は5市町での合併を検討へ
	加世田市、笠沙町、大浦町、坊津町は川辺町と5市町で任意協議会「川辺地区合併協議会設立準備会」設置
8／25	加世田市、笠沙町、大浦町、坊津町は川辺町と5市町で法定協議会設置
	枕崎市、知覧町、川辺町を含む7市町（金峰町を除く）で法定協議会設置を求める住民発議（同一請求）、6市町が可決、知覧町が否決（12/19〜2004/11/2）
2004 7／28	川辺町議会市町合併調査特別委員会が「協議会からの離脱決議案」を可決
/月8	川辺町の合併の是非を問う住民投票の結果「賛成（17.2％）」「反対（82.8％）」
8／12	川辺町が合併協議から離脱を表明
9／3	川辺町が離脱
9／17	金峰町が「日置合併協議会」から離脱を表明、川辺地区合併協議会への参加を検討へ
10／31	金峰町の川辺地区合併協議会への参加の是非を問う住民投票の結果「賛成（86.6％）」「反対（13.4％）」
11／2	金峰町が参加を申入れ
2005 1／16	金峰町が加入
	新市名：南さつま市・市役所：加世田市役所

2 /24	合併協定調印式
3 / 1 〜 3	合併関連議案を5市町が可決
7 / 6	合併関連議案を鹿児島県議会が可決
8 /16	官報告示

坊津町は現在、南さつま市となっている。同市は加世田市、笠沙町、大浦町、坊津町、金峰町の旧1市4町の合併を経て今日に至っているが、そこに至るまでは、離合集散があり、決して順風満保に進んだわけではない。それぞれの自治体の境界領域の争いもあり、権益をめぐるつばぜり合いありで、難航した合併であった。以下ではどのように南さつま市が誕生したのか、その経緯についてみていきたい。そもそも、なぜ合併が必要なのか。それについて南さつま市は次の5点をあげた。

①財政基盤や行政機構の強化など地方分権に対する適切な受皿づくりを進め、組織自体の強化を図る必要があったこと

②住民の多様な生活行動に対応するため、広域的な視点からの施策展開や、専門的で質の高いサービスを提供できる財政力の強化や人材の確保・育成を図る必要があったこと

③高齢化を伴う財政負担に対応できる効率的な行財政運営を図るとともに、人口流出に歯止めをかけるため、若年層を中心とした定住促進を図る必要があること

④1市4町の資源のネットワーク化を図ることにより、地域全体で地域資源の魅力を共有し、共同して付加価値を生み出していく必要があること

⑤効率的な行政運営を行うために、組織機構や行政執行方法の見直しを行うとともに、財政基盤の強化を図っていく必要があること

　市があげたこれらの5点は、少子高齢化などによって多くの地方自治体が抱えていた厳しい状況と重なる。その有力な解決策として、広域での合併は魅力的であった。それには一部の自治体間で行われていた、ごみ処理などの

広域連携も後押しすることになった。つまり、財政も厳しいし、みんなで頑張ろうという広域的な合併が行われたのだ。

この「広域」という言葉が合併のキーワードになっている。そこで2003年8月25日に川辺地区合併協議会（加世田市、笠沙町、大浦町、坊津町、川辺町）が設置され、南さつま市誕生に向けての正式手続きが始まるが、新市誕生までには川辺町の離脱、金峰町の参加などの紆余曲折を経ることになる。最終的には1市4町で合併に向けての協議が進められたが、2002年2月28日に枕崎市、頴娃町、坊津町、知覧町、川辺町の5市町で合併の検討を始めたのが最初のスタートであった。

その後、川辺町が同年3月に合併の是非についての住民アンケートで、「合併すべき」と「多少問題があっても将来のためにやるべき」という合併に賛成が21％、「検討の結果町に有利であれば進める」という条件付き賛成が48％、「いずれは合併は必要だがあわてなくてもよい」が19％、「必要はない」7％という結果となった。どのような組み合わせがよいかについては「知覧町」47％、「枕崎市、加世田市、笠沙町、大浦町、坊津町、知覧町」25％、「枕崎市、加世田市、笠沙町、大浦町、坊津町、知覧町、金峰町」17％、「その他」5％であった。また、現在進めている5市町の合併については、町に有利な条件であれば決めるという様子見が7割近くを占めた。この結果を受けて川辺町は離脱するのだが、後に知覧町との合併を進める理由のひとつに同町との合併を望む町民の声が5割近くあったことも影響していたのではないかと思う。

加世田市も同年4月に同様のアンケート調査を行った。結果は、合併の是非については「合併すべき」と「多少問題があっても将来のために進める」を合わせた合併賛成が37％、「検討の結果有利であれば進める」が52％、「合併する必要はない」は5％だった。また、合併の組み合わせについては、1市5町に金峰町を加えるべきという回答が6割を超えている。川辺町と知覧町、加世田市と金峰町とはお隣同士であり、日常生活においても住民同士の交流が盛んで、親近感があることを反映したものであろう。また条件次第賛

成がどちらも 6 割以上を占めたが、これは生活環境が不利にならないように
という自分たちの守るべき境界線を意識した結果であろう。

　このように加世田市、枕崎市、笠沙町、大浦町、坊津町、川辺町、知覧町
の 2 市 5 町の合併で話が進められていたが、県の合併組み合わせ構想では金
峰町を加えた 2 市 6 町が示されていた。しかし、この 2 市合併構想は結局、
日の目をみなかった。

(2) 幻の二市構想

　2 市 5 町による広域合併というニュースは、2 つの市が加わる大型合併と
して注目された。ではなぜ、この 2 市が合併できなかったのか。このことに
ついて当該自治体の職員の口は重く固い。ただし、枕崎市長は2003年 7 月の
市議会「市町村合併調査特別委員会」で「 2 市 5 町（加世田市、川辺郡）に
は参加せず、知覧町との 1 市 1 町で協議を進めたい」と述べた。このことに
ついて市は 7 月 9 日に合併に関する市民意向調査を実施していた。

　調査は 9 日から21日までの期間実施されたが、対象は20歳以上の市民およ
そ 2 万人で回収率は約57%だった。結果は知覧町との 1 市 1 町賛成が約41%
で 2 市 5 町賛成の約32%を上回った。合併反対は 6 %であったが、白紙・無
効も21%あった。市議会での不参加表明に対して、議員からは回収率の低さ
や無効の多さが指摘され、あらためて住民投票すべきではないかとの意見も
出されたが、それには市議会は 2 市 5 町を賛成していたという事情もあった。

　実はこうした市長と議会のねじれは知覧町でもあった。知覧町でも 2 市 5
町合併よりも枕崎市との 1 市 1 町合併への賛成が上回る結果となったが、町
議会が 1 市 1 町を支持したのに対し、知覧町長は 2 市 5 町を支持するといっ
た、枕崎市とは反対のねじれが起きていた。枕崎市の 2 市 5 町への不参加表
明は、他の市町村からは豹変としてうつり、突然の態度表明にさまざまな憶
測が飛んだ。

　世情いわれたのは、当時の枕崎市長の独り相撲説だった。つまり合併推進
はポーズであり本音は反対だったというものである。そのため、突然の不参

加表明は市長の独断だったといわれた。真偽のほどはわからないが、この合併劇に振り回されたのは枕崎市民であった。また、一番近い生活圏となっていた坊津町にとっても突然のことで、町民から多くの疑問が寄せられた。

　2市合併不成立のもう一つの理由は、両市の行政上の権限、つまり新市成立後、どちらを中核市にするかの主導的立場をめぐるものであった。たとえば、新庁舎の場所や市長、議員数である。これについて地理的に2市5町のほぼ中央に位置する川辺町にするという案もあった。おそらく現実的な問題としては、加世田市は商工業中心、枕崎市は漁業中心という産業構造の違いと市民税が前者が8万円に対して後者は10万円と高く、これらがネックとなった。

　ところで、2市5町による合併についての住民アンケートでは、大浦町は賛成が87％、笠沙町も賛成79％など、それぞれの町民はこの広域合併に大きな期待を寄せていた。大浦、笠沙両町長も、かりに枕崎と知覧町が抜けても住民の意向に沿って残りの市町で進めていくことを表明した。2003年8月の川辺地区市町協議会では枕崎市長と知覧町議会が1市1町を支持し、枕崎市議会と知覧町長が2市5町を支持するという複雑な様相を呈し、結局、2市5町での合併協議は、1市4町と1市1町での合併に向けた2つの協議会に分裂することとなった。²⁶⁾

　なお、坊津町議会は、7月の市町合併調査特別委員会で「2市5町から枕崎、知覧が抜けても残り4町で協議する」ことを決議し、町長も同様の意向を表明した。とくに、地理的に最も近い枕崎となぜ一緒にならないのかという質問もでたが、町長は、将来いつかは枕崎とも一緒になれるように努力したいと含みをもたせた。

（3）川辺町の離脱

　2市5町、2市6町合併の含みを残しながら、加世田市、川辺町、笠沙町、大浦町、坊津町による1市4町の合併協議が進められ、2003年8月25日に川辺地区合併協議会が設置された。当日は、2007年1月成立を目標として各市

町の首長、助役、議会議長が出席してスタートした。9月1日の第1回法定協議会で会長となった川辺町長の「枕崎市と知覧町が離脱したことは残念だが、残った1市4町で協議は進めるが、門戸を閉ざすことはしない」との言葉には合併については進めざるを得ない状況ではあるが、できれば2市5町となることを望んでいるという思いがにじみ出ていた。そして協議は進められ、2004年4月15日には新市名称も「南さつま市」に決定した。

　新市名称も決まり順調に合併が進むと思われたが、この名称が後に起こる問題の一つの原因となる。それは川辺町の離脱である。2004年6月23日の川辺町議会で、8月8日投開票とする1市4町合併の賛否を問う住民投票条例案が可決された。条例では①1市4町合併に○か×か、②町議選と同日のため対象は20歳以上、③開票は投票率50％以上が条件、④町民と町長は結果を尊重することが規定された。その後、7月28日には川辺町議会が市町合併調査特別委員会を開き、川辺地区合併協議会から離脱する決議案が議員19人全員賛成し可決された。これを受けて町長は8月8日の住民投票の結果に従う意向を示し、住民への説明会で「協議会の会長として協議をまとめなければならないが調整は難しい、私自身の基本認識は広域合併にあるので、正直言えば1市4町では安定した行政が100％できるか保証できない。町長として町民も預かっている。あとは町民の判断を仰ぎたい。反対多数なら新たな枠組みをつくるか、単独（合併しない）かだ」と述べている。[25]川辺離脱の理由は4つある。第一は「名称」である。合併地域になっているのは川辺郡である。川辺町としてはこの「川辺」という名前は残したかったが、新市名称選定の段階で応募にあった「川辺」は外れた。このことへの町民の落胆は大きく、合併に対する意識が微妙に変わり始めた。第二は水道、保育料など町民負担増が見込まれることであった。川辺町は合併予定の1市4町のなかで最も水道、保育料が安く、町民からすれば合併によって負担が増えることへの疑問があった。また、行財政的に安定している川辺にとって、合併にどのような利点があるのかということもあった。

　第三が加世田の抱えている「土地開発公社の統合問題」、つまり土地開発

公社の債務の問題であった。そして最も大きな反対理由が第四の「庁舎の場所」である。2市5町が1市1町と1市4町に分裂し、川辺は1市4町の協議会に加わったのだが、実は2市5町の夢は捨ててはいなかった。

　2市5町[26]での協議が進められていた当時、本庁舎の場所について地理的にほぼ中央に位置する川辺にという意見もあった。また、先の川辺町長の発言にもあったように、いずれは2市5町を見据えた協議も始まるという思惑もあった。だから6月2日の1市4町も合併協議会で本庁舎の位置を決める議案は出されたとき、おそらくかつての2市5町当時の加世田と枕崎の争いが念頭にあったであろうが、1市4町の協議会ではあったが「本庁舎を川辺に」と意見を述べ、結局、「当面は加世田に、2市5町合併再編時は川辺に」でまとめられた。しかし、「再編を考慮する必要があるのか。川辺の項目は削除すべきである」と、このまとめ方に笠沙町長から待ったがかかった。同町長は「1市4町は1市4町の協議をすべき」と持論を展開し、2市5町を視野に入れている川辺と真っ向から対立した。後に川辺の関係者は「この日が分岐だった」と述懐するのだが、それでも1カ月ほど協議を重ね、「当面は加世田、再編時は川辺」と2市5町の文言を削除して決まるのだが、その時にはすでに川辺側の意識は変わっていた。なぜ笠沙町長はここまで川辺案に反対したのか。

　伝聞によれば、当時の笠沙町長と川辺町長はともに加世田市役所出身であり、先輩・後輩の関係であったが、必ずしも良好な関係ではなかったという。もちろん、伝聞のため真偽のほどは不明だが、そのようなことが拡散されるのも、合併をめぐる一種の境界争いであるように思われる。いずれにしてもこの日の協議会での質疑応答が、後に川辺町議会が住民投票条例案を出す引き金となったことは確かである。そして、この日をさかいに川辺町は協議会離脱に向かうのだが、それは他の市町に緊張感をもたらしたが、「もしいろいろなこと（川辺町の離脱）がおこっても、残った者で今後の再編に備えればいい」という坊津町長の言葉通り、1市3町になっても協議を続ける意思を各市町はあらためて確認した。

第5章　市町村合併をめぐる境界性の問題

（参考資料 2 ）

2003	8 /25	川辺地区合併協議会設置（加世田市、笠沙町、大浦町、坊津町、川辺町）
	9 / 1	第 1 回川辺地区合併協議会
	11/ 6	第 4 回川辺地区合併協議会　合併方式、期日決定（新設、H17.1 .31目標）
2004	3 / 4	第 8 回川辺地区合併協議会 議員定数・任期決定（法定数、設置選挙のみ選挙区）
	4 /15	第10回川辺地区合併協議会　新市名称決定（南さつま市）
	5 /13	第11回川辺地区合併協議会　新市建設計画素案を報告
	5 /17	各市町において住民説明会実施（～ 6 月10日）
	7 /28	川辺町の協議会離脱を決議（同町議会市町合併調査特別委員会）
	8 /12	第15回川辺地区合併協議会　川辺町が住民投票結果を報告し、協議会離脱を表明
	9 / 3	協議会からの川辺町離脱成立（各市町議会で協議会規約変更可決）
	10/18	第16回川辺地区合併協議会　1 市 3 町で協議再開
	10/31	金峰町で当協議会への参加を問う住民投票実施 参加賛成：3,717票、反対577票
	11/ 2	金峰町の当協議会への加入申込を決議（金峰町議会合併調査特別委員会）
	11/ 8	金峰町の当協議会への加入申込を議決（金峰町臨時議会）
	11/16	当協議会への金峰町加入成立（各市町議会で協議会規約変更可決）
	12/ 9	第20回川辺地区合併協議会　新市名称、事務所位置を再協議・決定（南さつま市、総合支所方式、事務所：現加世田 市役所）
2005	1 /12	第22回川辺地区合併協議会議員定数任期を再協議・決定、新市建設計画決定（定数特例、設置選挙のみ選挙区設置）
	1 /26	第23回川辺地区合併協議会　合併期日決定（平成17年11月 7 日）、全協定項目協議終了
	1 /27	各市町において住民説明会の実施（～ 2 月17日）
	2 /24	合併協定調印式
	3 / 1	各市町議会において廃置分合議案議決（～ 3 月 3 日）
	3 /15	鹿児島県知事へ廃置分合（合併）申請
	7 / 6	鹿児島県議会おいて廃置分合関係議案可決
	7 / 7	鹿児島県知事による廃置分合決定
	8 /16	廃置分合　総務大臣告示
	10/20	第30回川辺地区合併協議会（最終）　南さつま市市章決定

一方、川辺町は住民投票についての住民説明会を開き、8月8日の投票に備えた。当日の投票率は80％と住民の関心の高さを示すものだったが、結果は1市4町の合併に賛成1,645票、反対7,893票、無効253票で、有効投票総数の8割が反対し、協議会離脱が決定的となった。これには7月28日開催の町議会で「市町合併調査特別委員会」が全会一致で離脱を決議したことなどが影響を与えたとされた。町長は「町民の明確な意思なので、臨時議会を招集して離脱を諮りたい」とし、あらためて「新しい枠組みか単独か、町内で議論を進める」と述べた。これについては、そもそも初めから川辺は合併にメリットを感じておらず、後に合併することになった知覧町の知覧茶、頴娃町の頴娃茶というブランドが欲しかったのではないかと噂された。[27]

　そして、2004年9月3日に川辺町は、正式に川辺地区合併協議会を離脱し、同協議会は1市3町で引き続き合併協議を進めることとなった。

（4）金峰町の参加

　川辺町が離脱した後、協議会規約の変更とそれまで川辺町に置かれていた協議会事務局を加世田に移し、新たに加世田市、大浦町、笠沙町、坊津町の1市3町で合併協議が継続することとなった。ところがそれまで日置合併協議会（東市来町、伊集院町、日吉町、吹上町、金峰町）の一員として合併を目指していた金峰町が2004年9月17日に同協議会から離脱し、川辺地区合併協議会への参加を目指す動きを示した。

　金峰町は2001年に日置郡9市町で「日置地区広域合併問題研究会」を立ち上げたときからのメンバーで、後に串木野市を加えた日置郡9市町とで「日置地区合併検討協議会」に加わった。その後、2002年10月に日置郡市来町、東市来町、伊集院町、日吉町、吹上町の6町で「日置任意合併協議会」を設立する一方で加世田市、笠沙町、大浦町と金峰町の4市町で「南薩西部地区任意合併協議会」も設置し（つまりは2つの協議会を天秤にかけたことになる）、合併の枠組みを問う住民アンケートを実施した。結果は日置地区との合併に6割が賛成し、金峰町は2002年12月に6町による「法定協議会」への参加を

第5章　市町村合併をめぐる境界性の問題

表明し、2003年1月に6町による法定協議会の「日置合併協議会」が設置された。

しかし、同年9月に市来町が離脱したため5町での協議会となるのだが、金峰町も2004年に日置合併協議会の離脱を表明し、最終的には4町で合併協議を進めることになった。金峰町の離脱については、電算システムの統合をめぐる東市来との対立が起こり、東市来町側が「5町での合併には同意できないので新しい枠組みを検討すべき」と言い出したため、1カ月以上協議が休止された。しかも合併特例法の特例措置期限が迫っており、事態収拾へのめどが立たたないため金峰町は離脱を判断したという話が外部に伝わった。

金峰町は川辺地区と消防やゴミなどの一部を扱う広域事務組合が一緒で、生活圏も同じであったことから、金峰町長は日置地区の協議会から離脱後の合併を川辺地区と進めようとした。しかし、議会には吹上町との合併を探る動きがあり、川辺との合併を推進しようとする町長の考えに対して、「金峰町が日置地区を抜けたのは電算システム統合問題であり、これは職員が使う道具であって住民には関係がない。それなのに川辺地区との合併ありきという考えは、外堀を埋めるに等しい」と町長の動きをけん制する議員もいたという。

しかも、吹上町とは一部事務組合が違うことと、財政効果も期待できなかった。加えて吹上町は日置地区との合併を推進しており、そこを離脱した金峰町と合併することは望めなかった。結局、合併先の選択肢は川辺地区に限られることになった。それに対して、川辺協議会は金峰町の参加を「ともに2市6町の広域合併を目指した経緯がある」と、積極的に受け入れる方針をみせた。かねてから金峰町長は新たな枠組みが決まったら住民投票をするとしていたので、10月31日に金峰町が川辺地区1市3町との合併に参加することへの賛否を問う住民投票が行われた。投票率64.12％で、結果は賛成3,717票、反対577票、無効619で、賛成が有効投票率の8割となる圧倒的賛成のもとで金峰町が川辺地区協議会に仲間入りすることとなった。

281

(5) 笠沙町の高レベル放射性廃棄物最終処分場誘致構想

　金峰町が加わり、1市4町で順調に行くと思われた合併協議会だったが、新たな問題が発生し、想定外の混乱が生じることとなった。2005年1月5日に地元の南日本新聞が高レベル放射性廃棄物の最終処分場について、笠沙町長が町有地の宇治群島への誘致構想を検討しているとの記事を掲載した。職員の誰も知らなかった唐突な報道であったため、驚きと不安が町内を駆けめぐったことはもちろん、合併予定地域、そして県全体から反対運動が起こることが十分に予想されるような報道であった。

　笠沙町長は「町の財源確保のため、研究を重ねてきた。安全性は保障されており、国全体の大きな仕事を担えるのなら誇りでもある。すんなりいくとは思わないが、住民はじめ周辺市町に理解を求めていきたい」と取材に答え、すでに建設地を公募している原子力発電環境整備機構（NUMO）、県、国にも町の意向を打診していると述べた。また町議会にも協力を求めており、町議会で正式に表明することも付け加えた。そして、現在進めている1市4町の合併協議については「個人的には協議を中止し、単独の道を選ぶことも視野に入っている」とした。ちなみ、宇治群島は町の南西沖70キロに位置する家島、向島の2島と小島からなる無人島である。また機構によると、建設地決定までには約20年かけて3段階の調査を行い、交付金は第一段階の地質調査などで年間約2億円、ボーリング調査などの第二段階では同20億円、最終調査から操業後に及ぶ第三段階についての金額は検討中というものであった。

　確かに合併しても財政状況の改善が見込めない現状にあって、交付金はのどから手の出るよほど魅力あるものには違いなかった。とはいえ、目的は交付金で安全性は十分に保障されていると念押し、合併せず単独の道を目指すという町長の強気な姿勢に対し、当然、町民をはじめ、宇治群島海域に漁業権をもつ漁民、周辺市町が反対の声を上げ、笠沙町役場でも職員が環境を守れと反対した。なによりも県側が反対を表明したのは、おそらく町長にとって痛手となったのではないかと思う。

　さらに町長が合併を中止し、単独の道を選ぶ可能性を示唆したことを加世

第5章　市町村合併をめぐる境界性の問題

田市長も批判した。結局、7日の町議会で正式に表明するとした町長も町議会で全面的に反対され、取材した記者も「もっと議論や説明する時間を持ちたかったが断念せざるを得なかった」と無念さをにじませたと町長の思いを報じた。

　今回の最終処分場をめぐる騒動での町長の独断専行への批判は多く、唐突感は否めなかったが、この機会を逃せばまちの財政状態はもっと悪化するという町長の思いに共鳴する町民もいたはずである。ただ、核物質という日本人の核アレルギーがそうした声をあげることをためらわせたともいえる。事実、あのときの町長の決断をうらやましがった首長もいたという。確かにそれによって国から受ける交付金は小さな自治体にとって魅力いっぱいであった。だから安全が担保されれば受け入れるという決断も当然のことであった。ただし、それは町民や周辺の自治体からは「悪魔の取引」とされ、踏んではならない地雷を踏んでしまったのであり、越えてはならない境界線を越えてしまったことでもあった。

　ここにも境界があったわけで、それがもたらした事件であった。結局、11日に町長は周辺の市・町長に混乱を生じさせた事態を陳謝し、あらためて合併協議継続を申し出て、いよいよ大詰めに向けて合併協議が再開されることになった。

(6) 南さつま市の誕生とその影響

　多くの問題はあったが、金峰町を加え1市4町で協議は進められた。新市名称も「南さつま市」と決まり、庁舎位置は「加世田」となった。2005年2月に1市4町が合併協定書に調印し、「平成の大合併」の県内16番目の新市の誕生となった。市章も決定し、2005年11月7日に晴れて南さつま市が誕生した。しかし、合併前から住民が期待していたことと懸念していたことが早くも起き始めていた。川辺町と合併するときに1市4町で実施したアンケートによれば、合併で期待できることの1位は行政の効率化であった。坊津町では町の人口より役場の職員のほうが多いといわれるほど職員数が多かった。

283

表4　南さつま市の人口動態　　　　　　　　（単位は人、%。▲はマイナス）

	2005年 11月8日	2006年 11月7日	増　減	転入転出 （市内間）	（市外）	自然増減	増減率
全　体	42,668	42,105	▲563	−	▲128	▲435	▲1.32
加世田	23,878	23,772	▲106	54	▲17	▲143	▲0.44
笠沙	3,598	3,478	▲120	▲34	▲24	▲62	▲3.34
大浦	2,805	2,729	▲76	▲5	▲9	▲62	▲2.71
坊津	4,396	4,285	▲111	▲10	▲35	▲66	▲2.53
金峰	7,991	7,841	▲150	▲5	▲43	▲102	▲1.88

南さつま市合併関連新聞記事抜粋より作成

町長は雇用の拡大を訴えたが、財政的にはやはり厳しいものがあった。公務員にとってはきつい話ではあるが、合併に際しての行政のスリム化は避けられないことでもあった。特に、職員数と議員定数の削減は急務であった。

　一方、合併することのもっとも大きな不安は、周辺部が取り残されることであった。現に合併1年後の南さつま市では、加世田への人口移動が顕著であった。笠沙、大浦、坊津地区の人口減少率は3％前後となり、合併当初から懸念されていた人口の偏りが現実となる結果となった。加世田を除く旧町ではいずれも死亡数が出生数を上回るという人口減少が顕著であり、それは小中学校の統廃合を加速させている。合併前に懸念されていた加世田の一極化が進んだ。

4．坊津の合併に対する対応

　ここでは旧坊津町が今回の合併にどのように関わったかについて記していくが、まず、南さつま市と現在の坊津町の概要にふれていきたい。

（1）南さつま市の現状と坊津
　南さつま市は薩摩半島の南西部位置し、地理的には、北を鹿児島市・日置

第5章　市町村合併をめぐる境界性の問題

表5　2014年度における男女別・県内外別の人口動態

地域別	出　生		死　亡		転　入		転　出	
	男	女	男	女	県　内	県　外	県　内	県　外
加世田	113	73	148	167	693	326	769	375
笠　沙	2	4	43	65	40	26	51	18
大　浦	4	8	28	34	16	26	46	16
坊　津	1	9	45	54	69	43	92	40
金　峰	19	28	66	75	122	71	215	62
合　計	139	122	330	395	945	492	1,172	511

（南さつま市役所統計：2014年1月1日〜12月31日）

市、東を枕崎市・南九州市と接し、南・西側は東シナ海に面した総面積283.59
㎢で、県全体の面積の3.1％を占めている。海岸線の北西部は砂丘地帯を、南
西部はリアス式海岸が続き、国の名勝『坊津』および坊野間県立自然公園の
指定を受けた景勝地となっている。市の総面積の約6割が森林で占められ、
平野部は河川流域に沿って開け、年平均気温20.7℃、年間平均降雨量2,155㎜
の温暖多雨な気候環境である。現在（2017年）の人口は約3万6,000人で県内
43市町村中12位であるが、合併時（2005年）の人口に比して3,000人の減少と
なっている。

　表5は2014年度における南さつま市の人口動態を男女別、県内外別に示し
たものであるが、出生数が死亡数の合計を大幅に下回り、市の人口減少に歯
止めはかかっていない。ただその内容をよくみると、加世田の出生は286人
で死亡数の315人に比してその差は顕著ではない。しかし、笠沙、大浦、坊津
をみると1桁の出生数に比べ、死亡数は笠沙、坊津は出生数が10人以下であ
るのに対し、死亡者数は100人を超え、その差は歴然としている。大浦でも
出生数12人に対して死亡数は5倍以上62人となっている。他の3町に比べ比
較的その差が少ない金峰町でも死亡数が上回っている。

　加世田への一極集中の傾向がこれからもみてとれるが、市全体からすると

285

人口減少にある。転出入をみても、転出、とりわけ県内への転出が顕著であるが、加世田についてはその差は少なく、他の4町では転出者が上回るという傾向となっている。県内での転出先は鹿児島市内が多い。このことに関して、南日本新聞は2006年11月21日付の朝刊で「加世田へ人口移動顕著」の見出しで、新市誕生から1年後の南さつま市を取材した記事を載せた。記事によれば、市の人口は1年で563人減少したが、435人の自然減に対して128人が市外への転出であった。また市内間での移動は加世田が増加した以外は軒並み減少し、とくに笠沙、坊津は3％の減少率となった。この記事からもわかるように、新市誕生からわずか1年後に、早くも顕著な人口減少が表れ、あらためて少子、過疎化の実態が浮き彫りになった。

　市の産業は、農業が中心となっている。現在、鹿児島県では県内で生産された農産物18品目27産地を「かごしまブランド産地」として全国に発信している。かごしまブランドとは、その土地でつくられた一定基準以上の品質をもつ農畜産物のことで、その基準を満たした農産物に「かごしまブランドマーク」を貼付して消費者に届けることを目的としたものである。南さつま市では、たんかん、かぼちゃが認定を受けている。表6は2011年の南さつま市の主要な農作物の状況を示したものである。坊津を除く4地区での農産物をみると、ポンカンで笠沙、坊津、大浦で1,000万円以上の生産額となっているのを除き、水稲、温州みかん、きんかん、かぼちゃ、ラッキョウの生産額は加世田が飛びぬけている[28]。1991年に「かごしまブランド産地」第1号の指定を受けた加世田のかぼちゃ栽培は1976年に始まり、年々栽培面積が増えて1963年には年間出荷量2,000トン、販売額5億円を達成するまでになった。

　坊津町は、薩摩半島の南端に位置する東シナ海に面してリアス式海岸が続く農業、漁業を中心としている。行政的には1889年の町村制施行に伴い、それまでの久志村、秋目村、坊村、泊村が統合して西南方村となった。その後、1953年に坊津村に改称し、1955年の町制改正にともない坊津町となった。そして、平成の大合併によって加世田市などと1市4町による合併で南さつま市となったことはこれまで記してきた通りである。

第5章　市町村合併をめぐる境界性の問題

表6　農産物の生産状況 　　　　　　　　　　　　　　　　（単位：千円）

区　分	総計（生産額）	加世田	笠沙	大浦	坊津	金峰
水稲	30,066	204,306	106,921	97,906	4,183	586,072
温州みかん	206,051	21,121	92	294	75	8,484
きんかん		196,456	200	9,075	300	0
ぽんかん	70,820	124	33,200	10,496	27,000	0
かぼちゃ	224,093	164,614	7,371	28,702	2,407	20,999
ラッキョウ	305,425	275,907	3,875	3,497	19,800	2,346

南さつま市役所統計2011年より作成

　坊津は古代から海上交通の要地として栄え、奈良時代には鑑真が上陸したと伝えられる。中世には島津氏の統治下にあり、中国（明）・琉球との貿易により栄え、倭寇や遣明船の寄港地でもあった。江戸期になると薩摩藩の密貿易（清や琉球との中継貿易）の地として栄えたが、幕府による密貿易取締りにより衰退したといわれる。その後、明治から昭和にかけてはカツオ漁業や鰹節製造の一大集積地として昭和初年の1926年に枕崎市に近代的な築港が完成するまでは隆盛を誇った。隣接する枕崎市への親しみと、漁業基地としてのライバル心は昔からのことであったが、今次合併については、後述するように坊津の人々は複雑な思いを寄せている。

　このほか、1948年から坊津町立坊津高等学校、玉川学園久志高等学校が町内で開校したが、今は廃校となっている。また、合併後の2010年には、町内の4小学校・2中学校が合併して南さつま市立坊津学園中学校、南さつま市立坊津学園小学校として設置され、さらに2013年からは施設一体型の小中一貫校、2017年からは義務教育学校へ移行し、南さつま市立坊津学園となっている。いずれも少子化による児童・生徒の減少にともなう措置であった。

　坊津の人口変化をみると市内でもとりわけ過疎、少子・高齢化傾向が高く、人口の推移からも1945〜50年の戦後5年間をピークとしてそれ以降は一貫して減少となり、1970年代になると1万人を割り、合併時には4,000人足らず

となった。現在はおよそ3,000人でピーク時の2割ほどにまでになっている。

坊津の人口減少の大きな要因としてあげられるのは、カツオ漁の衰退である。戦前には小学校を卒業した男子のほとんどがカツオ漁船に乗り、女子は一部が高等部（中学校）に進学した以外は、戦時中には佐世保の軍事工場に派遣された。しかし、戦後になると生活は一変し、中学校卒業後、3分1の生徒は高校に通うようになった。それは、またカツオ漁船に乗り組む子どもたちが減る結果をもたらし、高校卒業後はカツオ漁業以外の仕事を求めて県外に出て行くようになった。さらにカツオ漁師の減少と当時起こったオイルショックが追い打ちをかけた。また、港が小さかったため、カツオ漁船の大型化に後れをとった。カツオ漁業の先鞭をつけた坊津であったが、枕崎港の拡充、漁船の大型化などで枕崎市に大きく水をあけられることになった。そのため、坊津のカツオ漁師には枕崎の漁船に乗る者も出てきた。最盛期には7隻ものカツオ漁船があったが今は皆無である。このように、町の大きな収入源となっていたカツオ漁の衰退は、町の若者たちの働き場所ではなくなり、町外、県外に職を求めることとなった。カツオ漁の衰退とともに坊津の過疎化はやむことなく進んだ。

かつて「泊の港に大漁旗を掲げた漁船が来ると、町の女性たちは漁の成功と夫や息子たちの無事を喜んで歌を唄い、踊ったりしてお祭りのような活気であった」ときと比べ、今は「ぽっかりと空いてしまった」ようだという話をよく聞いた。それはまた、カツオ漁が単なる経済活動ではない、生きがいにも近いものとして町の人に受け止められていたことを意味していた。とはいえ、かつてのカツオ漁が戻ってくるとは誰も思ってはいない。

今回の合併で期待したのは、新市の財政状況が改善することというより、自分たちの将来にどんな生きがいを示してくれるかであった。それではカツオ漁が衰退してしまった後、どのように生計を立てていったかであるが、操船に関する知識、技術を活かして、外洋船やタンカーに乗る者や漁夫として他船に乗船する者も多かった。しかし、今は公務員や枕崎、加世田などへの通勤者が多く、漁業従事者はわずかである。しかも、合併が具体的になる頃

第5章　市町村合併をめぐる境界性の問題

表7　坊津町の世帯と人口の推移（1920年～2014年）[29)]

区　分	世帯数	人口（人）				1世帯当人員	人口密度（k㎡）
		男	女	計	増　減		
1920年	2,572	5,927	6,277	12,204		4.75	315
1925	2,622	5,934	6,251	12,185	−19	4.65	315
1930	2,657	5,501	6,351	11,852	−333	4.46	306
1935	2,605	5,629	6,093	11,722	−130	4.50	303
1940	2,519	5,451	5,986	11,437	−285	4.54	296
1945	2,813	6,203	7,861	14,064	＋2,627	5.00	364
1947	3,059	6,645	7,593	14,238	＋174	4.66	368
1950	3,058	6,807	7,282	14,089	−149	4.61	364
1955	3,007	6,457	6,776	13,233	−856	4.40	342
1960	2,994	5,837	6,276	12,113	−1,120	4.05	313
1965	2,789	5,094	5,586	10,680	−1,433	3.83	276
1970	2,615	4,111	4,726	8,837	−1,843	3.38	228
1975	2,510	3,723	4,378	8,101	−736	3.23	209
1980	2,460	3,307	3,902	7,209	−892	2.93	186
1985	2,388	2,961	3,580	6,541	−528	2.74	169
1990	2,277	2,637	3,212	5,849	−692	2.57	152
1995	2,165	2,357	2,938	5,295	−554	2.45	137
1996	2,143	2,325	2,901	5,226	−69	2.44	135
2000	2,027	2,110	2,616	4,726	−500	2.33	
2005	1,875	1,863	2,310	4,173	−553	2.22	
2010	1,712	1,638	2.009	3,647	−526	2.08	
2014	1,744	1,555	1,875	3,430	−217	1.97	

の坊津町の財政事情は芳しくなく、今回の広域合併の話は町にとって新たな
活路を見出すよい機会であった。そこで以下では、今回の合併にあって、坊
津町はどのように対応したのかを住民の視点からみていくが、まず隣接する

289

枕崎市の動きにふれていこう。

(2) 合併をめぐる枕崎市の動き

　枕崎市も財政上の課題を抱えており、他町村との合併も現実味を帯びた話であり、積極的に協議を進めた。そこで2002年4月に枕崎市、坊津町、知覧町、川辺町、頴娃町の1市4町よる「南薩中央地区任意合併協議会」が発足し、合併に向けての協議が始まった。しかし、頴娃町が離脱したため、協議会は解散してしまった。以後の経緯は上述した通り、結局、2003年には幻となるのだが、枕崎市、加世田市の2市と笠沙町、大浦町、坊津町、川辺町、知覧町の2市5町による合併協議が始まった。

　市民の多くがこの広域合併に期待をもったが、市長が乗り気でなかったためか、枕崎市と加世田市の2市の争いによるものなのか、結局、枕崎市と知覧町は離脱した。先述したように、当時の枕崎市長は知覧町の1市1町の合併を推し、枕崎市議会は2市5町を推すといったチグハグな様相を呈していた。一方の知覧町も町長は2市5町案を推し、町議会は1市1町を推すという枕崎市と同じようなネジレが起きていた。枕崎市が市民意向調査を行ったところ、1市1町への賛成が約42％で2市5町の32％を上回り、知覧も同様に1市1町賛成が多数を占めたため双方での協議が進められるといったドタバタ劇を演じた。ところがこの協議会設置当初から、特に基金に関する財政問題や上・下水道事業経営の状況格差、庁舎位置などをめぐって協議は進展せず、協議半ばで解散してしまった。その後、市議会が市長に対し他市町との早急な合併協議を要望し、知覧町、川辺町、頴娃町との1市3町での合併を求めるなどの動きもあった。

　そんな折りの2006年1月に任期満了に伴う枕崎市長選挙が行われ、現職と新人2人による選挙戦となり、新人が初当選した。選挙戦では現職市長は合併は急ぐべきではないと訴え、当選した新人は知覧町、川辺町、頴娃町と合併する考えを示すといったように、合併問題が争点となった。というのも、前年から南さつま市、南薩3町任意合併協議会設立、指宿市など周辺市町村

でも次々に新市や合併協議会が誕生し、残されたのは枕崎だけという状況にあったからである。市民にも懸念や不安もあった。しかし、結局、1市3町の合併も流れ、知覧町、川辺町、頴娃町の3町での合併が合意され、2007年12月1日に南九州市となった。

　枕崎市は現在でも単独市のままである。未合併の自治体は県から嫌われ、NTTや県の施設などは他地区に移されたとの話もよく聞いた。いずれにしても市の財政が厳しい状態であることに変わりはなく、たとえば、かつて国内で有数のカツオ漁業基地で、水揚げのために多くの他県のカツオ漁船が寄港した枕崎漁港も、今は閑古鳥状態である。なによりも肝心のカツオ漁船が現在は2隻しかなく、セリの値段も安いため、県外の船の多くは鹿児島港や焼津港に水揚げするという。

（3）坊津町と市町村合併

　枕崎市と坊津を含む2市5町による合併協議は枕崎市と知覧町が抜けたため頓挫してしまったが、両市・町の離脱に際して坊津町も行動をともにするという選択肢はあった。しかし、町はそのような行動はしなかった。

　では、なぜそうしなかったのか、そのとき何があったのか、なぜ枕崎市と一緒にならなかったのかを住民側からの視点から検証していきたい。なお、1市4町による合併協議が終わり、新市が誕生することを受けて、当時の坊津町長は「住民の一部の方々には枕崎市との合併希望もあったことは承知していますが、昨年（2004年）の4月以降、枕崎市は知覧町との1市1町の合併に向けて協議を進めております。その結果、1市4町、1市1町とそれぞれの枠組みのなかで協議を並行して行ってきたこともあり、お互いの枠組みを尊重してきました。そのようななかで、枕崎市との合併に向けた法定協議会の立ち上げや枕崎市との協議は、当時のスケジュールでは無理な状況でした。また、私どもが望んだ2市5町の枠組みも枕崎市、知覧町が抜けたことで叶いませんでしたが、次の大きな枠組みの核として、今回の川辺地区合併協議会（1市4町）が最善のこととして進めてきたところでありました」と

これまでの経過を説明し、今次合併の結果についての理解を求めた。

　なお、枕崎市との合併協議については、2002年10月31日〜11月11日にかけて合併に関する住民アンケートが1,976世帯を対象に実施された（回収率84％）。質問は「合併すること自体への賛否」と「組み合わせについて」であった。結果は、合併の賛否については90％が賛成であった。これは、このまま坊津町単独で進む場合に対する住民の不安を現した結果でもあった。また、合併する場合、どういう組み合わせが良いかについての質問では、①1市4町（枕崎市、坊津町、川辺町、知覧町、頴娃町）、②2市6町（加世田市、枕崎市、坊津町、川辺町、知覧町、笠沙町、大浦町、金峰町）、③2市5町（加世田市、枕崎市、坊津町、川辺町、知覧町、笠沙町、大浦町）、④1市1町（枕崎市、坊津町）の4案が提示された。結果は①38％、②17％、③18％、④14％で1市4町案が多数を占め、住民が望んでいたといわれていた枕崎との1市1町の合併は否定された。組み合わせは違ったが、結果的にはアンケートの通り1市4町による新市誕生となった。

　以下は新市誕生についての8人の住民の声であるが、現役の公務員とOB、市議、農家、主婦とそれぞれの立場を反映した内容となっている。

(1)何で枕崎と合併しなかったのかね。気がついたら合併していた。買い物も枕崎だし、まぁ特に変わらないかな（女性、70歳代）。

(2)合併はしょうがないと思う。良かったことは2つあって、一つは輝津館（歴史資料センター）などにいる他地域出身者は意見を聞いてくれて上に伝えてくれる。昔は硬直していて意見は伝わりにくかった。そしてもう一つは地域交流を図る色々な会が増えて楽しい。悪かったのは何と言っても地域性がなくなる事だと思う。何でも加世田中心で、例えば市が主催した鑑真祭りやイベントを売りにしたりするが、そのイベントも坊津でなく加世田でやる。それがおかしいと思う。枕崎と人的交流もあったのに合併できなかったのは痛い。他の住民も枕崎と合併したかったのではないかな。一応住民投票に代わるアンケートみたいのがあったが、枕崎との1市1町を

選ばせない雰囲気があったように思う（男性／農業、60歳代）。

(3)国と県は基本的に合併に口出しをしてこない。そのせいでいろいろと荒れ
てしまった。合併して本当の意味で大きくなったと言えるのは鹿児島市ぐ
らい。南さつま市の合併が成功か失敗か分からないが、合併していなかっ
たらダメだったと思う。枕崎は今も厳しい状況が続いている。合併後は各
地区出身の公務員がいたが、現場でも特に差別みたいなこともなく、時間
はかかったが、移動をどんどんして人を回し慣れてもらう様にしていた
（男性／公務員、50歳代）。

(4)私自身も住民も、今でも枕崎と合併していれば良かったと思っている。経
済圏は完全に枕崎だし、今でこそ南さつま市と枕崎市の共同出資でバスが
通ったが本数は少ないし、前はなかった。2市5町から枕崎が抜ける時に
ついて行く手もあったが、当時の町長は加世田と仲が良く、町議会もそれ
に乗り、地区の自治会もそれに乗るという流れで反対も起こらず加世田に
ついてしまった。住民にはちょっとしたアンケートだけで住民投票すらし
なかった。だから合併後10年経っても不満が出ている。上からの意見でな
く、下からの意見をしっかり聞くのが政治の基本なのだ。現在、合併の旨
味は全部加世田に行って負債は皆で払うという状態だ。教育が行政の核な
のにもかかわらず、学校もどんどんなくなり加世田に移っている。そこで
いじめもあると言う。もっと坊津に目を向けさせる取り組みをしていくこ
とが大事だ（男性／市議、70歳代）。

(5)自分の感覚的ではいつの間にか合併していたって感じ。南さつま市になっ
て10年ぐらい経つけど、買い物は前とおなじように枕崎に行ってるし、合
併前と特に変わったことも感じない。何で枕崎と合併しなかったかも分か
らない。合併してよかったかどうかは何とも言えない（女性／主婦、50歳
代）。

(6)確かに枕崎と合併した方が良かったと言う声は聞くが、当時の合併方針は
広域合併だった。加世田と枕崎の仲が悪くて枕崎は協議から抜けてしまっ
た。しかし、そこで枕崎について行っても1市1町の合併でそれじゃ何の

意味もない。恐らくあの時、枕崎について行って1市1町の合併をしたとしても、今とは違う不満が絶対に出ていたはずだ。あのころは、うち（坊津町）も役場職が多すぎたし、財政的にも合併は避けられなかった。だったら広域の1市4町を選択するしかなかった。現に、当初は2市6町の広域合併を望む声が一番多かった。今回の合併が成功だったか失敗だったか、今の時点は何とも言えない。でも合併してインフラは確実に進んだ。私は今、南さつま市の議員だが、どの議員も皆、南さつま市となった今でも地域エゴを引きずっている。表は南さつま市全体の事を考えているように振る舞うが、裏では自分の地域のことばかり考えている。合併前からの議員が全員入れ替わってこそ、真の南さつま市になっていくと思っている（男性／市議、70歳代）。

(7)市役所行くの遠くて大変。まあ、たいがいはここの支所で間に合うけど。合併してどうなのかはわからないけど、はじめはてっきり枕崎と一緒になるんだと思っていた。でも、なんか加世田の方が流行ってるのかな、ひともあっちにいくのが多いし（女性／主婦、40歳代）。

(8)坊津役場の職員は多すぎたと思うし、合併はせざるを得なかった。しかし、実質加世田に吸収されたような合併で、合併後は課長が多すぎてなかなかなれなかった。そして部長職はほぼ加世田市職員出身だった。給料は加世田に合わせて上がったが、追いつくまでは時間がかかった（男性／公務員OB、70歳代）。

　これらの話には、それぞれの置かれている立場による温度差があるが、たとえば、市議は合併についての細部については口が重くなり、現職の公務員も市政に対する話題には慎重な姿勢を崩さない。

　枕崎と合併しなかった理由については、住民感情からすれば、合併後もそれまでと変わらず枕崎での買い物と交流をもっているのだから、合併していたほうがよかったのではと思っていることも当然であろう。すでにふれたことだが、坊津町では今後の合併枠組みについて2002年にアンケートを実施し

第5章　市町村合併をめぐる境界性の問題

たが、候補にあげた4つの組み合わせのどれにも枕崎市が入っていることからも町も同市との合併を望んでいたのではないかと推測できる。ただし1市1町でなく、1市4町もしくは2市5町などのような広域での合併を目指していた。だから、枕崎市との1市1町の合併は視野には入っていなかったし、住民もそれには賛成しなかった。このことは、坊津町が枕崎市との合併を拒否したのではなく、枕崎市が袖に振ったということであろう。それでなくても、当時は2市5町合併がつぶれ、1市4町と1市1町とに分裂し、互いの枠組みのなかで進行していたのだから、枕崎市との合併はなくなったとの大方の印象は間違ってはいなかった。しかし、当時、坊津町長は「今は次善の策、現実的な方法で1市4町の合併を進めたい。でも、将来いつかは枕崎、知覧とも一緒になれるように努力したい」と将来の枕崎市との合併に含みを残した発言をしている。

　町長、議会、住民にとって本音は2市5町でまとまることが一番であり、理想的な組み合わせであったが実現しなかった。それにはさまざまな事情があるが、一番ネックとなったのが、「地域エゴ」であった。ここでいうエゴこそ、自分たちが守らねばならない境界であり、越えてはならない一線である。坊津の住民の話にもある、現在の加世田への過度な集中は旧加世田市の自分たちが市の中核だという思い上がりからきているという言葉は、あながち、加世田へのジェラシーだけではない意味があるように思える。ただし、そう語る住民自身も、実はいくつもの境界をもち、他との一線を画しているのである。

5．市町村合併と境界

　〈東京の「国盗り」、長期戦も〉という見出しで、東京湾の埋め立て地をめぐる東京都大田区と江東区の長年の対立が法廷に持ち込まれたことが報じられたのは、2017年11月16日付けの日本経済新聞朝刊紙上であった。この埋め立て地の境界を争ってきた両区は「ゴミ運搬車がひっきりなしに通るなか、

住民は渋滞と悪臭に長年耐えてきた」という江東区に対して、大田区は「この地は江戸湾から続くノリ養殖の場で、多くの住民がそれで生計を立ててきた」と、双方とも一歩もゆずらず、都の調停案も実らず、とうとう法廷に持ち込まれたという内容の記事であった。

　こうした自治体間の境界争いは、全国でみられることだが、たとえば2020年の運用を予定している那覇空港の拡張にともない、沖合に新しい滑走路建設では、その帰属をめぐって那覇市と豊見城村が7年にわたって法廷闘争をしてきた。結果は那覇市が勝訴して境界線も確定し、国からの交付金で年3,000万円ほどの増収になった。また、静岡県浜名湖でもそれまでなかった湖面上の境界線について県の主導で始められたが、浜松市、湖西市、新居町の2市町で帰属争いが起こった。最終的には浜松市の帰属となり、交付税が2,000万円増えたという。東京都23区の場合、制度上、固定資産税からの収入がないので、土地面積が広がってもすぐにメリットとなることはないが、市町村の場合は、面積の大小は地方税などの収入に直結するため、当事者にとっては大きな問題である（同紙）。

　「境界」とは何かと聞かれたとき、まず思い起こすのは、土地と土地を分ける境界であろう。これらの自治体間での紛争は、まさに土地をめぐる境界争いであった。本稿では「境界」をキーワードとして町村合併をみたとき、どのような姿がみえてくるかについてふれてきた。ここにいう「境界」とは、上述した土地をめぐる争いのもとになった「境界」ではなく、当事者として合併協議に臨む自治体が合併に当たって、何を守ろうとしたのか、あるいはどこまでなら妥協できるかといったことについての基準、つまり線引きとなるのはいったい何かということである。

　本稿で取り上げたのは、林業・農業を中心とする典型的な中山間地の様相をみせる山形県金山町と農業、漁業を主な生業とする鹿児島県南さつま市坊津町という、いわば山と海というように自然的・地理的環境も異なる2つの町であった。しかも、両町がかかわった市町村合併は、坊津は1市4町による合併協議を経て南さつま市の一翼を担った。他方、金山町は大阪府の面積

に匹敵するほどの広域合併を目指した新庄・最上地域との合併協議から早々
と離脱した。それは合併を願いながら希望かなわずではなく、むしろ自ら舞
台を降りたといってよいものだった。そのプロセスを検証し、境界の視点か
ら分析しようとしたのが本稿である。

　まず、金山町のケースをみてみよう。合併協議に臨むにあたっての町のス
タンスは、「自立（律）」であった。これは町が制定した「金山町自立のまち
づくり基本条例」の基本原則に「情報の共有」「情報への権利」「説明責任」
「参加原則」「自然との共生」を掲げ、自ら考え行動するという自治の理念が
大事であるとして町民の権利と責任に対する自覚を促し、住民自治の確立を
謳ったものだが、この「自立（律）心」が今回の合併への不参加の大きな理
由になった。

　町はこの基本原則をもとにさまざまな施策を実施するのだが、その一つで
ある「オンリーワンの心地良い町」の一環として、町が1984年から取り組ん
でいるのが「街並みづくり100年運動」である。これは住民生活と景観づく
りは一体という、いわゆる「景観共有」の考え方に基づいてのものであった。
つまり、住宅をただ個人が住むための建物としてだけではなく、地域と調和
のとれた統一的に整備していこうとするまちづくりである。これには住民の
高い意識と自主精神のもとで実践される、ある種の住民運動という側面もも
っていた。また、この景観づくりの中核をなす"家並み"は、「金山型住宅」
といわれる在来工法をもとにしたもので、住宅産業との関連が深く、木材消
費の拡大、林業の総合的振興ともつながり、観光文化への寄与、地域商業の
活性化等に結びつくものであった。

　まちづくりを通した住民との関係性は、町にとっても欠かせぬ行政と住民
をつなぐ太い幹になるものであり、その将来への展望は、今回の合併協議で
もきわめて大きな議題となった。

　また、まちづくりに欠かせぬもう一つの大きなことが地区公民館活動であ
った。31地区からなる金山町にとって、地区公民館の存在はきわめて重要で
あった。年1回の中央公民館で開催される公民館活動報告大会を含め、日ご

ろの公民館活動の大切さは行政に携わる者の誰もが理解していたし、それこそが住民自治の根幹をなすものであった。それゆえ、こうした活動の将来に向けての展望と施策は協議会でも重要な議題であり、しばしば協議会としての考えを求めたが、はかばかしい答えは得られなかった。

　金山町からすれば、それこそが町として守らねばならない一線であり、また越えられてはならない境界線でもあった。それを裏づけるような「今回の町村合併をしたほかの自治体をみて、よくぞ合併しなくてよかった」「合併しないで、これまでのようにみんなで肩を寄せ合って町をつくり上げていくのがよい」という声をよく聞いた。今回の合併が成立したら、全国でも有数の面積をもつ巨大な市が誕生したはずである。しかし、内情をみれば財政状況が厳しい自治体同士の合併であり、しかも旧町村が広範囲に点在するという状況をかかえた合併であった。市町村合併は広域合併を目指すのが良策といわれるが、地理的状況も加味する必要があろう。新庄・最上広域合併の場合、広範囲というだけでなく、名だたる豪雪地帯を抱え、面積の大部分を山地が占め、過疎地域を多く抱えていた。協議会への参加にも、幾度となく離合集散が繰り返され、それぞれの自治体の現状を垣間見た合併協議会であった。結局、それぞれが単独自治体の道を選んだわけだが、不成立となった理由のひとつに、合併成立を目指した県の強引さがあったのではないかと思われる。特に県主導で行われた合併組み合わせプランは境界を無視した机上プランといえるものであった。ここにいう境界とは、文字通り、土地と土地を分ける境界線であるが、それと地域住民が日ごろ抱いている境界、つまり、自分たちの生活圏を考慮しない組み合わせの差が目についた。今回参加した自治体の多くが懸念したのが、金山町にみるような地区公民館を中心とした住民活動が今後どうなるかについての展望がみえないことにあった。

　合併協議会への不参加の理由は「金山町将来像調査検討専門委員会報告書（ダイジェスト版）」によって住民に知らされた。そこでは合併によって住民の利便性の向上が図れること、高度なサービスとその多様化が図れること、行財政の効率化が図れるといったメリットが報告された。その一方で懸念

材料として、役場が遠くなることへの不便さ、合併によって現在の水準と同じ行政サービスが受けられるか、これまで守ってきた地域の歴史、文化、伝統が維持できるか、いままで本町が実施してきた特徴的なまちづくりが継続できるか、そもそも今回の合併によってどのような将来への展望があるのか、といったことが指摘された。ここにあげられてきた懸念材料、すなわちデメリットこそが、町が守らねばならない境界であった。地域の歴史、文化、伝統には、町が町民とともに古くから培ってきた人のつながりがあり、地区民同士の親和的関係があった。

　では、坊津町はどうであったか。坊津は合併協議に早くから参加し、新市誕生に大きな寄与をしたが、結果は必ずしも「よかった、よかった」ではなかった。坊津は薩摩半島の南端に位置する農業・漁業を営む町であった。

　既述したように、合併をめぐっては、自治体間の離合集散は金山町以上に激しく動いた。それには、各自治体の思惑もあったが、実際には、いかに自分たちに有利になる条件をつくるかといったせめぎ合いであった。そのなかにあって、坊津町は初期の段階からほとんど動かず、しかしながら一貫して協議会のメンバーであった数少ない自治体であった。もちろん、坊津町も多くの問題を抱えており、単独自治体を続けることは困難な状態であった。町民からも人口に比べて役場職員の多さや、かつて隆盛を誇ったカツオ漁業も往時の勢いはなくなり、若者の流出は止まらず、町民の高齢化も進む、といった多くの自治体と共通の課題に直面していた。それゆえ、合併は町の将来に希望をもてる、大きな変革となるはずであり、できる限り広域での合併を望んだのも当然のことであった。2市6町、2市5町、1市4町と協議会参加の自治体も目まぐるしく変わったが、坊津は終始、動かずに推移を見守った。

　その一方で、笠沙町長の使用済み核燃料最終処分場の誘致騒動に振りまわされる事態も起こった。これには周囲の誰もが反対し、その唐突な構想はとん挫した。しかし、これは過疎と高齢化に悩む多くの自治体にとって対岸の石といえないものを含んでいた。「のどから手が出るほどほしい」と当時の

笠沙町は、誘致にともなう交付金への思いを語った。

　笠沙は漁業とリアス式海岸という自然をキャッチフレーズに観光を目玉としてきた町である。当時の町長は「笠沙恵比寿」という第三セクター方式での宿泊施設の経営や薩摩琵琶の普及などの事業を展開したり、太陽光発電の導入など環境問題にも力を入れていた。しかし、小泉内閣が推進した三位一体改革の影響で町の財政状況は悪化し、財政についての経常収支は県内ワースト２位で次年度の予算も組めない状態だった。最終処分候補地として名乗りをあげたのはそのような状態のときであった。のどから手が出るほど、という言葉には切実な思いが込められていた。

　東日本大震災が起こり、福島県にある東京電力福島第一原発事故の悲惨な現状が続く今なら、どんなに交付金がほしくても誘致はしないであろうが、原子力発電の安全神話が信じられていた当時のことを思うと、町長の決断に対する賛否はいろいろと出てくるだろうが、やはり、一線を越えてしまったというほかはない。

　つまり、ここでも核という境界を越えてしまったということになる。町長にとって笠沙という境界のなかに暮らす町民の生活を守るために必要な財源を確保したいという思いが、町民にとっては核という異次元の境界を持ち込んだと受け止められたということであろうか。あるいは漁民にとって生活の場である漁場という境界に、核が持ち込まれることへの怒りであったのだろうか。いずれにしても町長が白紙に戻したことにより事態は収束した。

　それでは坊津町にとっての境界とは何であったか。おそらく、それは日々の生活圏が変わらず、古くからの付き合いの深い枕崎市を含む広域合併ではなかったかと思う。しかし、結果的には、加世田市を中心とする１市４町の合併となった。これには枕崎市側の一方的行動によって、自分たちの思惑が袖にされたという気持ちが坊津の人たちに残ることになった。つまり、枕崎と生活圏をともにした境界領域ができなかったという思いである。一方の枕崎にしてみれば、結局は不成立となったが、有数のお茶の生産地である知覧町との合併に財政再建の道筋を立てたいという思いがあった。双方の境界領

第5章　市町村合併をめぐる境界性の問題

域のずれから起こったことであった。

　では、新市なってからの坊津の受け止め方はどうであろうか。最も多く聞くのは、やはり役場が遠くなったことへの不満であった。たいていのことは坊津にある支所で済むが、本庁でなくては済まないことも多い。ほとんどの人は車を利用するが、お年寄りはバスを利用する。日々の買い物は枕崎で済ますが、行政上の手続きの不便さをとくにお年寄りは感じている。自分たちの生活（境界）領域が否応なく変更されたという思いも強い。そして、やはり加世田中心となり、周辺地域（旧町）の衰退に今まで以上に危機感を感じている。他方では、道路、トンネルなどのインフラは以前より整備されたと評価もしている。ただし、やむ得ないことといいながら、小中学校の統廃合も進み、町域を越えての通学を余儀なくされている子どもたちも多い。

　以上のように、市町村合併をめぐって起こるさまざまな問題の根底には、かつての旧町村が長年にわたって築き上げてきた生活領域、換言すれば境界領域があり、合併協議は当該自治体間での境界をめぐるせめぎあいであったともいえる。

おわりに

　2003年、当時の小泉内閣では首相自らが本部長となって「地域再生本部」を立ち上げ、地域再生担当相に中馬弘毅を充て地域再生計画を推進した。これは小泉内閣が前年にスタートさせた構造改革特区と連動した地域活性化政策でもあった。特区が地域限定で規制緩和し、それまで不可能であったことを可能にさせるものであったのに対し、再生計画は規制緩和とともに国から地方への権限移譲や行政サービスの民間開放などによって、地域活性化や雇用の創出を図ろうとするものであった。[30]

　中馬担当相は記者とのインタビューで、「もはや経済力や人口規模だけで自治体の体力を図る時代ではなくなった。意欲のある首長や議員が選出されるか、市民のアイデアをどれだけ活かすかで、町は変わる。ユニークな展示

方法で人気の高い旭山動物園は、地域全体に与える魅力をつくった地域再生の好例だ。公共投資頼みのような町は衰退する。今こそ、地域の底力を見せるときだろう」と語った。[31]神奈川県の産業活性化懇話会座長を務めた中村剛治郎もまた「農林水産業の衰退が放置されたまま、地域間闘争や地域特産品作りを行ってもうまくいかない。フランスのように、国として農業や農村を守るという政策を明確に打ち出してこそ、地域の創意工夫が生きるし、小さな農山漁村も美しい村として生き残れるという事実を教訓とすべき」と指摘した。[32]

　過疎と過密は裏表であるが、東京への一極集中と地方の過疎化、実はこうした問題はすでに半世紀まえから指摘され続けてきたのだが、過疎地域への公共投資、バブルに国も国民も浮かれて結局問題は先送りされ、その大きなツケがいま国民に突きつけられている。2016年に総務省が公表した「2015年国勢調査」には、前回（2010年）に比べて総人口が92万人減少したこと、人口減少が大都市にも及んできていることが記されていた。

　このことに関して日本経済新聞に注目すべき記事があった（日本経済新聞2016年2月27日付け朝刊）。「地方で人口争奪戦」というその記事では、高齢者率が日本一の群馬県南牧村（65歳以上6割）と0〜14歳人口比率が2割を超えている三重県朝日町が取りあげられていた。南牧村は前回の調査に比べて人口が2割減って、現在1,980人。お年寄りが亡くなると、残された家族（夫、妻）は村外の身内の家か介護施設の他の自治体に転居するケースも多くあった。しかし、その反面、老人人口の減少は予算に大きな比重を占めている医療費の軽減となり、結果的に国民健康保険は5年連続して黒字となった。「おそらくもう医療費が増えることはないだろう」という村長の言葉が現状を物語っている。また、同村役場職員の3割が村外に居住している。一方、朝日町は名古屋まで電車で30分という立地が魅力となって近年、人口増加傾向が続いている。そのため町では3,000人規模の住宅を造成し、周辺自治体から子育て世代を呼び込んだ。これに対して「周辺の人口を奪い合っているだけ。造成地域外では過疎化は止まらない」という役場職員の醒めたコメント

もある。この記事は、まさしく若年層という少ないパイを取り合う事態が地方で起きている現状を報じたものであった。

　市町村合併や行財政改革で行政がスリム化することは財政支出を抑制するという効果はあったが、反面でスリム化するほど、地域住民の小さな声を拾い上げる機会も減ることを伝えた記事であった。ちなみに、南牧村は市町村合併を目指したが不成立に終わり、朝日町は合併協議そのものをしなかった自治体である。

　2017年、マスコミを賑わした村がある。おそらく離島を除く全国の自治体として最少規模の村で高知県北部に位置し、愛媛県と接する山間部にある大川村である。発端は、村長が村議会を廃止し「町村総会」の設置を検討していると発表したことである。1960年に4,114人だった村の人口も今は約400人と激減し、当然、過疎化も進んだ。議員定数10人のところ6人しかおらず、彼らの平均年齢は70歳を超えている。しかも2019年の村議選に出ない議員が半数いて、新しい立候補者の確保も難しく、村議会も開催できない事態が起こる。そこで村長は、村議会に代わって住民が予算案などを審議する「町村総会」の設置を検討したいということを定例議会で図ることにしていると、報道各社は伝えた。もちろん、こうした事態を解決すべく、同村は隣接する2町村との合併を希望したが不成立なり、万事休すということでの決断であった。

　しかし、こうした報道が幸いしたのかどうか、その後、総務省は7月に有識者による研究会を発足させ、議員のなり手確保策や町村総会を弾力的に運営する可能性について検討。議員の兼職・兼業を禁止する規定の見直しや、議員が活動しやすい環境づくりについての議論をスタートさせ、高知県も大川村と議会維持に向けた検討会を立ち上げるなど、新たな動きがはじめられた。こうした動きをみて、大川村でも一転して村議会を存続する方向に舵を切った。それには国や県の前向きな動きがあったのも事実だが、町村総会を実施するにしても、もともと高齢者が多く人口も少なく、家屋が点在している大川村の状況を考えるならば、議会開催に必要な定足数を確保できるかと

いう問題や、かりに集まったとしてもこれまで行政に携わったことのない村民が、果たして村政や予算案を審議することができるのかといったことへ懸念もあった。

　市町村合併を直接にテーマにした最近の研究では、小島孝夫編著『平成の大合併と地域社会のくらし』（2015年　明石書店）、『日本民俗学』245号（特集　市町村合併と民俗）がある。本稿では、市町村合併を境界という視点からみた場合、どのようなことがみえてくるのかについて、2つの社会（山形県金山町・鹿児島県坊津町）の事例から考察してきた。しかし、たとえば、金山町の事例では、31地区にある地区公民館が合併協議会に対してどのような動きをしたかについての情報が伝わってこない。あるいは坊津については合併に至るまでの各自治体の動き、南さつま市の地区を構成することとなった坊津を除く金峰、笠沙、大浦の旧町が、それぞれどのような動きをしたのか、町にとっての守るべき境界とは何かについての分析に必要な資料について、それに携わった当事者の口の重さだけでなく、10年を超えた今日にあっても、市町村合併をめぐるさまざまな問題は人々の間にあって、ある意味ではしこりのようになっていることを強く実感した。ここにも当事者間同士の心に、ある種の「境界」があり、不可視的な部分として残っているのではないかと思う。

【注】
1）鈴木りえこ『超少子化―危機に立つ日本社会』（集英社　2001）15頁
2）宮田登他篇『老熟の力』（早稲田大学出版部　2000）228頁
3）比嘉政夫は、沖縄における長寿儀礼の分析で、祖父（母）と孫を一組としてファーカンダないしハーカンダと呼ぶ方言が那覇にあることを報告し、このような睦まじい組み合わせを示す言葉の存在が沖縄における高齢者の地位・役割を象徴するものかもしれないと述べ、特定の社会の人間がどのように生き、寿命を全うしたかを探るとき、社会人類学もしくは民俗学的アプローチに欠かせないことは高齢者男女一人一人のライフヒストリーや日常の暮らしぶりについて丹念な聞き書きを積み重ねることではないかと指摘している（比嘉　2000）185〜196頁

第 5 章　市町村合併をめぐる境界性の問題

4）Keith, Jennie（ed.）*The Ethnography of Old Age*, Anthropological Quarterly 52-1, 1979

5）片多順「文化人類学的老人研究の展望」『民族学研究』46-4（日本民族学会編　1982）363頁

6）2015年は1.45とわずかであるが、前年より0.03ポイント上回った。

7）「少子化に関する基本的考え方について―人口減少社会、未来への責任と選択―」（平成9年　人口問題審議会）、「少子化対策推進基本方針について」（厚生労働省少子化対策推進本部）

8）同部会の資料「過疎対策の経緯・沿革」の冒頭、同部会の資料「過疎対策の経緯・沿革」の冒頭、過疎法関係年表において「昭和42年3月経済社会発展計画『過疎』という言葉を用いる」と記し、過疎について「他方、農山漁村においては、人口流出が進行し、地域によっては地域社会の基礎的生活条件の確保にも支障をきたすような、いわゆる過疎現象が問題となろう」と説明している。

9）1950年代に始まった高度経済成長は重化学工業化政策を促したが、それによる急速な雇用拡大は地方農家の子弟の都市部製造業などに吸収することになった。政府は人口の都市集中を是正するために広域的な国土、資源の利用を目指す一環として、工業生産基地の地方分散を図るべく「全国総合開発計画」（一全総）を打ち出し、誘致できる自治体には政府から「財政資金による地域振興」、いわゆる公共事業が行われた。

10）渡辺兵力「過疎地域の問題と対策」『過疎地域問題調査報告』全国産業構造改善会　昭和43年　25-29頁

11）この間の事情について、山本は過疎の深化、変容が法的（過疎法の制定など）に認容されたにもかかわらず、こうした事態に対する当時の社会学の取組み、対応は鈍く、高齢化、若者定住などの過疎地域の人々にとっては自明であった最重要問題への研究蓄積がほとんどなかったと指摘している（山本 1997）。

12）2000年、当時の与党であった自民党・公明党・保守党の与党行財政改革推進協議会で「基礎的自治体の強化の視点で、市町村合併後の自治体数を1,000を目標とする」との方針が示されていた。

13）合併協議会では　「合併に関する調査研究・情報提供」「合併後の将来構想の策定・行政の現況調査・メリット・デメリットの検証」「住民の意識調査・講演会や地域説明会の開催・合併協議会だよりの発行」「合併に関する具体的な調整・協議」「合併の方式・合併の時期・新市町村の名称・市役所（町村役場）の位置」「議員の定数・任期」などを検討する。

14）総務省は市町村合併を促進した目的として次の4点をあげている。(1)「地方分権推進」地方でできることは地方で行わせる。住民に最も身近な市町村にする。(2)「少子

高齢化の進展」：人口減少社会に突入したため、少子高齢化に対応したサービス提供、専門スタッフが必要とされている。(3)「広大な行政需要が拡大」：日常生活圏（通勤、通学、買い物等）の拡大に応じた市町村の拡大が必要とされている。(4)「行政改革の推進」：国・地方ともに極めて厳しい財政状況であり、より簡素で効率的な行財政運営が必要であった。(総務省：平成22年3月5日　報道資料『平成の合併』について」)

15) 合併した市町村の約7割が平地と中山間地域で、都市での合併は4割弱であった。中山間での合併ケースをみると、その半数以上が中山間同士で、新設合併が多く、都市を含む合併では編入合併が多いという結果が報告されている。(総務省：平成22年3月5日　報道資料『平成の合併』について」)

16) 人口の著しい減少に伴って地域社会における活力が低下し、生産機能及び生活環境の整備等が他の地域に比較して低位にある地域について総合的かつ計画的な対策を実施するため必要な特別措置を講ずることにより、これらの地域の自立促進を図り、もって住民福祉の向上、雇用の増大、地域格差の是正及び美しく風格ある国土の形成に寄与することを目的とした特別立法で平成12年3月31日施行。なお平成22年に一部が改正された。

17)『金山町史』287-396頁

18) 2014年度から過疎地域に指定された。

19)「金山地域」十日町、羽場、七日町、内町、山崎、荒屋、三枝、上台、魚清水、飛森。「東郷地域」下野明、楢台、片貝、安沢、田茂沢、蒲沢。「有屋地域」稲沢、宮、下向、柳原、入有屋。「中田地域」杉沢、外沢、上中田、下中田、小蟬。「西郷地域」朴山、板橋、長野、谷口、漆野に分けられている。

20) 国立社会保障・人口問題研究所の2010年統計によれば、金山町を例にとると2010年の人口6,642人が2030年には4,944人、さらに2050年には3,215人となると推計されている。これは新庄市も同様で、2010年の4万0,046人が2050年には2万4,410人となると予測されている。最上地域全体でみると、2010年の総人口は8万6,076人、それに対して2050年になると3万8,758人となり、ほぼ半減する。

21) 金山町は翌年にも町民、町職員を対象にアンケート調査を実施したが、いずれも反対が60%だった。また町職員労働組合が組合員を対象にした調査では反対が75%を超える結果となった。

22) 法定協議会の主な役割は、①市町村建設計画の作成、②合併協定項目に関する協議などで、議会への手続きとしては、①議会での議決が必要となり、都道府県への報告が義務付けられる。なによりも合併特例法に基づく合併であれば、各種財政措置が適用されることが大きかった。一方の任意協議会は、①合併問題に関わる調査、②新市における襲来構想の作成、③合併問題に関する情報提供や住民意識の向上などが求め

第5章　市町村合併をめぐる境界性の問題

られるが、議会での議決・同意は必要ではなく、都道府県への手続きも不要である。つまり、前者は合併を審議する前段の手続き、後者は合併を前提とした協議会と位置づけられる。

23) 合併にあたって決めておくべき項目のことで主に、①合併の方式を新設合併か編入合併にするか、②合併の期日、③新市の名称、④新市の事務所の位置などである。

24) 『金山町将来像調査検討専門委員会報告（ダイジェスト版）』（平成20年8月）

25) 川辺町はこの協議会への参加の賛否を問う住民投票を行うことを表明していた当時、坊津町長は「いろいろなことがあっても残った者（1市3町）で今後の再編を考えればよい」と川辺町が抜けても協議は続けると意思のあることが報じられた（南鹿児島新聞2003年6月23日）。

26) 2市5町の場合、人口は約9万人、面積約533平方km、1市4町では人口約5万人、面積約338平方kmとなる（2000年国勢調査による）。

27) 結局、川辺町、知覧町、頴娃町は合併して南九州市として誕生するが、現在は川辺、頴娃で生産しているお茶は、「知覧茶」のブランド名で統一されている。その生産量は今や静岡を抜いている。

28) ラッキョウの生産量日本一は鹿児島県で、国内生産量のおよそ3分の1を占めている。2位鳥取県、3位宮崎県で、3県で全国の生産量の76％を占める。鹿児島では吹上砂丘（日置市）が1位となっている。

29) 1920年〜1980年度『坊津町勢要覧1982年版』（昭和57年）坊津町 1982年4頁、1985年〜1996年度『坊津町勢要覧1997年版』（平成9年）坊津町 1997年5頁、2000年〜2005年『南さつま市』HP「平成17年国勢調査確報」平成22年度『南さつま市』HP、「平成22年国勢調査確定の結果」、平成26年度『南さつま市』HP、「平成26年4月末時点の南さつま市の人口と世帯」より作成。

30) 産経新聞社『地域よ、蘇れ！再生最前線の試み』「あとがき」
本書は産経新聞が「地域再生　最前線」という企画記事として2005年〜06年の1年間にわたって同紙朝刊に連載したものをまとめたものである。

31) 前掲書、179頁

32) 前掲書、190頁

33) 町村総会とは、有権者が直接に地方自治体の意思決定に参加するというもので、地方自治法では「町や村に関しては議会の代わりに有権者による総会を設置できる」と規定されている。ただし、大川村でも危惧されたように、住民の高齢化が進んでいる地域では、総会に集まることができない、委任状や書面投票によっても有効に意思表示をできないなどによって、総会の定足数を充足できるかという問題が生じる。そもそも町村の運営に関心の低い住民にとっては総会の数が多いことに煩わしさを感じて

307

欠席するケースも増えるといったことも指摘されている。

【参考・引用文献】

イザベラ・バード（時岡敬子訳）『イザベラ・バードの日本紀行（上）』講談社学術文庫
　　2008年

伊藤孝博『イザベラ・バードよりみち道中記』2010年　無明舎出版

井上繁「市町村合併と住民」『月刊自治フォーラム』450号　1997年

岩本由輝『東北地域産業史―伝統文化を背景に―』刀水書房　2002年

宇井啓「金山林業の発達」『神室山・加無山総合学術調査書』山形県総合学術調査会　1978
　　年

勝田亨「地域外居住者で構成された組織を用いた地域活性化についての考察―山形県最
　　上郡金山町"杉の町・金山応援団"を事例として―」『地域政策研究』第5巻第3号
　　2003年

片多順「文化人類学的老人研究の展望」『民族学研究』46-4（日本民族学会編　1982）

金澤史男「市町村合併促進と住民サービスのあり方：合併推進論の再検討」『都市問題』
　　3月号　1996年

金山町編『金山町史（通史編）』昭和63年　金山町

金山町将来像調査検討専門委員会編『金山町将来像調査検討専門委員会報告（ダイジェ
　　スト版）』（平成20年8月）

金山町編『金山町森林整備計画』金山町産業課　2011年

――――――『第4次金山町総合発展計画』金山町総務課　平成23年4月

――――――『金山町人口ビジョン』金山町総務課　平成27年10月

――――――『金山町まち・ひと・しごと創生総合戦略』金山町総務課　平成27年10月

金山町『山形県金山町平成24年度景観関連視察資料』平成24年

―――『広報かねやま　2011年4・11月号』・『広報かねやま　2012年2月号』

―――『平成23年度まちづくりノート　金山町主要施策集』平成23年

金山町『第53回金山町公民館大会・第31回金山町生涯学習推進大会』プログラム

金山町街並み景観条例前文（昭和61年3月）

「金山町まちなみ研究会報告」

川崎市次郎『坊泊水産誌』鹿児島県川辺郡水産会　1936年

栗田和則・栗田キエ子・内山節・三宅岳『十三戸のムラ輝く』全国林業改良普及会　2006
　　年

公益財団法人日本都市センター編『地域コミュニティと行政の新しい関係づくり』日本
　　都市センター　2014年3月

第5章 市町村合併をめぐる境界性の問題

小島孝夫編著『平成の大合併と地域社会のくらし』明石書店 2015年

佐藤康行「昭和・平成の大合併に関する研究と課題」年報村落社会研究49『検証・平成
　　の大合併と農山村』農山漁村文化協会 11-31頁 2013

佐藤康行編『検証・平成の大合併と農山村』（年報村落社会研究49）農山漁村文化協会
　　2013年

坂田朝雄「これからの市町村合併」『月刊自治フォーラム』3月号 1997年

産経新聞社『地域よ、蘇れ！再生最前線の試み』産経新聞出版 2006年

島田恵司「消された村―平成大合併の結末」『自治総研』434号 地方自治総合研究所 2014
　　年

庄司俊作編『市町村合併と村の再編―その歴史的変化と連続性』（年報村落社会研究50）
　　農山漁村文化協会 2014年

鈴木りえこ『超少子化―危機に立つ日本社会』（集英社 2001）

道州制と町村に関する研究会・全国町村会編『「平成の大合併」をめぐる実態と評価』
　　2008年

鳥越晧之『地域自治会の研究』ミネルヴァ書房 1994年

日本生涯教育学会編『生涯学習研究辞典』東京書籍 1992年

日本民俗学会編『日本民俗学245』（特集　市町村合併と民俗）日本民俗学会 2006年

比嘉政夫「長寿社会・沖縄の文化的背景―長寿社会を中心に」『老熟の力』（宮本登他編、
　　早稲田大学出版部）、2000年

坊津町郷土誌編纂委員会編『坊津町郷土誌』（上・下）2002年

坊津町編『坊津町勢要覧1997年版』1997年

坊津町編『坊津行政史』1962年

村松真「農山村における景観形成施策の特色：山形県金山町の景観づくりを事例として」
　　『農業経済研究報告』33号、67-82頁、2002年

明治大学松橋ゼミナール編『金山町における林業の変遷と地域振興』明治大学史学地理
　　学科地理学専攻松橋ゼミナール 1992年

森高木『坊津』（かごしま文庫④）春苑堂出版 平成4年

文部科学省文部科学省生涯学習審議会社会教育分科審議会施設部会報告『公民館の整備・
　　運営の在り方について』平成3年（1991）

文部科学省生涯学習審議会答申『新しい情報通信技術を活用した生涯学習の推進方策に
　　ついて』平成12年（2000）

文部科学省中央教育審議会生涯学習分科会『今後の生涯学習の振興方策について（審議
　　経過の報告）』文部科学省 平成16年（2004）

文部科学省告示『公民館の設置及び運営に関する基準』平成15年（2003）

増田寛也『地方消滅』中公新書 2014年

宮田登他篇『老熟の力』(早稲田大学出版部) 2000年

森川洋「九州における「平成大合併」の比較考察」(下)『自治総研』405号 2012年

役重眞喜子・広田純一「行政と地域の役割の分担に市町村合併が与える影響」『農村計画学会誌』33巻論文特集号 215-220頁 2014年

山形県編『第2次山形県森林整備長期計画』山形県森林課 2011年

山本務『現代過疎問題の研究』恒星社厚生閣 1997年

横道清孝「これからの市町村合併」『自治研究 79-9』第一法規 2003年

米山俊直『過疎社会』NHKブックス 1969年

林野庁編『知ってほしい森と木のこと2012』全国林業改良普及協会 2012年

渡辺兵力「過疎地域の問題と対策」『過疎地域問題調査報告』全国産業構造改善会 昭和43年

Keith, Jennie (ed.) *The Ethnography of Old Age*, Anthropological Quarterly 52-1, 1979

「金山町(山形県)の人口情報:昼間、世帯、人口密度」
http://patmap.jp/CITY/06/6361/6361_KANEYAMA_popul.html (最終閲覧2018年2月5日)

「全国の都市人口:新庄市(山形県)」http://city.eek.jp/06/06205/ (最終閲覧2018年2月16日)

「金山町・歴史・観光」http://www.dewatabi.com/mogami/kanayama.html (最終閲覧2018年2月18日)

「金山町ホームページ」http://www.town.kaneyama.yamagata.jp/ (最終閲覧2018年2月28日)

「平成の大合併」https://sites.google.com/site/weneedthefact/basicinformation/synoecism/synoecismofheiperiod (最終閲覧2018年1月19日)

【著者紹介】

編著者

大胡　修　1945年生まれ。明治大学政治経済学部定年退職（2016年）
　　　　　同大学名誉教授

執筆者（執筆順）

山内健治　1954年生まれ。明治大学政治経済学部教授

岡庭義行　1967年生まれ。帯広大谷短期大学地域教養学部教授

林　研三　1951年生まれ。札幌大学法学部教授

石川雅信　1954年生まれ。明治大学政治経済学部教授

明治大学社会科学研究所叢書

「境界性」その内と外
―― 日本基層社会の「境界性」に関する総合的研究 ――

2019年3月29日　第1版第1刷　定　価＝4500円＋税

編　者　大　胡　　修　Ⓒ
発 行 人　相　良　景　行
発 行 所　㈲　時　潮　社
　　　　　174-0063 東京都板橋区前野町 4 - 62 - 15
　　　　　電　話 (03) 5915 - 9046
　　　　　ＦＡＸ (03) 5970 - 4030
　　　　　郵便振替　00190 - 7 - 741179　時潮社
　　　　　URL http://www.jichosha.jp
　　　　　E-mail kikaku@jichosha.jp
印刷・相良整版印刷　製本・武蔵製本
乱丁本・落丁本はお取り替えします。
ISBN978-4-7888-0731-0

時潮社の本

家族と生命継承
文化人類学的研究の現在
河合利光　編著
Ａ５判・並製・256頁・定価2500円（税別）

人間の生殖、出生、成長、結婚、死のライフサイクルの過程は、自己と社会の生命・生活・人生の維持・継承の過程、及び家族・親族のネットワークと交差する社会文化的なプロセスの問題である。人間が生命を維持・再生産しながら存続する種である限り、いかに変化しようと、そのプロセスは生活と生命を維持して生きる過程でつながる人間関係、社会制度と文化システム、あるいは政治経済と動態的に交差する。その軸となる家族と親族的つながりを、本書では「家族と生命（ライフ）継承」という言葉で代表させた。研究の手がかりとなる文献目録、用語解説ならびに参照・引用文献を充実！

景観人類学
身体・政治・マテリアリティ
河合洋尚　編
Ａ５判・並製・374頁・定価3500円（税別）

景観の視覚化や身体化が内包する多層性を政治・社会・経済・音響などのアプローチから読み解く。それぞれの定量分析はもとよりインタビュー、歴史、認識と受容を通じて観光といった商品化を媒介に社会に埋め戻される過程も含め、人類学の枠組みを踏み出す新たな試みを詳述する。

新たなコミュニティの創造
グローバル化社会のなかで
佐藤瑠美 著
四六判・並製・200頁・定価2500円（税別）

「かつての地域社会は、その地域特有の風景をつくりだした。本書は一人の旅人が、倉敷の風景の奥にある風土、コミュニティ、労働、貨幣経済などを解き明かしていく、野心的な社会学的倉敷紀行である。」内山節（哲学者）。モノがあふれ、消費の誘惑に惑わされる現代社会。われわれが本質的に求めるものは何なのだろうか。歴史性を背負った風土によって醸成される美の思想——自己の美意識と他者の美学とが共感し合うことによって新たなコミュニティの創造を！